# Traços do Trabalho Coletivo

COLEÇÃO TRABALHO HUMANO

Traços do Trabalho Coletivo

Bernardete Wrublevski Aued
ORGANIZADORA

Edna Maciel Fiod
Francisco de Oliveira
François Chesnais
Lucídio Bianchetti
Nise Jinkings
Noela Invernizzi
Roberto Moraes Cruz

© 2005 Casa Psi Livraria, Editora e Gráfica Ltda.
É proibida a reprodução total ou parcial desta publicação, para qualquer finalidade, sem autorização por escrito dos editores.

1ª edição
2005

1ª reimpressão
2006

Editores
Ingo Bernd Güntert e Myriam Chinalli

Assistente editorial
Sheila Cardoso da Silva

Produção Gráfica e Capa
Renata Vieira Nunes

Editoração Eletrônica
Valquíria Kloss

Revisão
Luis Carlos Peres

Dados Internacionais de Catalogação na Publicação (CIP)
(Câmara Brasileira do Livro, SP, Brasil)

Traços do trabalho coletivo / Bernardete Wrublevski Aued, organizadora. — São Paulo: Casa do Psicólogo, 2005.

Vários autores
Bibliografia:
ISBN 85-7396-378-6

1. Capitalismo 2. Coletivismo 3. Psicologia industrial 4.Socialismo I. Aued. Bernardete Wrublevski

05-3121   CDD-158-7

Índices para catálogo sistemático:
1. Trabalhos coletivos: Psicologia industrial: Psicologia aplicada   158-7

Impresso no Brasil
Printed in Brazil

Reservados todos os direitos de publicação em língua portuguesa à

Casa Psi Livraria, Editora e Gráfica Ltda.
Rua Santo Antonio, 1010 Jardim México 13253-400 Itatiba/SP Brasil
Tel.: (11) 45246997 Site: www.casadopsicologo.com.br

All Books Casa do Psicólogo®
Rua Simão Álvares, 1020 Vila Madalena 05417-030 São Paulo/SP Brasil
Tel.: (11) 3034.3600 E-mail: casadopsicologo@casadopsicologo.com.br

Sumário

Prefácio 7
Gaudêncio Frigotto

Introdução – Não navegar sem bússola 15
Bernardete Wrublevski Aued

Propostas para um trabalho coletivo de renovação
programática 23
François Chesnais

Em busca do consenso perdido: democratização
e republicanização do estado 61
Francisco de Oliveira

Novas e velhas determinações
da dominação capitalista no trabalho 75
Nise Jinkings

Mercado de trabalho, controle fabril e crise
da organização operária 111
Noela Invernizzi

Curriculum vitae em tempos de empreendedorismo
e empregabilidade 145
Lucídio Bianchetti

Saúde, trabalho e psicopatologias 201
  Roberto Moraes Cruz

Mudanças nas formas de aprendizagem
do trabalhador 237
  Edna Garcia Maciel Fiod

A geração de emprego e as cooperativas
alternativas 277
  Bernardete Wrublevski Aued

Sobre os autores 325

Prefácio

A coletânea *Traços do Trabalho Coletivo* reúne um conjunto de análises que, em sua diversidade de abrangência e em suas particularidades, mantém uma unidade dentro do sentido que Bourdieu configura como um *campo científico*. No sentido sociológico mais amplo, a idéia de *campo* configura-se por um sistema de relações sociais que se desenvolve dentro de uma lógica interna e que articula indivíduos ou instituições que lutam pelo mesmo interesse. Trazida essa compreensão para o *campo científico* permite-nos entender que a produção do conhecimento se desenvolve dentro de uma autonomia relativa e, ao mesmo tempo, que os pesquisadores trazem as marcas de seu engajamento social. Vale dizer, ao contrário das posturas que reclamam e afirmam a neutralidade dos pesquisadores, que a produção do conhecimento histórico nas sociedades cindidas em classes dá-se sempre no e pelo conflito.

No ângulo acima exposto, esta coletânea engendra uma relevância que vai além dos textos individuais de cada autor. Trata-se de um livro que se estrutura dentro da trajetória de um grupo de pesquisadores da área de Ciências Humanas e de Educação da Universidade Federal de Santa Catarina que dialogam com pesquisadores nacionais e internacionais, tendo como horizonte uma compreensão histórica da construção do conhecimento e de sua relação com as lutas e embates na produção da vida humana em contextos específicos. Articulam-se, neste sentido, instituições e indivíduos vinculados por uma perspectiva ontológica e epistemológica com a tarefa de disputar os sentidos e os significados da realidade histórica no plano da práxis. Nessa perspectiva, configura-se como uma contribuição pedagógica singular que combate, ao mesmo tempo, duas posturas dominantes no campo da produção científica e da intervenção política: o conservadorismo na sua manifestação cínica de pensamento único, assentado sobre uma ampla vulgata ideológica e seu caráter social destrutivo e o pós-modernismo, centrado na negação das macro-estruturas de poder, das relações de classe e dos conflitos e antagonismos decorrentes e dos referenciais teóricos fundos dentro de uma perspectiva histórica da realidade social. Em termos políticos, culturais e ideológicos trata-se de uma contribuição crítica ao individualismo, sob sua forma do liberalismo e do neoliberalismo e do pós-modernismo, este último, caracterizado por Frederic Jameson (1996 e 2001) como sendo a "cultura do capitalismo tardio[1]".

O título *Traços do Trabalho Coletivo* é, sem dúvida, uma forma leve e didática de indicar os vários ângulos e recortes que os nove textos buscam revelar sobre o trabalho e os sujeitos trabalhadores no interior das relações sociais de produção na atual fase do capitalismo mundial. Ao seguir a leitura de um texto após outro, por trás da leveza e certa despretensão do título, vai se revelando o caráter cada vez mais brutal, destrutivo e alienador das relações sociais capitalistas. O avanço das forças produtivas já permitiria objetivamente um enorme espaço de trabalho como mundo de escolha e de liberdade. Todavia, as condições subjetivas de consciência das contradições entre avanços das forças produtivas e da crescente violência das relações sociais não atingem força política para dar um salto de ruptura.

---

[1] Duas obras de Jameson, particularmente, nos ajudam a ampliar esta compreensão: *Pós-modernismo. A lógica cultural do capitalismo tardio*. São Paulo: Ática, 1996 e *A cultura do dinheiro*. Petrópolis: Editora Vozes, 2001.

Estaríamos diante de textos que nos levam a um beco sem saída e ao pessimismo desmobilizador? Ao contrário, por serem análises pautadas numa perspectiva de construção histórica do conhecimento, cada texto, em seu recorte e em seu traço, se revela contradição e sinaliza possibilidades de resistência e de espaço para o pensar utópico de construção de novas relações sociais onde o trabalho possa dar-se sob a lógica do valor de uso e onde se dilatem as possibilidades do trabalho livre. Mais que isso, a coletânea avança neste terreno ao incorporar o texto de François Chesnais, que traz um programa investigativo e propositivo de ruptura com a atual ordem do capital e sua ideologia do discurso único e cínico do caráter irreversível das mudanças por ela protagonizadas. Trata-se de uma convocação aberta e incisiva para todas as forças interessadas nesta tarefa que não pode ser delegada a outrem ou postergada.

No texto "Em busca do consenso perdido: democratização e republicanização do Estado", Francisco de Oliveira, um dos mais lúcidos intelectuais de nosso tempo, tece a anatomia mais profunda e um retrato sintético e emblemático da tendência centralizadora e autoritária do capitalismo atual que restringe o espaço da democracia e da república como forma de normatividade e tece uma sociedade do controle mascarada por eleições que guardam a aparência de democracia. Instituições ligadas diretamente à reprodução do capital subordinam os Estados nacionais e buscam anular, sob as mais diversas formas, a ação política. A moeda, adverte-nos, se possível fosse reduzir o Estado a um mínimo denominador comum, constituiria o Estado moderno do capitalismo avançado. Por isso é que se postula o Banco Central independente ou autônomo, fora, portanto, da esfera da política. Em nome do ajuste fiscal que remunera o capital, mormente o financeiro e especulativo, o desemprego crescente, a precariedade do trabalho, a perda de direitos na ótica mercantil é um custo necessário. Mas esta não é uma fatalidade. A agenda de luta, para Oliveira, é de exercer o papel de crítica do intelectual e da universidade na tarefa de gerar a consciência e um consenso de novo tipo – "de que somos uma Nação e não um conglomerado de consumidores". Uma tarefa crucial, neste horizonte, é de "democratizar e republicanizar o Banco Central", e a tarefa primeira, neste sentido, é de não permitir sua autonomia e nem independência. Mas isto não basta. É necessário ampliar o controle político sobre suas ações. Contextualizando o embate no caso brasileiro, o apelo de Oliveira é similar ao de Chesnais: "Cabe-nos enfrentar esse desafio, porque ninguém o fará em nosso lugar".

Não pela ordem de exposição e nem por uma organização prévia entre os autores, os outros textos movem-se de forma mais ampla ou específica dentro dos "traços" pautados por Chesnais e Oliveira, mas todos centrados sobre a problemática do trabalho e dos trabalhadores no contexto do capitalismo atual. Com efeito, no plano mais geral, Nise Jinkings, ao demarcar as *velhas e novas formas de dominação capitalista no trabalho*, ajuda-nos entender que, em seu poder de subtrair direitos, aumentar o desemprego e a precarização do trabalho, o capital vai expondo, de forma cada vez mais profunda, as suas contradições. No cotidiano da vida do trabalhador, esta realidade é tão forte que a ideologia, por mais refinada e dissimulada, não consegue barrar a revolta e a luta dos trabalhadores. Essa luta, todavia, como analisa Noela Invernizzi em seu texto, resultado de uma meticulosa e rica pesquisa empírica dentro das novas formas de gestão e controle técnico e comportamental do trabalhador e crise do emprego, acaba sendo fragmentada, enfraquecendo a organização coletiva. A análise das novas formas de organização e de gestão do trabalho que repousam no envolvimento, no autocontrole e no controle interpares corrobora aquilo que Cláudio Gurgel, em recente tese, vai definir como o objetivo central da gestão contemporânea – *a gerência do pensamento*[2].

Lucídio Bianchetti e Roberto Moraes Cruz trazem-nos duas análises cujo objeto é mais específico e diverso em seu recorte, mas que se relacionam, por mediações diversas entre si e com os demais. Num texto muito original no tema e na abordagem, Bianchetti nos convida a ler, nas mudanças na forma e no conteúdo do *curriculum vitae* no contexto da ideologia do empreendedorismo e empregabilidade, o significado social e humano das mudanças do mundo do

---

[2] Ver Cláudio Gurgel. *A gerência do pensamento. Gestão contemporânea e consciência neoliberal*. São Paulo: Cortez, 2003.

trabalho nos tempos atuais. As exigências em termos de conhecimentos, atitudes, qualidades pessoais e que vão sendo destacadas como imprescindíveis ou, até mesmo, a prévia exposição de como iria contribuir com a empresa, configuram um labirinto ou um mal-infinito, ao final do qual o trabalhador é levado a se culpabilizar por não ter conseguido uma vez mais o emprego.

Os efeitos de uma situação de permanente insegurança de vidas em suspenso, constrangidas a ceder cada vez mais de si para arranjar um trabalho que lhes dê um mínimo de segurança ou para manter-se nele, têm como resultado, para um contingente cada vez maior de trabalhadores, problemas de saúde e novas patologias no trabalho. É esta nova configuração dos problemas de saúde e patologias psicossociais nas condições do trabalho que nos mostra o texto de Roberto Moraes Cruz. O autor nos traz, ao final de seu texto, uma vasta indicação de produções de pesquisa que aponta para um resgate da produção do conhecimento sobre as questões atuais da saúde mental em sua relação com o trabalho.

Dois textos completam, no encadeamento que busquei dar às análises, dois outros traços do atual mundo do trabalho: as mudanças na forma de aprendizagem do trabalhador e o surgimento de cooperativas alternativas na geração de emprego. No primeiro, Edna Maciel Fiod traz-nos os dilemas e as contradições que a escola enfrenta face às mudanças profundas da nova base técnica e da organização do trabalho. Evidencia-nos que muitas das contradições e dilemas dos educadores face ao papel da escola decorrem de uma visão voluntarista, desconhecendo que a escola não é a única instituição implicada nesta realidade e tem que ser pensada como constituída e constituinte das relações sociais. Neste sentido, sinaliza com acuidade, "no mundo todo cresce o desemprego o que leva 'a consideração de que a escola parece se desorganizar junto com a sociedade que a produz'".

A análise de Bernardete W. Aued traz-nos uma síntese teórica e histórico-empírica dos traços do trabalho na sua degradação e as mistificações ideológicas para mascará-la. Ao mesmo tempo, faz a sinalização importante de que os excluídos da violência do capital, até mesmo do trabalho alienado, "não entregam os pontos". Nas entrelinhas da análise, indica-se que o capital não só tem contradições cada vez mais profundas, mas que é uma categoria histórica mais restrita que o trabalho, um produto histórico de relações sociais construídos por uma classe social que pode ser superado por aqueles que foram por ele explorados, alienados e, hoje, em grande parte, não são necessários à sua produção imediata. Com efeito, após traçar-nos o surgimento da sociologia do trabalho, expor o mito do mercado de trabalho, a crise da superprodução e o desemprego de longa duração, a autora traz-nos experiências diversas em complexidade e amplitude de produção associada, cooperativa, dentro das relações capitalistas, mas com traços, indícios de caminhos da produção anticapitalista como alternativa ao desemprego. Trata-se de experiências que ganham cada dia uma maior amplitude e que escapam à clássica definição dual de mercado formal ou informal de trabalho. As novas maneiras de nomear não são aleatórias, ao contrário, as denominações economia solidária, economia popular, economia de sobrevivência, economia social, sinalizam novas relações de trabalho que se originam na auto-organização dos trabalhadores excluídos do emprego formal.

Por certo, como mostram outros estudos neste campo, tais como os de Lia Tiriba[3], na produção cooperada e associada convivem contraditoriamente, competição e solidariedade, individualismo e coletivismo. Como nos ensinou Antônio Gramsci, trata-se de uma realidade humana onde estes trabalhadores são "conformistas de vários conformismos" e convivem com diferentes consciências teóricas. Mas, certamente, sinaliza-se aí uma nova cultura do trabalho e um novo processo de formação humana antagônicos à forma capitalista de produção da vida humana.

Traços do Trabalho Coletivo é uma coletânea que nos traz uma aguda crítica das relações sociais capitalistas de produção deste final de milênio e início de outro. Nesta crítica, explicitam-se contradições profundas que mostram que o sistema capital, mais que nunca, hoje não se justifica e que, portanto, a utopia de suplantá-lo está

---

[3] Ver Lia Vargas Tiriba. *Economia popular e cultura do trabalho: pedagogia(s) da produção associada*. Ijuí/RS: UNIJUI, 2001.

viva e na ordem da ação política. Cabe-nos utilizar os instrumentos da pesquisa e da análise para identificar as forças em jogo e as estratégias e pautas de embates e lutas. Por isso, trata-se de um livro de leitura e reflexão obrigatórias para o amplo campo de forças no âmbito da pesquisa, ensino, assessoria a sindicatos e movimentos sociais empenhados na tarefa cotidiana de fazer avançar as condições subjetivas e a organização objetiva de concretização da utopia da emancipação dos trabalhadores sob um novo modo de produção da vida humana, nas sociedades e contextos históricos que vivemos. Vale dizer, o socialismo está na pauta.

Rio de Janeiro, agosto de 2004

Gaudêncio Frigotto

Introdução

Não navegar sem bússola

Esta coletânea pretende contribuir na reflexão sobre o trabalho na atualidade, questão que tem sido fonte de grande apreensão. De todos os lados parece haver evidências de que novos tempos estão sob os olhos de todos. Uma quase revolução da linguagem está emergindo do mundo do trabalho. Do lado das empresas, sobretudo daqueles que atuam nos recursos humanos, não se diz mais operários, operadores, ferramenteiros, desenhistas ou datilógrafos. A qualificação e as competências profissionais cederam lugar a um denominador comum: os colaboradores. A essa novidade, outras duas se sobrepuseram: flexibilização e terceirização. Tudo isso nos leva a crer que o fordismo assim como o taylorismo estão superados diante da emergência de uma nova forma organizacional do empreendimento "cidadão" e do "capital social". Nessa nova forma de dominação tem lugar a responsabilidade, o espírito de iniciativa, a cooperação e a mudança. Tudo mudou, a economia mudou, as forças sociais e políticas mudaram e a própria cultura mudou. A palavra mudança está presente em quase todos os textos elaborados para *Traços do Trabalho Coletivo*. Ela se torna a chave explicativa do mercado de trabalho, que anda nervoso, e nos faz lembrar aquela frase de Kurz: teremos saudades do capitalismo explorador; da qualificação, que não significa mais formação humana, mas algumas horas de curso ou conferência; do currículo *vitae*, que também mudou e inclui aspectos da vida emocional; e ainda, das novas formas de dominação, ainda que essa novidade contenha "roupagem" e feições muito velhas. A mudança aludida também permeia as explicações sobre o aumento do sofrimento no trabalho. Nossa ambição, nesta coletânea, é mais do que nos deixarmos *naturalmente* assimilar por essa quase revolução da linguagem. É pesquisar sobre o estado real do trabalho na atualidade, já que mudar não quer dizer melhorar, sobretudo se focalizarmos o lado dos trabalhadores.

Não trabalhamos mais como nos anos cinquenta ou mesmo nos anos setenta. Isso quer dizer que o trabalho tornou-se mais inteligente, mais criativo, mais respeitoso na autonomia das pessoas, mais agradável e com menor incidência de psicopatologias?

Em *Traços do Trabalho Coletivo* as respostas encontradas refletem nossas incertezas e nossas pesquisas sobre as condições de trabalho atuais, focalizadas sob diferentes especialidades: educadores, cientistas políticos, sociólogos e psicólogos.

Nesta coletânea, prestamos conta de uma leitura da realidade cuja complexidade evidencia-se rica em contradições, o que não nos deixa pensar o advento dos novos termos como unilateralidade positiva. Não basta, portanto, afirmar que a realidade mudou, devemos qualificar a mudança. Tampouco basta dizer que a novidade é o surgimento de novas formas de dominação, a flexibilização, a terceirização, a revolução informacional, ou, ainda, o predomínio da informalidade e tomar essas categorias como conhecidas e sem ambiguidades. Em sã consciência, como não defender na atualidade as relações flexíveis? Quem não quer, em seu próprio cotidiano, uma relação flexível, seja entre colegas de trabalho, entre pais e filhos ou entre um homem e uma mulher? Como não defender a informalidade diante de um contexto permeado de rígidas normas e regras sociais?

Os pesquisadores estão sendo convocados, com urgência, para desvelar o "segredo" desses termos e situações. O texto de **Francisco de Oliveira** estabelece por onde começar:

Em que dobra do tempo se esconderam as promessas da modernidade? Essa dobra foi em Auschwitz? Ou se evaporaram irremediavelmente? A anunciada guerra contra o Iraque é sua continuidade, confirmando o pessimismo de Horkheimer e Adorno, e o fundamentalismo de Bush é a impossibilidade de qualquer interrogação sobre a sociedade contemporânea, a inutilidade das ciências humanas? Entramos, finalmente, na "jaula de ferro"?

A essa hercúlea tarefa, **François Chesnais** nos dá a chave do caminho, o que significa dizer um convite ao trabalho intelectual coletivo. O autor relativiza a importância do sujeito individual iluminado e convoca os intelectuais ao engajamento social numa investigação de *orientação política digna desse nome* (em outra época teríamos dito diretamente de um *programa*), fundada na luta pela transformação socialista da sociedade e, ao mesmo tempo, *enraizada numa análise dos processos sociais e políticas contemporâneas*.

O capitalismo é apresentado aos assalariados de todo o mundo como uma realidade insuperável, sem que a tal pretensão possa se contrapor uma perspectiva estratégica. Evidentemente, este fato pesa no conjunto da luta de classes internacional. Já não há um projeto de futuro emancipador afirmado teórica e politicamente. É necessário reconstruí-lo. Sem esperar um acontecimento salvador, há que se comprometer com modéstia e ambição num trabalho coletivo de investigação e debate sem tabus. É necessário dedicar-se à reconstrução de um futuro socialista do qual possam se apoderar as forças vivas da sociedade.

Os demais textos expressam uma seleção de singularidades e trajetórias de pesquisa dentro de uma universidade pública e num cotidiano nem sempre muito favorável à reflexão crítica: a simultaneidade e a sobreposição de diversas atividades fragmentadas (aulas, orientações, extensão universitária, múltiplas reuniões burocráticas) quebram, freqüentemente, o exercício do pensar crítico do trabalho intelectual. E a pesquisa, que poderia ser a costura desses fragmentos de vida acadêmica, aparece como "roubo" do tempo produtivo. Nesse contexto adverso à reflexão intelectual ganha proeminência o esforço individual de sobrepor o lugar da pesquisa a qualquer custo. O ônus pessoal desse esforço reflete-se nas pesquisas sobre adoecimento dos professores, que enfartam, apresentam fadiga e estresse no trabalho, quando não saem do "ar". Na contracorrente disso tudo nasceu o Núcleo de Estudos Transformações no Mundo do Trabalho (TMT), donde advém o nome do grupo de quase todos os integrantes dessa coletânea e também de uma aposta num trabalho coletivo que tinha por intuito perceber o "segredo" desse mundo do trabalho invisível. A nossa meta era ousada: produzir uma trilogia sobre as transformações no mundo do trabalho. Em 1999 tornamos público o nosso primeiro resultado: *Educação para o (des)emprego – ou quando estar liberto da necessidade de emprego é um tormento* – (Vozes). Na prática, ele expressou vários momentos do trabalho coletivo numa mesma direção, mas também de troca e de solidariedade na construção de textos. E, claro, de estreitamento de laços afetivos, pois fizemos tudo isso regado a vinho e cerveja.

Desde 2001, implementamos ainda mais a nossa experiência com a criação de oficinas quinzenais de pesquisa, com temáticas eleitas num coletivo de interesses e idéias diversos, envolvendo professores, alunos e interessados em aprender a pesquisar. Pela aceitação da idéia das oficinas, o que era apenas uma única oficina desdobrou-se e cada uma delas passou a espelhar rumos teórico-metodológicos da totalidade do mundo do trabalho em sua diversidade. O ponto culminante dessa experiência ocorre no encontro semestral de todos os pesquisadores na forma de um *workshop*.

Nos anos seguintes, o TMT ampliou a sua experiência. O universo de suas reflexões foi ampliado e as pesquisas delimitadas reafirmaram o trabalho intelectual coletivo. Nesse sentido, consolidou a aproximação com os movimentos sociais organizados, tais como o Movimento dos Trabalhadores Rurais sem Terra (MST) e as experiências autogestionárias entre desempregados.

Alguns êxitos reafirmam nossa estratégia coletiva que implica em dedicação, troca, forte espírito de união, confiança recíproca, convivência harmoniosa com divergências teóricas, interdisciplinariedade e complementariedade. Tudo isto foi somado com o cultivo da criatividade e da estética, garantindo o exercício da pesquisa coletiva. Eis o nosso segredo.

Os textos contidos em *Traços do Trabalho Coletivo*, o segundo exemplar da trilogia, resulta de um esforço coletivo ainda mais empenhado em querer decifrar o mundo do trabalho, essa generalidade tantas vezes citada e tão pouco compreendida. Um dos elementos que nos parece de importância capital é que o trabalho, que tem sido alvo de diversas reflexões teóricas, continua a ser um enigma. O trabalho desenvolve-se sob relações fetichizadas, desenvolve-se por meio de relações sociais abstratas. É, portanto, uma abstração invisível e impalpável a não ser pelas lentes da teoria. O trabalho demanda e continuará a implicar numa contribuição humana que nenhuma robotização vai substituir. É verdade que os avanços do século XX são, sem dúvida, espetaculares. Todavia, o sucesso fantástico, dentro da mecanização em suas formas mais avançadas, conhecidas como microeletrônica, ainda não conseguiu pôr fim aos problemas originados no emprego do trabalho assalariado. A diminuição da quantidade de trabalho vivo, uma realidade atual, não liberta as pessoas do trabalho. Aqueles que permanecem no emprego enfrentam a intensificação da carga do trabalho e ela é acompanhada de forças poderosas de ocultação do trabalho. Nesse sentido, segue o texto de minha autoria. Trabalho não é igual a emprego. A ausência de emprego não pode ser confundida com a emergência de tempo livre, condição de emancipação social. Que é estar desempregado? Como definir as recentes mudanças no Brasil ou na Argentina que reforçam a tendência ao desemprego? Quais as estratégias coletivas adotadas para reverter essa condição, que não é somente precarização, mas, no limite, destruição/eliminação do pressuposto do capital? Os textos de **Lucídio Bianchetti** e de **Nise Jinkings** discutem aspectos dessas mudanças. O primeiro, por meio de uma análise da forma do *curriculum vitae*, procura evidenciar transformações pelas quais vêm passando o mundo do trabalho. A organização e a apresentação do *curriculum vitae* dos candidatos a postos de trabalho é uma dessas mais visíveis manifestações, como se o instrumento que resume a "carreira de vida" de pretendentes a empregos se apresentasse como uma espécie de termômetro ou um painel, indicando as mudanças. A segunda autora também procura pôr em evidência as formas da dominação decorrentes da reestruturação contemporânea que incide sobre todas as esferas da vida social e destina à classe trabalhadora algumas formas de racionalização do trabalho. O trabalho, insistem esses dois autores, continua intransparente, mas exalta uma novidade: ele se faz com forte envolvimento *subjetivo dos assalariados, com o engajamento por parte da empresa, que apela para o espírito de sacrifício, para a doação de si mesmo, além da competência.* **Edna Maciel Fiod** complementa a abordagem sobre as transformações, polemizando a questão da qualificação. A aprendizagem constituída no bojo da Revolução Industrial parece não mais corresponder à realidade atual. As máquinas eletrônicas substituem o trabalho manual e o intelectual, parecendo existir uma outra necessidade em curso, além do ler, do escrever ou de simplesmente digitar textos no computador. **Noela Invernizzi** não pertence ao grupo, mas integra a coletânea porque apresenta algumas informações recentes sobre o mercado de trabalho industrial e analisa como o medo do desemprego, da precarização, da obsolescência da qualificação e da exclusão entre os trabalhadores gera uma forte concorrência entre os trabalhadores. O mercado de trabalho atua como força coadjuvante para o funcionamento das novas propostas de organização e gestão que repousam no envolvimento, no autocontrole e no controle interpares. O texto de **Roberto Moraes Cruz** analisa as condições de trabalho, estabelece relações entre o processo produtivo e as doenças. O desemprego, os acidentes e a duração do tempo trabalhado são determinantes importantes, mas as doenças relacionadas à própria atividade de trabalho são uma manifestação mais direta da penalidade que ele encerra. O trabalho penaliza individualmente o sujeito que trabalha coletivamente, o que nos remete ao nosso ponto de partida: quais as possibilidades e quais os limites do trabalho na atualidade? O trabalho coletivo que, por certo, é a expressão mais acabada da superação do período manufatureiro e, portanto, da era capital versus trabalho, contraditoriamente, revela-se também como a alternativa de superação dessa ordem social.

Bernardete Wrublevski Aued

Capítulo

1

Propostas para um trabalho coletivo de renovação programática

François Chesnais

A finalidade do texto é apresentar um esboço do que pode ser – reformulado, enriquecido e desenvolvido coletivamente – a base de um "projeto de investigação e elaboração políticas iluminado pelo objetivo de transformação socialista da sociedade". Esse projeto seria levado adiante conjuntamente com aqueles que, dentro e fora de *Carré Rouge*, reconheçam sua necessidade e compartilhem (em linhas gerais, é claro) da problemática da partida. As revistas que desejarem colaborar no projeto poderiam contribuir no trabalho de publicação. O texto tenta dar elementos que também poderiam estimular a que militantes sindicais não-organizados politicamente se unam ao trabalho. Durante os últimos anos, em diferentes ambientes, produziu-se – e foi publicado em várias revistas – bastante material teórico novo, que pode alimentar um "projeto de investigação e elaboração políticas". Mas, com poucas exceções, essa produção teórica não foi explicitamente "iluminada pelo objetivo de transformação socialista da sociedade". O que pode distinguir a nossa proposta é a vontade de continuar trabalhando com essa perspectiva, a despeito do curso adotado pela história do século XX e do começo do século XXI. Isto multiplica a vontade de colaborar com todos os que, em diferente medida, se identifiquem com a análise da segunda e da terceira partes do texto.

Palavras-chave: trabalho intelectual; militância; trabalho coletivo.

Preâmbulo do autor

O texto a seguir exige algumas explicações. Ele se direciona aos militantes em geral ou a antigos militantes não-organizados, aqueles que ainda consideram que o capitalismo não deve ser somente combatido nos seus efeitos, mas substituído por novas relações de propriedade e de produção. O texto concerne também, de uma certa maneira, àqueles para quem o trabalho intelectual é a ocupação principal. Aos militantes, ele diz que para transformar o mundo de forma revolucionária é preciso conhecê-lo bem. Ora, nós o conhecemos mal. Na essência o conhecemos mal. Nossa compreensão teórica é datada historicamente e não integra nem um levantamento suficientemente desenvolvido da experiência das revoluções do século XX, nem uma fração suficiente do saber contemporâneo necessário às tarefas de transformação. A compreensão teórica dos revolucionários tornou-se completamente insuficiente e suas ações revolucionárias ressentem-se disso fortemente. É aqui que o texto coloca implicitamente a questão de saber se esses recebem atualmente a ajuda necessária dos trabalhadores intelectuais, cuja função social é a produção de conhecimentos. A tarefa de reconstruir um programa, no sentido pleno do termo, é uma ação coletiva sob muitos ângulos, exigindo dos militantes organizados uma postura no interior da luta de classes em que se admite que há tanto a aprender com os trabalhadores quanto a lhes ensinar. Isso supõe um posicionamento determinado de escuta e de debate da parte dos militantes, mesmo que tenham vinculação política distinta. Isso supõe, enfim, um salto no trabalho intelectual crítico da sociedade atual, abrangendo a definição de pontos de apoio e vias possíveis à sua necessária transformação.

Se este texto parece dirigir-se mais particularmente aos trotsquistas, não é somente porque o autor se origina de suas fileiras, mas também porque, ao menos na França, as organizações trotsquistas são, ao mesmo tempo, as únicas a terem preservado o socialismo como objetivo e a terem elaborado, num dado momento, *um verdadeiro programa* (esta noção é definida no texto); sua base, essencialmente, teve como referencial a obra de Lênin, lida no sentido contrário à interpretação dominante de Stalin e dos aparelhos burocráticos, e a de Trotsky, com alguns elementos – cuidadosamente selecionados, extraídos de Rosa Luxemburgo. Para muitos, isto é, para a maioria dos militantes, Marx e Engels eram abordados, sobretudo, por meio desses autores. Apesar dessa fragilidade, cujos efeitos aumentaram com o tempo, esse programa foi nutrido por um verdadeiro saber, produto da experiência histórica do proletariado em sua luta contra o capitalismo, experiência teorizada até a guerra civil espanhola. Era também o saber oriundo de um conjunto muito amplo de conhecimentos produzidos por intelectuais ou cientistas no quadro da divisão social capitalista do trabalho e "digeridos" por seus grandes militantes ou, ainda, por aqueles (por exemplo, Kautsky) que com eles mantinham um estreito contato à época na qual existia uma verdadeira Internacional (a II e a III no seu início). Submetidos a longos períodos de exílio, Lênin, Bukharin, Trotsky e seus amigos puderam dedicar-se à lenta acumulação de conhecimentos e ao trabalho de interpretação, que são, geralmente, fruto do trabalhador intelectual solitário. Foi isso, também, o que Gramsci fez na prisão, sem se dar conta do que o PC Italiano havia se tornado, mesmo antes de sua morte, e no que se tornaria sob a férula de Ercoli (Togliatti), sem poder participar na tradução organizacional de seu trabalho.

Esse saber *orientado,* sintetizado pelos grandes revolucionários, foi a base da formação dos militantes nas verdadeiras "escolas marxistas" que as organizações francesas fizeram funcionar durante muitos anos. É a ele que os militantes continuam, ainda hoje, a se referir de um outro modo. Uma grande parte desse conteúdo é anterior a 1920 e o restante é anterior a 1940. Os elementos advindos da fase 1935-1940 devidos a Trotsky, foram escritos nas piores condições: a de um homem caçado por Stalin, que alcança seu objetivo em agosto de 1940; isso ocorre, também, devido à ausência da verdadeira internacional e da incapacidade de Trotsky em promover discussões teóricas e políticas sérias com todos os que se alinhavam em combate, mas tinham a infelicidade de estar em desacordo com ele. Problemas teóricos e políticos, referindo-se à questão da hipótese da "revolução política" – natureza da URSS, natureza da burocracia e do seu regime, possibilidade ou não de uma classe para si sobreviver, ou ainda, se reconstruir sob a ditadura staliniana – teriam sido abordados de maneira sensivelmente diferente se Trotsky tivesse debatido com as correntes minoritárias no seio do Partido dos Trabalhadores Socialistas nos EUA ao invés de excomungá-los politicamente. O exemplo serviu aos dirigentes de todos os pequenos aparelhos para proceder do mesmo modo mais tarde, com Castoriadis em 1946-1948, por exemplo, que não pode defender as suas posições sobre a URSS O deslocamento da IV Internacional, que se realizou em 1953-56, explica porque um homem como Ernest Mandel, dotado de grandes qualidades intelectuais e marcado por um engajamento militante que jamais foi desmentido, nunca pode desenvolver uma renovação programática, nem mesmo deixar, salvo raras exceções, descendentes políticos interessados pela teoria.

O trabalho de renovação política e de "aggiornamento" programático defendido neste texto é um dos ingredientes necessários ao nascimento do novo movimento dos assalariados, que surgirá das debilidades do movimento operário amordaçado pelos aparelhos sindicais integrados ao Estado, "interlocutores" domesticados pelo patronato, assim como da criação de novos partidos que se atribuirão como objetivo as mudanças das relações de propriedade e de produção e, portanto, a destruição das instituições do Estado capitalista. Isso será, necessariamente, sustentado por um vasto movimento de auto-organização e de auto-emancipação dos assalariados(as) no qual as suas capacidades criativas se libertarão. Hoje, elas são sufocadas pela dominação do fetiche do mercado e pela opressão política e social capitalista, que, freqüentemente, colidem com os vestígios de teorias organizacionais que pedem aos trabalhadores para "terem confiança no partido e nos seus dirigentes". Como não compreender que essas teorias prolongam a divisão do trabalho capitalista e a divisão entre "trabalho intelectual" e "trabalho prático"?

A auto-organização e a auto-emancipação serão, ao mesmo tempo, a condição e uma das substâncias da renovação teórica e programática. Os acontecimentos argentinos pós-dezembro de 2001 mostram a necessidade urgente dessa renovação, mas também sua extraordinária dificuldade. Fez extraordinária falta ao processo embrionário de *"conselheiros"*, na Argentina, um pensamento e estruturas políticas capazes de reconhecer o movimento como tal e então ajudar a impulsionar e a desenvolver suas potencialidades até a formação de um novo poder na sociedade. Os acontecimentos franceses de maio, junho e julho de 2003 – com greves, manifestações, mas também com o surgimento, por todos os lugares, da assembléia de greve como um instrumento de luta e de discussão sobre os objetivos imediatos ou de longo prazo das mobilizações – tudo isso sugere que, talvez, se esteja diante de um fenômeno internacional. Esse seria, então, o sinal da verdadeira possibilidade de iniciar-se uma nova fase histórica na luta pela emancipação, cuja primeira expressão plena foi dada já no Manifesto do Partido Comunista por Marx e Engels.

É este o primeiro complemento indispensável ao texto que segue. O segundo, é que as discussões às quais as reuniões do *Carré Rouge* dão suporte central, Elas conduziram-nos em direção a um deslocamento teórico maior. Ele consiste em dar à revolução, da qual nasceriam novas relações de propriedade e de produção, o caráter de um ato de *defesa* das próprias bases da civilização. Houve da parte dos marxistas uma hesitação muito forte em aprofundar a análise sobre o componente destrutivo do capitalismo e de seus traços financeiros. Muito poucos intelectuais marxistas retomaram a noção de parasitismo, entretanto, ela é bem presente em Lênin. Eles não combateram como deveriam a leitura altamente "produtivista" de Marx e Engels, que foi feita durante decênios sob a influência do Stalinismo. Na concepção que prevaleceu, o "envelope" institucional no qual se efetua o desenvolvimento das forças produtivas, inclusive da ciência, foi reconhecido como sendo totalmente capitalista, mas sem que tenham sido tiradas as conseqüências quanto à orientação e aos resultados desse desenvolvimento. Hoje é impossível continuar assim. A transformação do processo de trabalho nascida da informática não é somente portadora de desemprego em massa e de novas formas de proletarização. Ela permitiu ao capital destruir as grandes concentrações operárias que, durante muito tempo, foram a forja da ação política revolucionária. A produção de sementes geneticamente modificadas, protegidas por patente, anuncia uma era de dominação, ainda mais feroz, do capital sobre a terra e sobre aqueles que nela trabalham. A crise ecológica planetária (os problemas do meio ambiente) concerne a nada menos que à perenidade das condições de reprodução social. No plano imediato, ela atinge determinadas classes sociais, alguns povos ou, mesmo, certos países. Como estes são quase sempre situados no que se denomina hoje sob o nome de "Sul", ou no "antigo Leste", é fácil fazer uma abstração e deixar uma questão fundamental, que toca na própria existência da sociedade, somente para os ecologistas que, certamente, a tratam fora das relações de propriedade.

Uma das características do capitalismo oriundo da contra-revolução neoliberal é de retomar, não unicamente da classe operária, mas igualmente das "classes médias", as aquisições sociais que lhes permitiram ter uma existência um pouco mais decente (educação, saúde, transporte público etc.). A idéia da revolução como ato necessário à preservação da civilização como tal, poderia ocupar, talvez, um lugar nodal nas alianças que se estabelecerão em torno de um programa renovado de mudança social radical. Uma das tarefas imediatas de conscientização dessa mudança de época histórica, da qual as guerras imperialistas (Afeganistão, Iraque) fazem parte, é, então, voltar-se aos trabalhadores intelectuais, para lhes dizer que *"face ao estado do mundo, ao curso atual de sua evolução e à necessidade de ruptura deste curso, sua responsabilidade social e mesmo pessoal está engajada"*.

François Chesnais
Paris, Julho de 2003

PRIMEIRA PARTE

RAZÃO DE SER DE *CARRÉ ROUGE*

Publicar *Carré Rouge* não é um fim em si mesmo. *Carré Rouge* não tem vocação para se perpetuar se sua razão de ser não for consolidada qualitativamente. É certo que a revista permite a uns poucos militantes aclarar e apresentar regularmente sua apreciação da situação política francesa. Também são publicados artigos de reflexão teórica sobre questões chaves da luta de classes e do pensamento revolucionário, relacionadas, principalmente, à herança marxista. Mas isto não é justificativa suficiente para a existência de *Carré Rouge*. Não há uma *verdadeira* necessidade de mais uma revista política.

Em 1995, alguns militantes (veteranos) da Organização Comunista Internacionalista-Partido Comunista Internacionalista[4] (mais exatamente éramos seis) nos encontramos e fundamos *Carré Rouge*. Desejávamos fazer um balanço e recuperar o gosto pela ação e pela discussão política. Rapidamente tentamos obter a colaboração de militantes provenientes de outros horizontes. Assim, acolhemos camaradas da Voz dos Trabalhadores e militantes da Liga Comunista Revolucionária, da Esquerda Comunista do Partido Comunista Francês e, mais tarde, de A Comuna e da Esquerda Revolucionária, que participaram de reuniões e escreveram segundo o ritmo das discussões e dos acontecimentos da vida política francesa. Com uma clareza crescente sobre este enfoque, a redação de *Carré Rouge* buscou fazer da revista um instrumento para outros. Outros que são todos os que continuam considerando que "o socialismo é a única meta que uma inteligência contemporânea pode se propor". Esta é a citação de Siniavsky que figura na capa da revista desde seu lançamento[5]. Agora, com relações a definir com outras correntes, coletivos e militantes individuais, é possível que *Carré Rouge* encontre uma razão de ser para continuar reunindo-se e aparecendo, convertendo-se, *com outras revistas*, num dos suportes de um trabalho coletivo, o que chamo de maneira imprópria (tosca e breve) "projeto de investigação e de elaboração políticas iluminado pelo objetivo de transformação socialista da sociedade". O propósito seria superar as omissões e a paralisação de balanços incompletos e nos permitir definitivamente sair do empirismo total que, por agora, caracteriza nosso trabalho político.

---

[4] Uma das três organizações mais significativas do trotskismo na França. As outras são a Liga Comunista Revolucionária e Luta Operária (Nota de *Herramienta*).

[5] Omitimos alguns parágrafos referentes a atividades de interesse limitado aos leitores franceses de *Carré Rouge* (N. do editor).

Segunda parte

Um vazio programático e estratégico

Por que este "projeto de investigação"? Porque hoje estamos *desprovidos de uma orientação política digna desse nome* (em outra época teríamos dito diretamente de um *programa*), fundada na luta pela transformação socialista da sociedade e ao mesmo tempo *enraizada numa análise dos processos sociais e políticas contemporâneas*, tal como são realmente (não *ficticiamente*) no início do século XXI. Para dizer claramente, os militantes que determinam sua atividade política e/ou sindical quotidiana em função do caráter irredutível do antagonismo entre o capital (os proprietários dos meios de produção e de comunicação, isto é, dos meios de vida da sociedade) e aqueles que vendem ou tentam vender sua força de trabalho (o imenso exército industrial de reserva que o capital constituiu em escala mundial), *"navegam politicamente sem bússola"*. Isto é ainda mais grave porque a situação política contém, parece-me, muitos elementos de uma *"brusca reviravolta"*. Esta foi sempre uma característica da época imperialista, mas todo um período da luta de classes mundial terminou em 1989-1991 sem que disto avaliássemos as conseqüências. A "brusca reviravolta" que nos espera num prazo mais ou menos longo não se apoiará nos dados e "parâmetros" políticos dos anos 1930, nem nos de 1960-1970. Funcionamos com referências programáticas que devem ser reconstruídas dos pés à cabeça, o que supõe acabar com a fetichização dos escritos de nossos antecessores.

Cada militante (ou cada grupo de militantes com afinidades políticas) declinará esta afirmação com a linguagem de sua tradição política e com referência à sua própria experiência. Nesta seção, o farei a partir da experiência e na linguagem do trotskismo. Os militantes de origem comunista "ortodoxa", surgidos do molde caracterizado por nós como stalinismo[6] ou aqueles da variante maoísta dirão, se quiserem, como vêem essa questão. O mesmo vale para os militantes da família do anarquismo e do anarco-sindicalismo. *Ninguém pode fazê-lo em seu lugar.*

Na *Carré Rouge* temos a convicção comum de que nenhuma corrente política ou sindical séria, que tenha como meta destruir o capitalismo ombro a ombro com milhões de mulheres e homens cuja adesão deve ser obtida (e não a construção de uma seita ou de uma igreja milenarista), pode continuar dizendo-se "armada com um programa". Nenhuma corrente política utiliza hoje uma orientação que não repouse ou em um ato de fé (apoiado por documentos historicamente datados, ossificados ou, o que é pior, fetichizadas) ou num empirismo total. A falta de "programa", no sentido de uma orientação estratégica (os objetivos, os meios) que responda às questões chaves da ação política com a perspectiva socialista é um dos traços constitutivos da atual situação política. De fato, a extrema debilidade ou o vazio teórico é um traço constitutivo da situação política na França, na Europa e em todos os continentes.

Durante toda uma época os trabalhadores influenciados pelos PCs sabiam ou pressentiam que a URSS não era o paraíso socialista, mas esperavam que uma reforma democrática do sistema desse à Revolução de Outubro uma segunda oportunidade, uma nova juventude. Os trabalhadores influenciados pela IV Internacional e os militantes dos distintos agrupamentos, além das diferenças nascidas de múltiplas cisões, combatiam por uma revolução mundial da qual a revolução política anti-stalinista era parte constitutiva.

A queda do Muro de Berlim e o desaparecimento da URSS mudaram tudo. Mas não em benefício do socialismo, mas da contra-revolução burocrática e imperialista que se deu. Milhões de assalariados e de militantes ficaram desnorteados. Têm o sentimento de que não há futuro. A esperança aberta em 1917 está morta. O capitalismo é apresentado aos assalariados de todo o mundo como uma realidade insuperável, sem que a tal pretensão possa se contrapor

---

[6] Fique claro que não usamos o termo como insulto, mas como uma caracterização política para a qual a história política do século XX deu um conteúdo preciso.

uma perspectiva estratégica. Evidentemente, este fato pesa no conjunto da luta de classes internacional. Já não há um projeto de futuro emancipador afirmado teórica e politicamente. É necessário reconstruí-lo. Sem esperar um acontecimento salvador, há que se comprometer com modéstia e ambição num trabalho coletivo de investigação e debate sem tabus. É necessário dedicar-se à reconstrução de um futuro socialista do qual possam se apoderar as forças vivas da sociedade.

A que questões respondem os programas?

Tratando-se da passagem de um modo de produção e de uma forma de propriedade para outro modo de produção e formas de propriedade totalmente diferentes, o programa revolucionário, do *Manifesto do partido comunista* (1847) ao *Programa de transição* (1938), passando pelos documentos programáticos da Internacional Comunista (1919-1923), incluiu quase que invariavelmente, no nosso entender, os seguintes pontos:

- as razões pelas quais as relações de propriedade e de produção capitalistas devem ser substituídas, isto é, destruídas e *não reformadas*;
- a designação *da* ou *das* classes possuidoras simultaneamente com capacidade social, à força organizativa e, sobretudo, às *motivações* suficientemente para comprometer-se na luta condizente com essa transformação;
- a definição dos *processos econômicos fundamentais* e dos pontos políticos em que podia apoiar-se o projeto de transformação das relações de propriedade e de produção e a ação para tal dessa ou dessas classes;
- a definição de tipos de *crises políticas e sociais* suscetíveis de gerar as condições concretas que, sobredeterminando esses processos fundamentais abrirão a possibilidade de se empreender a "conquista do poder", ponto de partida da transformação das relações de propriedade e de produção;

- a definição das formas de organização e dos organismos a serem construídos para deslocar a classe dominante do poder;
- finalmente, a definição das formas de organização do poder que deverão ser construídas para atravessar as primeiras etapas da transformação das relações de propriedade e de todas relações sociais.

Nenhuma das respostas dadas a estes pontos, desde o *Manifesto* de 1847, pode ser considerada como *imutável*, como se fossem definições dadas de uma vez para sempre, nem sequer em suas "grandes linhas". Todas são, em graus diversos, mas sempre importantes, *historicamente determinadas*. O valor das posições tomadas pelos grandes teóricos e práticos da revolução assenta-se, sobretudo, em seu *método*, nos caminhos que seguiram. Pensar o contrário não só seria sair do marco do marxismo, que insistiu mais do que qualquer outro *corpus* teórico, na *historicidade* da ação humana (e, por isto, do mundo "natural" também), mas significaria sair, totalmente, da racionalidade elementar. Temos contribuído bastante para isso, no entanto, durante grande parte de nossa vida militante. Já é tempo de não mais fazê-lo. É o momento, o grande momento *de voltarmos a ser marxistas*.

A ossificação programática do ponto de vista trotskista

Em nossa tradição política, considerou-se o *Programa de transição* como fonte da maior parte das respostas aos pontos indicados, complementado com as *Resoluções dos quatro primeiros congressos da Internacional Comunista* e alguns trabalhos políticos chave, de Trotsky, em particular as teses de *A revolução permanente* e de *A revolução traída*. Segundo a experiência que vivemos, muito tempo depois dessas obras terem sido escritas e em contextos políticos já muito modificados, receberam o *status* de textos programáticos, inquestionáveis ou até mesmo intocáveis, como se fossem, dizendo mais claramente, as "tábuas da lei". Isso apesar de que, como está dito explicitamente no texto de 1938, o *Programa de transição* foi redigido em relação a uma série de acontecimentos e experiências políticas muito específicas e para um período histórico determinado. A experiência nos indica que inclusive no período em que o *Programa de transição* mais ou menos respondia às questões assinaladas, teriam sido necessárias reformulações que o assassinato de Trotsky cortou bruscamente[7], o que em todo, é seguro, é que o período para o qual o *Programa de transição* dava respostas está acabado, *definitivamente acabado*.

Aqueles que negam isso pertencem, *grosso modo, a* três categorias. A primeira é a dos falsários políticos que se protegem por trás de um programa declarado inalterável, ao qual só um pequeno círculo de iniciados (às vezes só um) erigidos como uma espécie de "sumos sacerdotes" pode consentir em propor as "leituras" ou "interpretações" de tipo talmúdico com relação a tal ou qual situação concreta. O "respeito ao programa" se converte, então, não só numa celebração "para os dias de festa", mas na fachada por trás da qual esses dirigentes estão livres para seguir uma política cotidiana de adaptações e às vezes traições. A segunda categoria é a dos crentes apegados a textos políticos que convertem em fetiches, em textos religiosos. Baseados nisso, desenvolvem uma ação militante devota, mas que nada tem a ver com a política. Às vezes, ambos os tipos coabitam no seio de uma mesma organização, mas outros grupos reúnem de maneira homogênea, militantes da segunda categoria. Esses grupos se transformam em refúgios diante da realidade, em *bunkers* rodeados por um mundo hostil. Não são, contudo, "remansos de paz", pois sua evolução os transforma em espécies de manicômios onde se digladiam mutuamente em nome da ortodoxia que é necessário preservar ou pela direção do grupo que é preciso derrubar[8]. A terceira categoria é formada por militantes que estão conscien-

---

[7] Alguns pontos cruciais estão analisados no trabalho: DIVÈS, J., P., Elementos para un balance de la LIT y do morenismo. In *Construir otro futuro. Por el relanzamiento de la revolución y el socialismo*. Bueno Aires: Editorial Antídoto, 2000.

[8] A análise desse no seio da corrente morenista feita por Jean-Philippe Divès merece ser considerada como modelo para a história de outras correntes da IV Internacional.

tes de agir. Não tendo um programa político no verdadeiro sentido do termo, mas que dizem que as tarefas urgentes são prioritárias, mas que uma refundação programática pode esperar. *Carré Rouge* corresponde em grande medida a esta definição[9], embora tenhamos, finalmente, tomado consciência de que chegou o grande momento de remediá-la.

O caráter historicamente determinado do Programa de 1938

O período para o qual foi escrito o *Programa de transição* está superado, do mesmo modo que aquele em que foram redigidos os textos adotados pelos quatro primeiros congressos da Internacional Comunista. A lista de fatos que sustentam esta afirmação é longa, e o objeto deste trabalho não é tanto colocá-los de maneira exaustiva, mas começar a enunciar pelo menos os "cabeçalhos" dos blocos temáticos que deveriam ser trabalhados coletivamente numa perspectiva de reconstrução. Para ir ao essencial, limitar-nos-emos aos elementos que se seguem.

Uma das pedras angulares ou a peça mestra do *Programa de Transição* é o conjunto de proposições segundo as quais algumas das conquistas decisivas da Revolução de Outubro (a propriedade estatal dos meios de produção, o monopólio do comercio exterior etc.) foram enfraquecidas, mas não destruídas pela ditadura stalinista; que, sob a ação do proletariado, uma corrente progressista autenticamente proletária podia ainda desprender-se da burocracia (como a "tendência Reiss"), de tal modo que uma "revolução política" podia derrotar a burocracia e transformar a URSS novamente na caldeira da revolução mundial. Estas questões são a pedra angular do programa de 1938: junto com a caracterização da crise do capitalismo, são constitutivos dos processos políticos *fundamentais* nos quais podia

---

[9] No caso de uma revista, isso se expressa principalmente no ecletismo de seus sumários, assim como na extrema dificuldade, senão incapacidade, de levar uma discussão para além de seu início.

apoiar-se a classe operária para a destruição do capitalismo. Independentemente das políticas de adaptação aos aparatos stalinistas que essas propostas suscitaram em todos os países onde existia um PC forte, no que diz respeito à URSS esse conjunto de proposições se foi debilitando cada vez mais ao longo da segunda metade do século XX. A revolução húngara de 1956, a "primavera de Praga" e as reiteradas lutas da classe operária polonesa, tanto quanto as rupturas dos aparatos dos PCs em países expostos à irrupção dos operários e da juventude, forneceram-lhe um princípio de materialização, mas num contexto de forte interconexão com a questão nacional e com a luta pela independência. Na URSS, contudo, não houve nenhuma ruptura no interior do aparato que abrisse uma via à classe operária dos estados da federação soviética. Assim, o punho de ferro da dominação burocrática e da repressão policial matou no nascedouro as mobilizações operárias toda vez que se produzia um levante. Mais tarde, a queda do muro e o desmoronamento da URSS, em proveito da restauração capitalista, tornaram definitivamente obsoletas as proposições essenciais do programa de 1938.

Não foram afetadas apenas as partes relativas à "revolução política, mas todo o programa, já que tinha sido construído sobre a idéia força da revolução de outubro como "primeiro elo da revolução mundial". Os que inventam razões para manter essa perspectiva vivem fora do mundo real onde devemos lutar. E isto não diz respeito apenas aos trotskistas, mas também a todas as variantes de "nostálgicos da URSS", filiados ou ex-filiados ao PCF.

Além disso, existem razões adicionais. A redação do *Programa de 1938* está marcada pelo formidável impacto da Revolução Espanhola e da greve geral francesa de junho de 1936. Estes fatos coloriram fortemente as hipóteses do *Programa de Transição* sobre a predisposição, basicamente revolucionária, do proletariado dos países capitalistas e, correlatamente, sobre o acirramento do seu antagonismo potencial com os partidos e direções sindicais social-democratas e ou stalinistas. A partir de 1948, isso mal se verificou, no melhor dos casos, de forma episódica. Tampouco se verificaram, em países de capitalismo avançado, as hipóteses sobre a possibilidade de que dirigentes social-democratas e/ou stalinistas, em condições excepcionais, viessem a se comprometer com o caminho de ruptura com a burguesia. Inclusive antes da virada "social-liberal" dos dirigentes social-democratas, Largo Caballero[10] teve poucos êmulos em suas fileiras.

A profunda crise econômica dos anos 30 afetou com força, como é lógico, o juízo do *Programa de Transição* quanto à capacidade do capitalismo para fornecer aos aparatos sindicais e políticos "grão para moer" (esclarecedora expressão do chefe sindical André Bergeron da Force Ouvrière) em quantidade suficiente para lhes permitir conter a ação da classe operária. Em 1938, os mecanismos de acumulação capitalista estavam efetivamente falidos. Os historiadores têm documentado amplamente que, para retomar a acumulação, a economia norte-americana teve de esperar até 1942, isto é, até Pearl Harbour e o início do regime de plena produção armamentista. Em 1938 era correto escrever que a "política do *New Deal* não oferecia nenhuma saída para o impasse econômico", porém isto apenas salienta a presença de elementos conjunturais no *Programa de Transição*, aspecto este do qual nunca foram tirados ensinamentos metodológicos. A partir dos anos 60 era absurdo apegar-se a tais fórmulas para caracterizar a situação das economias capitalistas avançadas. Do mesmo modo, era falso deixar-se influenciar pelas teses do stalinismo modernista italiano, referida ao "neocapitalismo".

Escrito em 1938, quando era "meia-noite no século", o *Programa de Transição* representava um ato de resistência ao stalinismo e ao imperialismo de importância inestimável, que incluía uma forte dose de messianismo político. A proposição "as leis da história são mais poderosas que os aparatos burocráticos" é um dos exemplos mais dramáticos que, no caso da OCI-PCI se transformou numa espécie de fórmula mágica para os dias aziagos. Daí surge a sobreestimação do nível de radicalização das situações políticas, o que provavelmente é um dos traços mais difundidos entre os militantes formados no trotskismo da nossa corrente.

---

[10] Francisco Largo Caballero, (1869-1946) "sindicalista e líder da corrente revolucionária do PSOE, chamado por seus admiradores "o Lênin espanhol". Preside o governo republicano na fase inicial da guerra antifascista espanhola (l936-39) Exilado na França, detido pela Gestapo foi enviado a um campo de concentração alemão. Morre meses após a sua liberação. (Nota do tradutor).

A partir da recuperação capitalista dos anos 1950-60, a tendência para a "superestimação" esteve acompanhada por uma *subestimação* da força dos mecanismos de dominação capitalista derivados do poder inerente ao fetichismo da mercadoria e a fascinação que suscita, como deslumbramento pelo acesso à propriedade individual. Isto permite entender porque, malgrado o enfraquecimento constante dos aparatos stalinista e social-democrata, a classe operária nunca os varreu completamente. Inclusive quando tais aparatos tornaram-se a sombra do que tinham sido, a classe operária nunca se lançou relamente prara eleminá-los. Nunca se viu nos países capitalistas avançados uma fpuria contra os aparatos equivalente a de Budapeste ou Praga. Pelo contrário, alguns segmentos de operários, professores de empregados continuaram fornecendo-lhes, durante longo tempo, pontos de apoio necessários para a sua sobrevivência, e permitem ainda que organizações sindicais de essência burguesa, como a CFDT, ganhassem influência. Isto nada tem a ver com a força intrínseca dos aparatos que são muito fracos em numerosos países, a começar pela França, onde dependem do financiamento do estado e da patronal, *mas tem muito a ver* com alguns mecanismos da dominação capitalista que não tinham grande peso na época do Programa de 1938.

Mas essa explicação também é parcial e incompleta. Nos países industrializados, apesar das tendências ao bonapartismo, o exercício das liberdades democráticas, a democracia representativa e o sufrágio universal também permitiram aos capitalistas (auxiliados pelos aparatos contra-revolucionários) desviar e amortecer continuamente os choques da luta de classes. A utilização e a instrumentalização das eleições pelo PC e o PS sempre permitiu ao sistema desviar as massas da política, entendida como combate pelo exercício efetivo do poder. Estes partidos seguiram e geralmente aplicaram de modo muito consciente um processo de autonomização análogo ao do Estado. Organizaram entre os trabalhadores a delegação das gestões dos seus interesses a representantes quase inamovíveis (a classe política, os profissionais da política). A luta revolucionária implica incorporar estes dados. Sem uma reflexão estratégica sobre a relação entre a luta de classes direta e a participação eleitoral, esta situação ameaça repetir-se ao infinito. A questão do mandato político, do seu controle, do seu respeito, da revogação dos eleitos, em síntese, da democracia representativa sob controle permanente dos mandantes, envolve a de auto-organização das massas.

Sobre a grande Ascensão dos Anos 1960-1970

Entre 1968 e 1975-78 (o final é mais difícil de datar com precisão do que o início) o *Programa de Transição* ou, mais exatamente, algumas de suas partes, atingiram seu mais elevado poder orientador da ação política revolucionária. Durante uma década, aproximadamente, "massas de milhões de homens", operários, estudantes, mulheres desenvolveram lutas radicais numa série de países, começando a ameaçar as bases da ordem estabelecida. Nesses anos, houve, inquestionavelmente, uma "crise conjunta de dominação da burguesia e da burocracia stalinista", fundada *em* e interligada *com* uma *conjugação particular* de muitos acontecimentos e processos de grande amplitude.

Houve, em primeiro lugar, a partir de Berlim (1953) e da Hungria e Polônia (1956) novas (e derradeiras) manifestações de um movimento para a revolução política em países de "democracia popular" sob dominação stalinista. No início do período, na Tchecoslováquia, a implosão do aparato satélite stalinista abriu caminho para um movimento de operários, intelectuais e estudantes. No final do período foi a Polônia, com as grandes greves nos portos do Báltico e a fundação de *Solidárnost*, primeiro influenciada e logo a seguir controlada totalmente pela Igreja. Em 1968-69, também entraram em ação milhões de operários na França e na Itália, cientes das suas reivindicações e adquirindo consciência da força decorrente da sua concentração nas grandes fábricas. A força dos operários ingleses para provocar a queda do governo Heath foi outra manifestação da mesma capacidade de impor reivindicações mais elevadas a governos formados por partidos tradicionais da burguesia ou forçá-los a um completo recuo. Temos ainda o caso Vietnã, isto é, a interação – com uma força muito especial nos EE.UU – do combate dos operários e camponeses de um país semicolonial (dirigidos pelo último aparato comunista que teve uma conduta tal que pôde tornar-se objeto de forte mistificação) com o movimento social da classe operária e, sobretudo, da juventude (nos EUA apenas essa última) dos países avançados. Este interagir atingiu um nível de radicalização suficiente para gerar as condições políticas internas que levaram os EUA a sofrer determinada forma de derrota política e militar. Finalmente, entre 1975 e 1978, de Portugal ao Irã e depois à Nicarágua, houve crises revolucionárias oriundas (sob diferentes configurações) da luta pela libertação nacional em estados coloniais e semicoloniais. Neste sentido, importa salientar que foi "a revolução dos capitães", após anos de guerra colonial, a que abriu a brecha pela qual a classe operária portuguesa se lançou. A revolução portuguesa não se originou no interior das relações capital/trabalho.

Esta combinação particular de processos e acontecimentos permitiu que a luta de classes atingisse uma intensidade desconhecida desde 1948. Esta "sobre-determinação" é a responsável pelo caráter excepcional da situação. No entanto, *apesar disso*, a "crise das formas de dominação política da burguesia e da burocracia[11]", real durante um curto lapso de tempo, não foi seguida em nenhum país por eventos de natureza essencialmente revolucionária que varressem tudo à sua passagem. Não houve tentativas operárias de criar formas de organização[12] a partir das quais se apresentasse como uma classe disposta a construir uma nova forma de poder, para criar junto com a juventude – que estava pronta, incluindo segmentos de origem burguesa – o ponto de partida para desmontar as formas de propriedade capitalista.

Explicando aos seus militantes que não deviam "lançar-se a aventuras", as direções do PCF e da CGT na França e do PCI e CGIL, na Itália, conseguiram barrar um movimento profundo, mantendo, uma vez mais, a aposta burguesa. Todavia, garantiram, ainda que "deplorando-a", a intervenção dos tanques em Praga; o aval à política de

---

[11] Essa é a expressão mais adequada que se encontra nos documentos da OCI da época, entre outras muito mais discutíveis.

[12] Salvo, talvez, em Torino, mas sem projeção no conjunto da Itália, sem servir como modelo ou incentivar a colocação da questão do estado e do poder em Roma.

Brejnev e o isolamento do movimento na Tchecoslováquia. Não foram solapados pelo movimento de massas. É forçoso constatar que o comportamento da classe operária da Europa Ocidental não esteve dominado (ainda que, certamente, existiram exceções setoriais) pelo sentimento de que fosse *indispensável acabar com a exploração* e, por conseguinte, com a propriedade privada dos meios de produção, e que as condições políticas para fazê-lo estavam aparecendo. Como explicar isto? As sérias incertezas, incluso não-explicitadas, sobre o "modelo de socialismo" que nesse momento viria a substituir o capitalismo, seguramente contribuíram para isso. Mas também contribuíram as ilusões, ainda muito fortes, sobre um futuro condigno para eles e para os seus filhos nos moldes do capitalismo. Excetuando casos muito restritos, repetimos, a classe operária não contestou os aparatos de modo frontal. Na França, foram aceitas, sem provocar revoltas de massas, as políticas de "repartição do bolo" através das reivindicações salariais[13].

Pode-se estimar que as organizações trotskistas foram tributárias dessas situações. Estivemos tão carentes de apoio da classe operária como ela de nós.

Sem uma atuação vigorosa da classe operária parece pouco provável que, considerando seu escasso nível de experiência, as organizações trotskistas pudessem dar, por si mesmas, o salto político qualitativo para a formação de verdadeiros partidos. No entanto, não era em absoluto inevitável retomar ou aprofundar uma trajetória de adaptação aos aparatos, cujas conseqüências somente se manifestaram nos anos de Mitterand.

Após a fase de acirrada e variada luta de classes e de crise política de dominação em numerosos países, o refluxo que a sucede inaugura algo muito diferente de uma ressaca clássica (como, por exemplo, a ocorrida na Europa Ocidental, a partir de 1948). As derrotas – pois, de fato, foram autênticas derrotas, ainda que naquela altura

---

[13] No filme *Reprise,* apenas uma operária se revolta, mas não toda a fábrica. Os outros operários e operárias, apesar de simpatizar com a sua rebeldia não a respaldam. E os delegados da CGT não são removidos.

recusássemos aceitá-lo – não abriram, simplesmente, o caminho para um retrocesso, inclusive muito profundo, da luta de classes: puseram fim a um longo período da luta de classes[14]. Esta afirmação tem um *alcance geral* que ultrapassa o debate sobre o caráter historicamente determinado do *Programa de Transição*. Acredito que ninguém poderá questioná-lo, mesmo que se recuse a tirar as conclusões correspondentes.

A mudança de período tornou-se de imediato evidente nos países de Leste. O triunfo da contra-revolução burocrática na Tchecoslováquia e na Polônia traduziu a ausência de condições constitutivas da revolução política da URSS. A tragédia dos tanques soviéticos em Praga teve conseqüências irreversíveis, em particular por ter sido acompanhada anos mais tarde, pelo golpe de estado de Jaruzelski, em Varsóvia. A URSS afundou na "estagnação" brejnevista antes de se lançar a uma guerra sem saída no Afeganistão e, por último, dar vida aceleradamente a uma versão radical da "tendência Boutenko", isto é, de uma ala (amplamente majoritária) da burocracia selvagem e reacionária, ávida por restaurar a propriedade privada dos meios de produção em benefício próprio. Um processo análogo foi desenvolvido na Iugoslávia, de modo que a sua implosão, em 1991, acompanharia a da URSS.

Nos países capitalistas, o fim de toda uma fase da luta de classes está relacionado com a somatória de derrotas operárias – sérias, porém "clássicas", isto é, com precedentes históricos –; com mutações técnicas como as que o capitalismo experimenta somente em intervalos muito dilatados. Por isso, as derrotas sofridas por importantes setores da classe operária da Europa Ocidental (a quente, como a

---

[14] Por "longo período da luta de classes" entendemos um período no qual os instrumentos dessa luta estão marcados por fatos políticos e sociais que, sendo variáveis, apresentam certa constância. Trata-se, neste caso, dos seguintes fatos: o impacto político da Revolução de Outubro (sua exemplaridade); a existência de URSS e de um "movimento operário internacional", inicialmente controlado pessoalmente por Stalin e, a seguir, pela burocracia do Kremlin e suas ramificações; o peso das indústrias manufatureiras e dos grandes serviços de base com sua organização superconcentrada que implicava fortes concentrações operárias, por setores e espaços produtivos; o lugar ocupado pela luta dos povos coloniais pela sua independência na política internacional e, subseqüentemente, na vida política interna dos países imperialistas.

dos mineiros e portuários britânicos, ou a frio, como a dos siderúrgicos de Lorena [França] sob o governo da União da Esquerda) apresentam a particularidade, não de terem gerado as clássicas ondas de demissões em massa, mas a *liquidação de indústrias completas*, com a subseqüente eliminação de *segmentos completos da classe operária*. Inclusive em indústrias que não tiveram um destino tão radical, iniciou-se nos anos 1980 um processo, ainda em andamento, de "desconcentração" e de fragmentação da organização produtiva, assim como também do proletariado industrial concentrado que protagonizou a luta de classes ao longo do século XX e de forma espetacular nos anos 1968-1975.

É inaceitável desconsiderar a capacidade do capitalismo para fazer da tecnologia uma arma e recusar-se a admitir (como fazem muitos militantes) que, enquanto elas persistirem, as relações capital/trabalho permitirão à burguesia organizar o trabalho em função das possibilidades oferecidas pela técnica. *As técnicas surgidas nos anos 1890-1900 exigiam a concentração de grandes massas operárias; no entanto, as que aparecem e proliferam rapidamente no século seguinte permitem produzir organizando a fragmentação e a divisão do proletariado.* Não existe um "adeus ao proletariado", antes pelo contrário, aproveitando uma favorável correlação de forças, a burguesia recria enorme contingente de mulheres e homens forçados a vender sua força de trabalho nas piores condições, à margem de qualquer convenção coletiva ou legislação trabalhista efetiva[15].

Não é "trair a classe operária" constatar, para poder colocar melhor as coisas mais adiante, que uma determinada configuração da classe operária, aquela que prevalecia na época de redação do *Programa de transição*, pertence ao passado[16].

---

[15] Isto levou à redução do espaço de "assalariamento" no sentido que Bernard Friot atribui a esse termo, isto é, como conjunto de instituições que enquadram a venda da força de trabalho e marcam os limites da sua exploração.

[16] Dito de modo implícito, com brilhantismo e ausência de afetação que lhe são próprios, tal é o sentido da Introdução de Daniel Bensaïd a um dos seus melhores livros: *La discordance des temps* (1995).

Existem outras dimensões do final deste período da luta de classes que estão a exigir novas análises. Uma das mais importantes é o da incorporação de estados ex-coloniais ou semicoloniais numa fase histórica da luta de classes que não é mais a de luta pela independência nacional, que foi um dos elementos constitutivos do período encerrado. E isto exigirá uma reflexão sobre as novas bases da conexão entre a luta de classes dos países capitalistas avançados, partes integrantes do imperialismo, e a dos países capitalistas dominados.

As "formas tradicionais de organização da classe operária"

No *Carré Rouge* continuamos utilizando a frase "formas de organização tradicionais" para designar sindicatos e partidos que foram construídos pela classe operária entre 1880 e 1920. Em particular, designamos ao Partido Socialista e ao Partido Comunista Francês com a expressão "partidos tradicionais" ou "partidos operário-burgueses". Fazemo-lo com constrangimento crescente, pois além das mudanças tecnológicas que experimentaram e de sua política ativa destinada a submeter a sociedade francesa ao "capitalismo internacional dos fundos de pensão", são resíduos remanescentes de um período ultrapassado da luta de classes. Os dirigentes do PS traduzem de forma coerente essa realidade ao querer ir abertamente na direção de um tipo de partido "democrata", segundo o figurino norte-americano. O que os freia é o medo de abrir espaço para a formação de novos partidos que sejam representantes autênticos dos interesses dos assalariados e oprimidos.

No PCF, o grupo dirigente que rodeia Hue e Gayssot somente suspendeu sua empreitada para dissolver o próprio nome do partido pelo temor a que o vazio deixado pela desaparição da sigla permitisse a outros construir mais facilmente um partido com um programa anticapitalista e antiimperialista. E são as dificuldades que vêm demonstrando os opositores de Hue e Gayssot para analisar a situação atual, para reconhecer a função desempenhada pelo PCF no enquadramento e no desvio do movimento da classe operária e da juventude e para formular uma alternativa programática clara as que alimentam essa longa agonia que pesa fortemente na situação política.

Na Confederação Geral do Trabalho, na Força Operária e também nos Sindicatos Unitários e Democráticos de natureza e consistência indefinidas, *a questão está colocada de modo diferente*. É necessário *reescrever as condições do combate sindical*. Isto implicará uma reafirmação clara, sem qualquer ambigüidade, do antagonismo irredutível entre o capital, seu Estado e os governos que lhe servem, de um lado, e de outro os homens e mulheres obrigados a vender sua força de trabalho nas condições impostas pela propriedade dos meios de produção e a rentabilização dos ativos financeiros. Esta tarefa é hoje mais difícil do que era antes dos progressos realizados pelo capitalismo para impor a competitividade entre os próprios assalariados e introduzir novas divisões no seu interior, no que diz respeito à estabilidade do emprego e às formas de remuneração (incluindo a "poupança salarial", proposta a certas categorias). Mas o reescrever das condições de trabalho sindical não poderá esquecer o lugar que ocupa nele a luta pelo socialismo. Eis a condição necessária para solucionar a crise do sindicalismo.

Contudo, não cabe recriminar aos militantes sindicais por não terem desenvolvido sozinhos um trabalho ainda por fazer, para o qual não existe modelo. É sabido que existem militantes sindicais procurando esse modelo. Iniciarmos um esforço coletivo em torno desse tipo de projeto poderá encorajar a sua incorporação.

O indispensável balanço das nossas experiências de "Centralismo Democrático"

Para os militantes de filiação marxista, um trabalho teórico que fuja à questão do balanço da experiência do "partido leninista" faria suspeitar de um grande subterfúgio político. Nós -- e provavelmente setores completos da classe operária internacional -- pagamos um preço político muito alto por adotar esse modelo e por termos pretendido construir o modelo de sucessivos "centros dirigentes mundiais" da Internacional, paralelos e/ou rivais.

Não é o único terreno em que o "programa básico do trotskismo", isto é o *Programa de Transição*, complementado pelos documentos dos quatro primeiros congressos da Internacional Comunista e alguns escritos de Lênin e Trotsky, teve o carimbo da "exemplaridade" quase absoluta da Revolução de Outubro. O mesmo vale para a nossa perspectiva sobre as formas de poder depois que a burguesia seja expulsa do mesmo, ou seja, nossa interpretação da "ditadura do proletariado" e nossa postura com relação à democracia durante e após a revolução. A diferença do que aconteceu com esses pontos, cujas posições teóricas não tivemos oportunidade de submeter às provas da vida, no que diz a respeito aos critérios de organização de o Partido revolucionário (já que o autêntico partido tinha que ser único) e do "centro dirigente mundial", não foi o mesmo. Bebemos o cálice até a borra.

Para o trotskismo, a chave do fracasso situa-se nessas questões e em nenhuma outra. Confirma-se, assim, da forma mais completa, a observação de Marx sobre os exemplos históricos cujas tentativas de repetição em circunstâncias diferentes equivalem à imitação grosseira e patética. Penso que podem nos "perdoar" tudo (aqui o "nos" refere-se a IV Internacional de 1945 e todas as correntes que surgiram da sua ruptura), menos o fato de termos adotado e aplicado, como obedientes discípulos da Komintern, o "centralismo democrático", o modelo de "centro dirigente mundial", de "revolucionários profissionais" e todo o resto.

E foi isso tudo o que transformou colocações, que poderiam ter sido apenas orientações, em políticas erradas – cujos defeitos teriam sido revelados pela experiência, sugerindo ou impondo corretivos, em *fatos políticos destrutivos,* de conseqüências irreversíveis. Não foram as posições de Michel Pablo, as que, *de per se,* tiveram esse caráter; foi a devastação provocada pelo primário jogo institucional baseado no mito do "centro dirigente mundial", no cargo de "secretário da Internacional" e no direito de expulsão (outorgado a ele e à maioria que o secundava) dos que discordavam das suas teses, em outros países, incluindo a França, onde os opositores eram maioria. Mais próximo no tempo e com base na minha experiência direta e pessoal de participação no Comitê Internacional da IV Internacional, no Comitê de Organização e Reconstrução da Quarta Internacional e na efêmera organização comum com a corrente morenista (o comitê Paritário que organizou a "Conferência aberta" de 1980), verifiquei que o "modelo de partido leninista" e a práxis do centralismo democrático tiveram duas conseqüências. Para as organizações que as praticaram foram um freio do pensamento e da prática política livre e criativa dos militantes, ao transformá-los de ativistas políticos em simples executantes, mulheres e homens gradativamente anulados pelo esquema em que militavam. Por outro lado, e simultaneamente, tais esquemas serviram de base para distintas variantes de poder político autocrático e oligárquico, para "mini-aparatos" marcados, em maior ou menor grau pela corrupção financeira e moral. Chegou-se a situações em que a igualdade de direitos e deveres desaparecia, evidenciando-se que uns eram " mais igual que o outro". [17]

A questão da "ditadura do proletariado"

A exemplaridade que atribuímos à Revolução de Outono (complementada pelo fatop de nos considerarmos obrigados a assumir a herança de Trotsky "em bloco" e a defendê-la contra os stalinistas, assim como contra anarco-sindicalistas e "conselhistas"), também teve outra conseqüência: o escamoteio da questão da democracia nas fileiras da organização e na luta pela revolução. Fomos completamente indefinidos sobre as formas de organização no dia seguinte à conquista do poder. Citando a Marx e Engels, geralmente na leitura proposta por Lênin em *O Estado e a Revolução*, postulamos uma "ditadura do proletariado" expurgada das escórias policiais do stalinismo, uma ditadura "limpa", compatível com as modalidades de democracia proletária, sobre as quais tínhamos grandes indefinições. Os que colocavam reparos a isso eram tachados de "luxemburguistas", qualificação que, em algumas organizações trotskistas, era quase tão grave quanto no PCF. A forma de tratar os opositores nas declarações que apresentavam a democracia como um "engodo burguês" era um mau presságio do que poderia ter sido o conteúdo real dessa "democracia proletária".

---

[17] Uma análise de processos análogos na corrente morenista foi feita por Jean-Philippe Devès no texto já mencionado.

Não existe um modo fácil e "não violento" de enfrentar a violência do capital e a que este está sempre disposto a praticar na preservação ou reconquista da sua ditadura. Registre-se, contudo, que a derrota da Revolução Russa, a partir de 1925, seu esmagamento em 1936-38, e a tomada do poder por um aparato ditatorial bárbaro, contribuiu para uma aceitação demasiado fácil do repúdio a toda forma de democracia representativa (pois a própria "democracia proletária" devia estar baseada em eleições, sendo a sua especificidade a de submeter os mandatários ao controle permanente dos mandantes) e para a formação de uma polícia política com poderes muitos amplos. Esta questão foi ignorada pela maioria das organizações trotskistas. Era como se tal questão, o balanço do stalinismo – campos de concentração, fuzilamentos, processos, assassinatos, terror, ditadura contra os assalariados, genocídio (Camboja) – não repercutisse sobre elas mesmas. Como se o problema não exigisse um novo exame, ao invés de prometermos um novo Outubro sem as suas seqüelas. No novo projeto político para a revolução socialista e nos novos partidos e formas de organização que deverão ser construídos, essas questões devem ser centrais.

TERCEIRA PARTE

"CABEÇALHOS" PARA UM PROJETO DE ELABORAÇÃO COLETIVA

Este esboço de balanço, referido ao marco programático do trotskismo, somente compromete a mim, apesar de ser fruto da discussão que tivemos, ao longo de meses, no *Carré Rouge*. Primeiro, por estar matizado por uma série de experiências organizativas específicas. Além disso, porque é fruto da nossa avaliação, tanto do que implicou o compromisso com um programa tão profundamente como o fizemos[18], como igualmente da análise do atual momento histórico (encerramento de um período da luta de classes e transição inacabada para um período de características indefinidas). E esta tarefa é algo que cada um deve *fazer por si mesmo*.

Contudo, as discussões no *Carré Rouge* e com amigos e contatos políticos novos, porém sólidos, nos levam a crer que, ainda que alguns gritem escandalizados contra a heresia ou a traição, muitos concordam com a necessidade desse enfoque. Enfoque cuja continuidade dependerá do desenvolvimento do diagnóstico, através de um esforço *coletivo*, orientado para a *"reconstrução" de uma análise* que permita *reduzir* tanto a adesão a uma perspectiva socialista com base na fé, como o empirismo da nossa participação política cotidiana.

Partindo do pressuposto de que estão maduras as condições subjetivas para a discussão do conteúdo desta tarefa, assumo também o risco de expor, em forma de "cabeçalhos", o tipo de "projeto de pesquisa e de elaboração políticas comuns" que imaginamos.

A tarefa não é tão simples quanto pode parecer, mas não achei outro modo de colocar os "cabeçalhos" (ou "blocos de questões") a não ser partindo das questões que devem ser respondidas por um programa inserido no marco marxista. É uma opção perigosa porque nos expõe a sarcasmos do tipo: "elaboração programática de salão" ou projeto "academicista". Contudo, é uma opção difícil de evitar quando não estamos dispostos a dar às costas a um enfoque que marcou o desenvolvimento da elaboração programática da luta pelo socialismo ao longo de mais de um século e meio.

As questões colocadas aqui têm uma forte conotação de "país capitalista avançado", dum país que não sofreu diretamente a dominação da burocracia, onde os militantes não foram confrontados a sessenta anos de ditadura política e policial. Se os militantes da Rússia, Ucrânia e das antigas democracias populares podem somar-se a esta empreitada política, nosso debate ficará não apenas "enriquecido", como poderá ganhar novos rumos.

---

[18] Com certa dose de credibilidade e religiosidade..

Primeiro Bloco

Razões pelas quais as relações de propriedade e produção capitalistas devem ser substituídas e, portanto, destruídas e não reformadas

Estas razões têm a ver, simultaneamente (e de modo tal que se esclarecem mutuamente), com:

- as ameaças multiformes e incontornáveis da barbárie que a propriedade privada faz pender sobre a civilização humana, envolvendo até a criação e manipulação de seres humanos;
- a superioridade que poderiam atingir relações sociais e formas de organização política e social, fundadas – parafraseando a Marx – em que os "produtores associados assumam a organização e o uso das forças produtivas".

Toda crítica do capitalismo tem, como um de seus momentos decisivos, a obrigação de, no mínimo, fornecer elementos demonstrativos da viabilidade do socialismo e da sua superioridade potencial[19]. Todavia, é evidente que a análise também tem que demonstrar com prioridade que o capitalismo se orienta (e já avançou consideravelmente) por um caminho que leva à barbárie: *o capitalismo não é apenas neoliberalismo.*

É essencial aprofundar a crítica do neoliberalismo. Mas na base desta noção central do reformismo contemporâneo está a idéia de

---

[19] Charles-André Urly arriscou uma definição num artigo publicado por *Carré Rouge, n°14*.

que seria possível deixar de lado a questão da propriedade dos meios de produção, de comunicação e de troca (a moeda)[20]. Falar do neoliberalismo e não do capitalismo e da propriedade privada dos meios de produção, comunicação e troca implica aceitar a idéia de que ainda existem, na presente configuração do capitalismo (na mundialização do capital), possibilidades de regulação do mesmo, sem alterar a propriedade privada, inclusive privatizando e desnacionalizando tudo quanto se tinha exigido que fosse propriedade pública.

---

[20] Na introdução indiquei que cada "cabeçalho" conterá um mínimo de elementos que os expliquem e justifiquem. Digamos, pois, e apenas com esse intuito, que a tão desqualificada caracterização do capitalismo do *Programa de Transição*, como um sistema no qual *"as forças produtivas da humanidade deixaram de crescer"*, exige uma reformulação. Marcada na sua formulação pela conjuntura da crise econômica dos anos 30, julgo que uma caracterização atualizada fundamenta a necessidade de lutar pela demolição do capitalismo ainda mais do que em 1938. Depurada da sua visão catastrofista (espécie de versão trotskista da "crise final do capitalismo") de uma situação em que a burguesia "não tem mais saída", adquirem plena atualidade. Acho que caracteriza a evolução seguida pelo capitalismo, o destino que silenciosamente esse oferece a dois terços da humanidade e também as conseqüências da preservação da propriedade privada dos meios de produção nos países capitalistas avançados. É o caso da relação entre capitalismo e pesquisa científica. O *programa de transição* foi o único programa que, na perspectiva marxista, questionou o conteúdo "progressista" do "progresso técnico" no contexto da dominação imperialista. Este problema surge hoje com atualidade insólita. Tenho certeza de que não se pode dizer nada sério sobre os perigos do capitalismo e a "necessidade" do socialismo sem tratar esse problema. Se as forças produtivas continuam se desenvolvendo, as razões para aderir à luta política *revolucionária* contra o capitalismo resultaram bastante fracas, a despeito dos apelos morais. Alguns dirão que a realidade da exploração é razão suficiente, embora isto não seja totalmente exato. Se o capitalismo ainda se mostrar capaz de desenvolver as forças produtivas, então a "exploração" será considerada apenas como um "custo do progresso" e, acima de tudo, resultará aceitável. Tal é o argumento básico dos novos formatos reformistas que hoje conhecemos, os quais são revigorados por qualquer pequena melhora da conjuntura.

Segundo Bloco

A classe ou classes propulsoras da luta pela destruição do capitalismo

Aqui colocamos a questão, ou mais exatamente, o bloco de questões mais sensíveis e objeto dos maiores tabus. Forneceremos novamente alguns elementos para ilustrar a necessidade de abordá-las.

Quando se diz que o "sujeito revolucionário" já não pode ser exatamente o mesmo que na época em que Marx e Engels escreveram o *Manifesto*, nem o dos anos 30 ou 50, coloca-se, de fato, um conjunto de problemas muito difíceis. No *Carré Rouge* temos admitido e fugido disso simultaneamente, recorrendo a expressões muito ambíguas como "assalariados" ou "classe dos assalariados"[21]. A questão é particularmente delicada, porque envolve algo que bem pode ser chamado "vulgata marxista", isto é, o equivalente "marxista" do catecismo da Igreja, o qual continua sendo o fundamento do comércio político da Lutte Ouvrière... e congêneres.

Esta vulgata nos diz que a "classe operária", os "trabalhadores" ("trabalhadores produtivos") são os únicos detentores, a um só tempo, da capacidade social, da força organizacional e, sobretudo, de *motivações* suficientemente fortes para lutar pela destruição do capitalismo e a transformação socialista da sociedade. A maioria dos discursos refere-se, implícita ou explicitamente, à classe operária *industrial* (os trabalhadores que produzem a mais-valia de forma direta, que estão sujeitos mais duramente à exploração). Mais ainda, tal alusão implícita ou explícita, refere-se a essa categoria social dos países capitalistas *avançados*.

---

[21] Cyril Soler e Pierre Gantou prepararam um artigo para o n° 15 que critica seriamente tais expressões. Esse trabalho parece-me se encaixar no tipo de projeto coletivo que sugerimos aqui.

Ninguém, excetuando um "crente laico", pode conformar-se com essa colocação. Ela tem de ser reformulada à luz da história, das mudanças organizacionais do capitalismo (a profunda mutação das fronteiras entre "trabalho produtivo" – reputado produtor de maisvalia – e "trabalho improdutivo"; a grande desconcentração da produção; a extrema individualização das tarefas que desloca a compreensão do caráter marcadamente social do processo produtivo). Os vínculos com o primeiro bloco de questões são estreitos. Para esclarecer nossa posição devo acrescentar apenas o seguinte:

A *capacidade social* – técnica e política – dos que compõem o que Marx denomina "trabalhador coletivo" (enquanto sujeitos inseridos, direta ou indiretamente, na "produção"[22]) para construir e orientar outras relações sociais, está fora de discussão. Inclusive depois do desmoronamento da URSS e da enorme regressão que sofreu a idéia de socialismo, em decorrência do sinistro balanço do stalinismo, a burguesia percebe como uma ameaça aquela capacidade potencial. Em relação direta com o curso regressivo do capitalismo, uma das funções (menos inconsciente do que se pensa) das "reformas do ensino" é justamente a de destruir essa capacidade social, de esterilizá-la. Não é algo dado para sempre aos revolucionários.

A questão da capacidade organizativa dos assalariados remete ao problema das relações entre "a classe em si" e as organizações e instituições que a tornam "classe para si", uma classe mobilizada, um sujeito coletivo de mudança social. Retornaremos a este ponto mais adiante.

Deve-se pensar na capacidade do capitalismo para ampliar a sua base social através da inclusão de certos segmentos da classe operária, assim como também nos mecanismos de integração dos sindicatos no Estado. Lênin abordou, há oitenta anos, um aspecto desta questão com sua análise da *"aristocracia operária"*, que a burguesia ajudava a formar nos países imperialistas, simplesmente através dos mecanismos funcionais da dominação imperialista. O tema foi considerado tão sério que não seria mais aprofundado. O PCF e os

---

[22] Isto inclui certamente os pesquisadores. Mas os que fornecem a formação escolar dos futuros assalariados, ficam "fora da produção"?

aparatos sindicais o enterraram. Num contexto como o atual, de polarização social da riqueza e da pobreza (uma polarização sem precedentes e que continua crescendo) e de um imperialismo que renovou as suas formas de dominação mundial, é necessário saber enfrentar politicamente a questão dos traços objetivos e, em parte, subjetivos (os reflexos racistas) da "aristocracia operária" dos assalariados dos países desenvolvidos.

TERCEIRO BLOCO

A DEMOCRACIA NA REVOLUÇÃO E NO SOCIALISMO

Este tema tem importância estratégica. Pode-se afirmar, sem medo de errar, que sem responder a esta questão nada de essencial poderá ser feito. O socialismo, a transição de uma forma de propriedade a outra, de um tipo de estado (capitalista) a outro (socialista), faz com que a questão das liberdades, da democracia representativa sob controle permanente dos mandantes, da auto-organização das massas, esteja colocada no centro de toda reflexão séria. Temos que ser capazes de explicitar de forma convincente os vínculos entre as liberdades individuais e a organização coletiva da sociedade na revolução. Reconstruir um projeto socialista implica abordar esta questão.

É necessário, igualmente, preparar as condições para a mudança imediata das relações de produção, não apenas como relações de propriedade, mas também como relações nos lugares de trabalho. No capitalismo, é nesse âmbito, tanto como na esfera política, onde se organiza a dominação e exerce-se a violência de classe. Além disso, temos o exemplo da URSS. A importação pelo partido bolchevique das formas de organização norte-americanas, fordistas e tayloristas, foi imposta pelas circunstâncias, mas não mediram e nem sequer imaginaram, provavelmente, as implicações disso para o surgimento e cristalização duma burocracia que se colocou acima do proletariado. A violência que o capital exerceu e exercerá mais do que nunca para defender a sua ditadura ou reconquistá-la constitui, obviamente, um aspecto central do problema. Mas não encerra, em si, todas as respostas, pois desse modo tornaremos a percorrer o caminho que levou à ditadura stalinista. Os assalariados, desempregados, a juventude, os que vendem ou tentam vender sua força de trabalho, os pequenos camponeses, são amplamente majoritários na maior parte dos países. Esta maioria sociológica é que deve transformar-se em maioria política, em torno de um projeto, de um projeto socialista. Os assalariados não têm possibilidades de agrupar-se como classe para organizar, conjuntamente com a pequena burguesia, com as classes médias, uma coalizão, a não ser que o projeto socialista garanta como objetivo central a democracia e as liberdades.

QUARTO BLOCO

OS PROBLEMAS NACIONAIS E O INTERNACIONALISMO

No decurso da longa fase da luta de classes que foi encerrada, as guerras interimperialistas e as guerras pela independência nacional dos países atrasados combinaram-se constantemente com as crises econômicas. A "transformação da guerra imperialista em guerra civil" foi o centro das condições concretas que sobredeterminaram os processos objetivos (as forças produtivas) e subjetivos (o proletariado concentrado, organizado em sindicatos e partidos) fundamentais e detonaram as situações revolucionárias.

Fora uma grande crise econômica mundial, decorrente da falência do capital fictício ligado a uma quebradeira financeira de primeira grandeza, quais seriam os mecanismos políticos aptos a oferecer uma possibilidade para a "conquista do poder", ponto de partida inexorável para uma transformação das relações de propriedade e de produção? É suficiente uma grande crise econômica?

Como dar resposta aos numerosos e graves problemas colocados pelo ressurgimento da questão nacional após a queda do stalinismo e da burocracia, na ex-URSS, na Yugoslávia e em outros países, tendo em conta que a estratégia do imperialismo é fomentar os conflitos nacionais e pulverizar o proletariado, fragmentando os estados[23]?

Como formular a unidade internacional dos assalariados e oprimidos? Para os redatores de *Carré Rouge*, a palavra de ordem "Estados Unidos Socialistas e Democráticos de Europa" é uma resposta parcial e provisória a essa demanda, face às agressões que os assalariados, desempregados e a juventude sofrem hoje, da parte do capital financeiro, da Comissão Européia e dos governos europeus associados a ela, e também em relação ao problema, mais importante que nunca, das relações com os EE.UU ("Europa e América"). Mas como formular essa palavra de ordem para poder projetá-la aos países da antiga URSS e das democracias populares? Estas colocações, muito distantes dos conceitos de "nação" e "soberania", são questões que ainda separam os militantes de formação trotskista daqueles originários do PCF[24].

Quais são as forças de classe e as formações políticas anticapitalistas e antiimperialistas hoje, na América Latina, África e Ásia? Qual é seu perfil político? Como colocar conjuntamente a questão da unidade internacional dos assalariados e oprimidos?

---

[23] Esta questão é, por sua vez, um tema essencial que ocupa o centro do trabalho, uma questão que apenas pode aflorar no livro que Jean-Pierre Page, Tânia Noctiummes e eu escrevemos o ano retrasado sobre a guerra da OTAN na Yugoslavia.

[24] Penso particularmente em Pierre Levy, crítico claro e definido de Robert Hue.

Quinto Bloco

Os partidos e as formas "autônomas": os sindicatos

Mais acima afirmamos que *nenhuma* das respostas dadas às questões cruciais da luta pelo socialismo podia ser considerada já definida, mesmo em suas grandes linhas, de uma vez para sempre. A questão da forma organizativa "partido", talvez seja a mais *historicamente determinada* de todas.

Antes expressei minha opinião sobre os resultados do "centralismo democrático". Todavia, acho que o problema das "fronteiras políticas" (luta contra o capitalismo ou tentativas de melhorá-lo) ou das "fronteiras de classe", não deixam de ser muito reais.

A questão da forma de organização "partido" não é apenas *historicamente determinada,* é eminentemente *transitória*. O que foi válido num período pode resultar obsoleto dez anos mais tarde. No contexto de um processo de desintegração/recomposição política e de mudança de "período da luta de classes", como aderir ao movimento de reconstituição de uma perspectiva revolucionária para ajudá-lo a tomar forma?

Neste plano devemos debater o fenômeno ATTAC e o movimento das correntes que se reuniram em Millau. Antigamente, uma parte teria sido classificada por nós de "esquerdismo desintegrado", mas hoje, como os classificamos?

As pessoas envolvidas diretamente na atividade sindical poderão explicar melhor do que eu de que modo a repercussão dessas questões, no movimento sindical, acirrou o conjunto de problemas identificados por Trotsky no seu trabalho sobre a integração dos sindicatos na fase imperialista[25]. Somente eles poderão definir a força e as fraquezas das tentativas de resistência e da renovação sindical.

Concluindo

Espero ter exposto corretamente a iniciativa de *Carré Rouge*. Ela parte do fato de que é inadiável *"a necessidade"* de uma revista do "tipo" de *Carré Rouge* (isto é, ajustada aos objetivos que definimos, mas não conseguimos realizar) *ser efetivada, realizada*. Funda-se também no sentimento de que em muitos lugares os militantes manifestam, de forma crescente, a exigência de dispor novamente do que chamamos "visão estratégica", orientada pelo "objetivo da transformação socialista da sociedade". Em relações que serão definidas conjuntamente com organizações, correntes, coletivos e militantes individuais que aceitam a "economia geral" do processo. A ambição de *Carré Rouge* é transformar-se, com outras revistas, em suporte dessa empreitada coletiva.

---

[25] Os artigos e notas de trabalho de TROTSKY sobre "Os sindicatos na época imperialista", publicados por SELIO e La Brèche, são inencontráveis. Deveriam ser reeditados.

Capítulo 2

EM BUSCA DO CONSENSO PERDIDO: DEMOCRATIZAÇÃO E REPUBLICANIZAÇÃO DO ESTADO[26]

Francisco de Oliveira

Nesse texto procuramos enfatizar a importância da contribuição dos intelectuais da universidade, em especial da Sociologia Política, diante da crise mundial. A universidade deve, com urgência, ajudar no seu deciframento. Para fazê-lo, defendemos a retomada da crítica dos anos vinte e nesse sentido fazemos algumas considerações e questionamentos para a compreensão dos atuais rumos políticos do Brasil. Em que dobra do tempo se esconderam as promessas da modernidade? Pode-se usar ainda "sociedade capitalista mais avançada"? São compatíveis entre si tais termos ou são, ao contrário, uma contradição em termos? Há lugar, ainda, para a política, ou o imenso dispositivo do capital já eliminou o sujeito tão completamente que tornou o prisioneiro vigilante de sua própria prisão? A exceção transformou-se em permanente? A resistência crescente à guerra anunciada é uma vitória do "agir comunicacional", das redes pela internet, e já estamos mais do que na hora de "transformar o mundo, ao invés simplesmente de interpretá-lo"?

Palavras chaves: redemocratização, consenso político, crítica sociológica.

As tendências concentracionistas e centralizadoras do capitalismo contemporâneo caminham na contramão da democracia e da república, principalmente como normatividade. Às instituições assegura-se-lhes o funcionamento regular, e sua louvação é até exagerada, como se não se tratasse de construções históricas. A política é largamente oligarquizada pelos partidos e os governos tornam-se mais e mais intransparentes; nas mais das vezes a institucionalidade

---

[26] O texto refere-se à Aula-Magna da Faculdade de Filosofia, Letras e Ciências Humanas da Universidade de São Paulo, em 17 de fevereiro de 2003.

erige-se em barreira à participação popular. Decisões cruciais que dizem respeito à macroeconomia e, embora não pareçam, à vida cotidiana dos cidadãos e eleitores, correm por fora das instituições da representação popular, até mesmo na sua instância máxima, que é o poder executivo. Tais tendências estão dizendo, à maneira de George Soros, que o voto popular é supérfluo, economicamente irrelevante e até um estorvo, que as instituições democráticas e republicanas são o pão – escasso – do circo – amplo – para manter as energias cidadãs entretidas, enquanto grupos econômicos decidem o que é relevante. A democracia e a república são o luxo que o capital tem que conceder às massas, dando-lhes a ilusão de que controlam os processos vitais, enquanto as questões reais são decididas em instâncias restritas, inacessíveis, e livres de qualquer controle.

Está em gestão uma sociedade de controle, que escapa aos rótulos simples do neoliberalismo e até mesmo ao mais radical e oposto do autoritarismo. Não parece autoritarismo, pois as escolhas por intermédio das eleições se oferecem periodicamente, embora o instinto do eleitor desconfie da irrelevância de seu voto, haja vista a clamorosa abstinência que marca as eleições norte-americanas[27] e mais recentemente, o caso francês, onde o Partido Socialista foi excluído do turno final das eleições presidenciais de 2002 pela simples indiferença do seu eleitorado tradicional; a opinião pública manifesta-se abertamente, jornais apóiam ou criticam, a crítica é permitida, mas tudo permanece igual. Não é neoliberalismo por que raras vezes se viu controles estatais tão severos, e "intervenções" tão pesadas: agora mesmo, o ultraconservador George W. Bush anuncia um programa nitidamente

---

[27] O caso norte-americano inscreve-se numa dupla contradição: em parte, é da formação da nação americana uma concepção estreita do Estado, até devido ao fato de que os USA formaram-se com os perseguidos de todos os naipes, o que criou uma suspeita anti-estatal, anti-instituições totalizadoras, de outro lado, a tradição norte-americana é também de que o governo são os cidadãos. Talvez isto, nas condições do capitalismo contemporâneo, esteja acentuando o lado antiestatal da tradição liberal norte-americana. Para Paulo Arantes, há também uma contra-revolução federalista na construção do presidencialismo imperial norte-americano, abortando o radicalismo da Guerra da Independência, na primeira "exceção permanente" da história moderna. Ver ARANTES, P. E., Estado de Sítio. In LOUREIRO, I. LEITE, J. C. e CEVASCO, M., E. (Orgs.). O Espírito de Porto Alegre. São Paulo: Paz e Terra, 2002.

keynesiano para vitaminar a economia norte-americana; Mrs. Tatcher realizou a mais pesada ação do Estado inglês para promover a privatização. O mesmo aconteceu em maior escala na França. A Argentina e o Brasil seguiram o receituário inglês, privatizando numa escala parecida e furtando-se à posse e propriedade de megaempresas que tinham a capacidade de orientar o próprio investimento privado e a economia. Mas as privatizações foram realizadas com fundos públicos, e o BNDES foi transformado, paradoxalmente, para os que acreditam no livre-mercado, na coerção estatal mais poderosa para transferir para o setor privado, o que poderia, pelos mesmos meios, ter permanecido como propriedade estatal e, assim, ter-se logrado um aumento do investimento real.

A ciência social, clássica e moderna, já havia advertido para o novo Leviatã, que não é o Estado, mas um controle à la Orwell e Huxley, uma presença ausente ou uma estrutura invisível, um Big Brother que panopticamente tudo olha e vigia. Foucault talvez tenha sido o que recuperou de forma mais incisiva o caráter sutil do novo Leviatã, esses micropoderes, dispositivos, disciplinas e saberes, cuja soma algébrica os transformam num macropoder ao qual ninguém se furta, inclusive os governos mais poderosos[28]. Uma política sem política. Weber já havia advertido para a "jaula de ferro" em que a democracia vê-se enclausurada pela burocracia, que é, contraditoriamente, o modo de processamento impessoal dos conflitos que está na raiz da modernidade. Os frankfurtianos, inspirando-se em Schopenhauer e Nietzsche, ancorando simultaneamente em Weber e na crítica de Marx, assinalaram o poder coercitivo do novo Leviatã, ao caracterizarem o nazi-fascismo não como um desvio da modernidade, mas seu desdobramento trágico e inapelável[29]. Sobre

---

[28] "Daí o efeito mais importante do Panóptico: induzir no detento um estado consciente e permanente de visibilidade que assegura o funcionamento automático de poder. Fazer com que a vigilância seja permanente em seus efeitos, mesmo se é descontínua em sua ação; que a perfeição do poder tenda a tornar inútil a atualidade de seu exercício; que esse aparelho arquitetural seja uma máquina de criar e sustentar uma relação de poder independente daquele que o exerce; enfim, que os detentos se encontrem presos numa situação de poder, de que eles mesmos são os portadores. FOUCAULT, M. *Vigiar e Punir: história de violência nas prisões*. Petrópolis: Vozes, 1977.

a posição de Marx não é preciso sequer insistir: o caráter quase inapelavelmente determinante das formas capitalistas lhe pareceu sempre superior às vontades dos indivíduos, moldando as instituições, a crítica do caráter alienante do capital.

O FMI é um saber foucaultiano: ele enquadra os governos nacionais, recomendando superávits e outras medidas, que são *diktats*; suas missões são o guarda penitenciário que reiteradamente dá uma olhada no prisioneiro; este mantém suas contas prontas para mostrar ao gendarme que volta, mas essa volta é até dispensável, pois o prisioneiro faz o dever de casa como um autômato. Governos adotam dispositivos como a Lei de Responsabilidade Fiscal, no Brasil: caso os governos estaduais e municipais não alcancem os percentuais de gasto sobre receitas estabelecidas pela Lei, as transferências do Governo Central serão cortadas automaticamente. É uma guilhotina. E pode-se pensar que o "jeitinho brasileiro" também contornará esse dispositivo, na melhor tradição cordial: os inúmeros conflitos que marcaram as relações do governo Itamar Franco em Minas Gerais com o governo federal sob Fernando Henrique Cardoso, com a suspensão das transferências devidas a Minas, por este Estado não ter honrado o pagamento de sua dívida com a União no tempo devido, dizem que o dispositivo foucatiano é para valer. De fato, o governo federal replica sobre as entidades federativas o mesmo tratamento que recebe do Fundo Monetário Internacional. Alguns louvam essa automaticidade como um avanço da impessoalidade no trato da coisa pública, uma melhoria na transparência do Estado brasileiro, ou para os que pensam em inglês, um real progresso na *accountability*.

As agências de risco, que medem as diferenças entre as taxas de juros de cada país e a taxa de juros norte-americana, são dispositivos foucaultianos, que num simples mexer para baixo ou para cima, afetam a moeda e a dívida pública de Estados nacionais: quem os dotou desse poder? Ninguém, pois são organizações privadas. Mas suas ava-

---

[29] ADORNO, T. Educação Após-Auscwitz. In: COHN, G. (Org.) Theodor W. Adorno. *Coleção grandes cientistas sociais*. São Paulo: Ática, 1994, cujas bases teóricas podem ser encontradas em ADORNO, T. e HORKHEIMER, M. *Dialética do esclarecimento: fragmentos filosóficos*. Rio de Janeiro: Zahar, 1991.

liações podem ter efeitos devastadores sobre a economia do país que eles julgarem de alto risco. Suas indicações são seguidas cega e caninamente. Presididos pelo Big Brother, o governo norte-americano, que a tudo vigia e orquestra, instituições, saberes, dispositivos e disciplinas compõem a arquitetura de "buraco negro", ao qual nenhuma sociedade, nenhum governo, nenhuma economia escapa.

A periferia capitalista dotou-se recentemente de instituições democráticas, na virada de décadas de ditaduras e autoritarismos cujo papel funcional foi o de acelerar as condições de internacionalização das economias, um movimento já inserido na nova dinâmica, apenas esboçada, da globalização. Através de suas dívidas externas, as economias nacionais da América Latina, e em escala menor na África – nesta, com as conseqüências trágicas da miséria que consome o continente-matriz da espécie humana – foram financeirizadas, e todo o esforço logrado por uma industrialização à marcha forçada viu-se anulado nas décadas de oitenta e noventa pelo pesado serviço da dívida. À democracia foi transferida a hipoteca dos regimes ditatoriais, sob a dura imposição de reverter os quadros de perda da autonomia nacional, dependência financeira crescente e miserabilização das populações.

É nesse quadro que elas se debatem, constrangidas pela arquitetura foucaultiana da sociedade de controle. Na volta – ou em alguns casos na única implantação original – da democracia, novos mandatários viram-se presos nas tenazes dessa inflexível arquitetura e todos os esforços de modernização e inserção na nova onda global resultaram em estrepitosos fracassos. Mesmo concedendo-se-lhes o benefício da dúvida, para não lhes pressupor desde o início propósitos de ceder à soberania, quanto maior o esforço para entrar no paraíso do Primeiro Mundo, pior o fracasso. A Argentina já é o caso clássico. Mas o Brasil não fica nada atrás; seu processo de anomia nacional avançou enormemente no governo Fernando Henrique Cardoso.

A estabilidade monetária, conseguida graças à abdicação da moeda nacional, na Argentina já foi pelos ares: o país austral fechou 2002 com uma inflação da ordem de 40% anual, contrastando com o "êxito" menemiano de inflação suíça. A inflação brasileira já bateu nos 26% anuais, medida pelo IGP-DI, outra vez em contraste com a deflação dos dias iniciais de êxito do Plano Real. A desestatização, que buscava um Estado enxuto, resultou na perda do controle nacional sobre poderosas unidades produtivas, e a empresarização do Estado, teorizada entre nós por Bresser Pereira[30], terminou na incapacidade de supervisionar minimamente os conflitos sociais, que se privatizam na medida mesma em que o monopólio legal da violência é contestado pelas gangues, grupos armados e empresas oligopolistas[31]. Colômbia, Argentina, Brasil, "nomes tão velhos/que o tempo sem remorsos dissolveu[32]".

Mas ainda é pouco. Para completar a arquitetura foucaultiana, recomenda-se avançar no sentido da anulação da política; recomenda-se mais automaticidade nos processos, mais dispositivos, mais sujeitação do corpo (da Nação), mais que "os detentos se encontrem presos numa situação de poder de que eles mesmos são portadores[33]. No Brasil, agora essa nova prisão chama-se "autonomia do Banco Central". Cantada em prosa e verso por todos os articulistas dessa ciência, desse saber que é na verdade um dispositivo de poder. Exigida como condição de modernidade, de completude.

---

[30] PEREIRA, L., C., B. e GRAU, N., C. (Orgs.) *O público não-estatal na reforma do Estado*. Rio de Janeiro: Fundação Getúlio Vargas, 1999. PEREIRA, L., C., B., e SPINK, P. (Orgs). *Reforma do Estado e administração pública gerencial*. 2ª ed. Rio de Janeiro: Fundação Getúlio Vargas, 1998.

[31] É o caso, agora, da AES, controladora da Eletropaulo, que remeteu lucros para sua matriz norte-americana, enquanto contabilizava prejuízos em seu balanço e, por isso, alegou, não pagou ao BNDES. Este financiou a compra estatal paulista pela AES. A ANEEL, a agência supervisora criada por FHC, para enxugar o Estado, não fez nada e o provável é que o BNDES volte a sanear a empresa para depois voltar a privatizá-la. Veja-se como opera o dispositivo foucaultiano: evidentemente não se pode deixar que a Eletropaulo vá à breca, pois ela atende uns 50% da demanda de energia elétrica de São Paulo. Então, o Estado é obrigado a reestatizá-la. Melhor que isso Foucault não teria pensado como exemplo da anulação do sujeito.

[32] PENA, C., F. *Livro geral*. Rio de Janeiro: Livraria São José, 1959. Só pela sua musicalidade, usei os versos do soneto "Mistérios do Tempo no Campo", pág. 81: "Um vestido estival que se perdeu/o sorriso, em dezembro, nos espelhos/Diogo, Duarte, Diniz, nomes tão velhos/que o tempo sem remorsos dissolveu". Mas meu poeta, morto tão precocemente, não tem nada a ver com a matéria deste ensaio.

[33] FOUCAULT, *Op. Cit.*

Se fosse permitido reduzir o Estado ao mínimo denominador comum – o que se faz apenas para mostrar a exemplaridade da questão – se poderia dizer que o Estado moderno no capitalismo avançado é a moeda. Que em Marx e Keynes é endógena, isto é, deriva de emissão privada mesmo: o capitalismo avançado derrogou esse anacronismo, exatamente por entender que ela é o monopólio legal da violência em estado puro e, portanto, não pode ser manejada por nenhum agente privado. Na interpretação de Aglietta e Orléans, a moeda é o vetor das violências privadas, e sua metamorfose em moeda estatal e modernamente em moeda do Banco Central é o mais poderoso universalizador da violência de classe[34]. Polanyi advertiu precisamente que a moeda não é uma mercadoria e que a sociedade havia criado os meios para proteger-se de sua possível mercadorização para evitar os efeitos devastadores dessa deformação. O Banco Central é parte desse programa civilizador do capital, mas sua autonomia ou independência vai à direção contrária à "grande transformação" assinalada por Polanyi[35].

Guardião do signo maior da divisão de classe da sociedade e de sua reprodução, o Banco Central é, em todas as sociedades capitalistas, a instituição mais fechada, mais avessa à publicitação. Numa palavra, a instituição mais anti-republicana e mais antidemocrática. Nenhuma instituição zomba tanto da democracia e da República quanto o Banco Central. Nenhuma instituição proclama a toda hora que o voto é supérfluo, que o cidadão é uma abstração inútil, com tanta eficácia. Nenhuma instituição é mais destruidora da vontade popular. Conceder-se autonomia ao Banco Central é perder a longa acumulação civilizatória mesmo no capitalismo.

O de que necessitamos numa reforma política, é introduzir, com vigor, formas da democratização e republicanização do Estado, devido ao forte e insubstituível papel que joga no capitalismo avançado. Um dos lugares que está necessitando de novas formas demo-

---

[34] AGLIETTA, M. e ORLÉANS, A. *La violence de la monnaie*. Paris: PUF, 1981.

[35] Aliás, a Grande Transformação é precisamente o título do magnífico livro de Karl Polanyi, para quem as instituições do Estado do Bem-Estar foram os meios encontrados pela sociedade para retirar também o trabalho do reino da mercadoria.

cráticas e republicanas é justamente o Banco Central. Encontrar modos e maneiras de estabelecer o papel da cidadania no controle do Banco Central é uma das urgências da democratização. Não é uma tarefa simples. O Banco Central, lidando com a moeda, que se movimenta hoje com a velocidade dos sinais eletrônicos entre os vários mercados financeiros e de capital do planeta, tem como eterno álibi a presteza das decisões, com o que se alega que sua administração não se compadece com controles democráticos, cuja velocidade é diversa, não por atavismo, mas para permitir a intervenção da cidadania.

É exatamente aqui um dos qüiproquós mais denunciadores da ideologia do capital, introjetada no Banco Central. No modelo de Banco Central subordinado ao Ministério da Fazenda, que é o nosso, os administradores do Banco Central e seus funcionários são servidores do Estado Brasileiro, e podem ser responsabilizados em todas as instâncias, a começar pela instância administrativa. No modelo de Banco Central independente, que é o norte-americano, os funcionários do Banco Central não são servidores públicos.

Mesmo o liberalismo norte-americano cuidou de diversificar, criando bancos centrais regionais, para que o interesse federativo sopesasse decisões centralizadoras, garantindo, por esse mecanismo oblíquo, que os cidadãos estivessem representados[36]. De alguma maneira, do ponto de vista liberal, em Estados de Direito Democráticos, o cidadão também está representado no funcionário público. Assim mesmo, é evidente que essa representação é anacrônica. Mas, um passo adiante no sentido da autonomia e da independência do Banco Central é romper, inclusive, com esse débil liame que liga o funcionário do Banco à cidadania. No modelo de independência, o servidor do Banco Central não tem que prestar contas a ninguém, salvo àquele que o tem sob contrato para gestão da moeda. Isto afasta imediatamente a cidadania de exercer seus direitos sobre a gestão do Banco Central. Resta apenas a instância criminal para punir corrupção ou malversação dos fundos públicos geridos pelo Banco Central.

---

[36] LIMONGI, F. Os federalistas. In: WEFFORT, F. (Org.). *Os clássicos da política*. Vol. 1, São Paulo: Ática, 1989.

Isto ficou evidente na questão do empréstimo do Bbanco Central aos bancos FonteCidade e Markan, quando da desvalorização do real. Qualquer cidadão poderia ter feito ações de responsabilização sobre os funcionários do Banco envolvidos na operação, tal como o Ministério Público está fazendo, apesar de que as ações não tiveram nenhum efeito até agora. No caso norte-americano existe, entretanto, uma cultura da manutenção da concorrência, inscrita na sociabilidade, que sustenta as instituições de defesa da concorrência e é sempre por esse viés que a Suprema Corte trata os casos de abusos do poder econômico, inclusive os de gestão temerária do FED. Noutros casos, como o nosso, o fracasso do CADE e a inoperância da CVM atestam bem que o patrimonialismo inscreve-se a ferro e fogo mesmo nas instituições criadas para anulá-lo[37].

Aqui reside uma importante questão. Não se trata de denunciar a democracia como lenta, imperfeita, sujeita à corrupção, incapaz de corrigir as desigualdades sociais, na linha da crítica da direita, à la Burke, Tocqueville – com seu medo, bem-aristocrático, da massificação democrática – ou mais modernamente Schmitt. Trata-se de democratizar também o Estado, e republicanizá-lo. Fazendo-o através da criação de instituições que estejam ao alcance dos cidadãos, trazendo-as a níveis em que a ação popular possa intervir eficazmente. As fórmulas para tanto têm que ser inventadas, pois a democratização não avançou muito na criação de novas instâncias de poder, havendo, ao contrário, uma sacralização das instituições mais ancestrais como se elas tivessem sido paridas do fundo dos tempos, retirando-lhes a história viva de suas constituições e formações nacionais. Se no passado a esquerda se notabilizou por uma concepção instrumentalista da democracia, no presente se dá o contrário: são abstraídas as condições concretas da formação da democracia, o que tem impedido avanços na sua concepção e prática. O caso do orçamento participativo aparece como *sui generis* exatamente pela sua inovação, num terreno onde a mesmice tem sido a regra.

---

[37] Ver BELLO, C., e SILVA. *A ilegítima conversão do Cadê ao liberalismo.* Governo e Empresariado triunfam face ao desinteresse da sociedade civil. Tese de Doutorado. Departamento de Sociologia. São Paulo: FFLCH-USP. 1999.

Como democratizar e republicanizar o Banco Central? Em primeiro lugar, não lhe concedendo autonomia nem independência. Em segundo lugar, dentro do estatuto que hoje tem, subordinado ao Ministério da Fazenda, melhorando os instrumentos de controle do parlamento, indo além da mera sabatina que o Senado faz quando da indicação do presidente e diretores. Organizando melhor a própria sabatina, pois a que é realizada perde até para o concurso Show do Milhão. E pergunta-se: por quê o Senado, se é a cidadania que é afetada sobretudo pela atuação cotidiana do Banco Central? Por que não implicar a Câmara de Deputados também no controle? O Tribunal de Contas da União, que é o órgão de controle deve ser aperfeiçoado, em vez de extinto, como é o reclamo da grande imprensa. Ele é inútil tal como está, mas seu melhoramento seria uma forma de reforçar os controles democráticos sobre o gasto público, no qual se inscrevem os prejuízos. Em terceiro lugar, criando uma câmara de cidadãos encarregada de emitir pareceres sobre a atuação do Banco Central. Uma comissão renovável periodicamente, composta não de peritos, mas dos cidadãos comuns, para os quais deve haver uma assessoria, que funcione permanentemente, antecipando, ao invés de simplesmente verificar posteriormente, o que foi feito. De tal comissão, devem ser excluídos, evidentemente, Fernandinho Beira Mar e ...banqueiros. Não conheço fórmula para isso, mas a democracia mesma é uma invenção.

Esta é a busca do consenso perdido: o consenso de que somos uma Nação e não uma aglomeração de consumidores. Cabe à universidade um importante papel nesta luta. Os clássicos das ciências sociais no Brasil deram uma importantíssima contribuição para "descobrir" o Brasil e "inventar" uma Nação. O malbaratamento neoliberal da última década, no vagalhão mundial globalitário, desestruturou, perigosamente, o Estado e pode levar de roldão a Nação. A Universidade é o lugar da produção do dissenso, em primeiro lugar, dissenso do discurso do "pensamento único". Passo insubstituível para a produção de um novo consenso sobre a Nação, que é obra da cidadania, mas que pede e requisita a universidade para decifrar os enigmas do mundo moderno. Não se pede partidarização da universidade: é todo o contrário. Pede-se, isto sim, que recuse as simplificações, os consensos oportunistas, o equilíbrio fácil, para ceder lugar à reflexão da complexidade de uma Nação de desiguais tentando encontrar o lugar para seus cidadãos no Maré Ignoto. Podemos fazê-lo, sozinhos, no mundo? Há uma crise mundial e esta convoca a universidade com urgência para ajudar seu deciframento. Em que dobra do tempo se esconderam as promessas da modernidade? Foi em Auschwitz, temporariamente, ou se evaporaram irremediavelmente? A anunciada guerra contra o Iraque é a continuidade de Auschwitz, e o fundamentalismo de Bush é a impossibilidade de qualquer interrogação sobre a sociedade contemporânea, a inutilidade das ciências humanas? Havia, latente, como pensaram autores da Teoria Crítica, uma "personalidade autoritária" na sociedade capitalista mais avançada, facilmente derrapável para o totalitarismo? Pode-se dizer ainda "sociedade capitalista avançada"? Há lugar, ainda, para a política, ou o imenso dispositivo do capital já eliminou o sujeito tão radicalmente que tornou prisioneiro vigilante de sua própria prisão?

Estas são as questões postas pela melhor tradição teórica. Está acima de minha capacidade a menor pretensão de respondê-las, e sequer de acrescentar-lhes dramaticidade. De que busca de consenso, então, se trata? Do consenso de que é possível, é necessário, é urgente, formular as respostas, consciente da advertência dialética de que, no momento mesmo que o fazemos, elas já caminham para a caducidade. A universidade continua sendo o lugar privilegiado para a produção ou a tentativa das respostas. Ela não pode se abandonar aos determinismos genético-biológicos e moleculares-digitais, pois isso significaria renunciar ao humano, que é a invenção constante do contingente e do provisório. A disputa pelos sentidos da sociedade está de novo em ponto de ebulição. O Brasil é um remoto lugar dessa disputa, e se enganariam gravemente os que pensam que a nossa especificidade nos protege da crise global, que há um "jeitinho brasileiro" para a crise. Cabe-nos enfrentar esse desafio, porque ninguém fará em nosso lugar.

Capítulo 3

NOVAS E VELHAS DETERMINAÇÕES DA DOMINAÇÃO CAPITALISTA NO TRABALHO

Nise Jinkings

Este artigo contém uma reflexão histórica e sociológica das transformações no mundo produtivo e nas condições do domínio do capital sobre o trabalho. Parte de uma análise do modo como o capital tem assegurado sua reprodução, historicamente, buscando mostrar que sua reestruturação contemporânea incide sobre todas as esferas da vida social e destina à classe trabalhadora formas brutais de racionalização do trabalho. A partir do desenho analítico que apresenta, procura desvelar como os mecanismos atuais de organização produtiva potencializam um maior controle do trabalho pelo capital e intensificam sua exploração. Sucessivos processos de reorganização da produção e de mudança nos padrões de dominação de classe visaram enfrentar as tendências de crise do capitalismo, nas suas diversas etapas históricas. O modo concreto como estas modificações nos mecanismos de acumulação de capital atingem os trabalhadores explicita-se na análise dos princípios tayloristas e do sistema fordista de racionalização produtiva, considerados estratégias capitalistas que conduziram a uma maior dominação do trabalho, ao radicalizar a transferência do controle do trabalho para o capital, aprofundando sua alienação. Mas o texto contém também uma reflexão sobre as contradições do modo de acumulação capitalista baseado no taylorismo-fordismo e sobre a desalienação como dimensão integrante e essencial das relações sociais capitalistas, tratando da rebeldia dos trabalhadores contra sua condição alienada. E mostra que as lutas sociais do final da década de 1960, que questionavam os fundamentos da sociabilidade capitalista, conjugadas a fatores de ordem econômica, foram centrais no desenvolvimento da crise que assinala a exaustão do período expansionista do capital, iniciado no pós-guerra. Incorporando as interpretações que analisam o movimento contemporâneo de reorganização do capital como mecanismos engendrados na tentativa de superação da crise e dos impasses postos ao crescimento econômico das últimas décadas, o capítulo trata analiticamente das novas bases sobre as quais se reproduzem as condições da dominação capitalista no trabalho. Mostra que um processo de precarização do emprego e intensificação do trabalho acompanha a mudança nas condições técnicas e sociais da produção, deflagrada pelo capital para aumentar a força produtiva do trabalho. Baseados na *flexibilidade* do aparato produtivo e em processos e mercados de trabalho mais ajustados às flutuações da demanda, novos métodos produtivos mesclam-se ou substituem o padrão taylorista-fordista, implicando modificações nas relações de trabalho e nas práticas do poder organizacional. Programas de treinamento, "qualidade total" e "remuneração variável" invadem os ambientes laborais, buscando construir um trabalhador envolvido e submetido ao ideário do capital. Conferindo uma aparência de democratização das relações de poder, as atuais políticas gerenciais convertem empresas, fábricas e bancos em palcos de práticas ideológicas que visam a captar a energia física, afetiva e psíquica do trabalhador. A análise destes novos espaços de trabalho revela que as relações de alienação e de dominação próprias do capitalismo ficam mais mistificadas e que se reduzem as possibilidades da resistência dos trabalhadores no contexto social, econômico e político que marca a realidade contemporânea. Mas revela, também, que permanecem presentes as condições essenciais da luta histórica dos trabalhadores contra a exploração do capital.

Palavras-chave: reestruturação produtiva; classe trabalhadora; relações de trabalho.

Introdução

O trabalho, no mundo contemporâneo, está sofrendo transformações notáveis. Tanto em nível estrito, enquanto técnicas e processos de trabalho e produção, como no nível mais amplo de uma vasta e complexa mudança na divisão internacional do trabalho. É que o movimento global do capitalismo contemporâneo, centrado na esfera financeira e viabilizado por práticas neoliberais de liberalização dos mercados, afeta a totalidade das condições de produção e de reprodução social do trabalho, em âmbito mundial, ao mesmo tempo em que cria novas formas de interdependência, frações e antagonismos entre classes sociais e entre países.

No mundo do trabalho, profundas mudanças nas condições técnicas e sociais dos processos de produção, deflagradas pelo capital desde a década de 1970 para aumentar a força produtiva do trabalho, mesclam-se ou substituem o padrão de acumulação e de dominação de classe estruturado sobre o taylorismo e o fordismo. Contrapondo à rígida produção em massa homogeneizada e verticalizada do sistema produtivo anterior a flexibilidade dos processos e mercados de trabalho e a mobilidade geográfica, o novo padrão permite ao capital ajustar a produção aos requisitos da concorrência mercadológica e transferir espaços produtivos para regiões de mais fácil controle do trabalho, como assinala David Harvey[38]. Ao mesmo tempo, no cenário atual de aumento do desemprego estrutural e de hipertrofia de uma população trabalhadora supérflua, o capital contrata trabalhadores em condições precárias e seleciona uma força de trabalho considerada mais qualificada e adaptada ao modo atual de ganhos de produtividade, apta a atuar na nova base técnica criada pela tecnologia informacional e microeletrônica.

Os padrões produtivos da acumulação flexível, fórmulas da resposta capitalista à sua crise[39], invadem os ambientes laborais por meio de métodos sofisticados de controle do trabalho, muitas vezes incorporados a programas de "qualidade total" e de "remuneração variável". Um conjunto de mecanismos e artifícios destinados a intensificar as condições da exploração do trabalho e, simultaneamente, camuflar a violenta pressão por produtividade que marca o cotidiano de labor, persegue a integração ideológica do trabalhador nos projetos contemporâneos de autovalorização do capital.

Todas estas transformações do trabalho atingem a capacidade de organização política e sindical da classe trabalhadora nas suas lutas históricas contra a dominação capitalista. Na década de 1980, quando se difundiam as políticas neoliberais e as experiências de reestruturação produtiva entre os países mais industrializados, uma crise aguda atingia as ações conflituais dos trabalhadores e seus organismos sindicais naqueles países, manifesta nas tendências de queda

---

[38] HARVEY, D. *Condição pós-moderna*. 2ª ed. São Paulo: Loyola, 1993.

[39] Diversos pensadores interpretam o movimento contemporâneo de reorganização do capital – que tem na reestruturação produtiva sua base material – como expressão de uma crise capitalista profunda, de dimensão estrutural, e dos mecanismos engendrados na tentativa de sua superação. Ver: MÉSZÁROS, I. *Beyond Capital*. London: Merlin Press, 1995; CHESNAIS, F. *A Mundialização do Capital*, São Paulo: Xamã, 1996; TEIXEIRA, F. "Modernidade e Crise: Reestruturação Capitalista ou Fim do Capitalismo?" In: TEIXEIRA, F. e OLIVEIRA, M. (Orgs.), *Neoliberalismo e Reestruturação Produtiva: As Novas Determinações do Mundo do Trabalho*. São Paulo: Cortez; Fortaleza: Universidade Estadual do Ceará, 1996; BRENNER, R., "A Crise Emergente do Capitalismo Mundial: do neoliberalismo à depressão?", *Outubro – Revista do Instituto de Estudos Socialistas*, n° 3, São Paulo: Xamã, 1999; ANTUNES, R. *Os Sentidos do Trabalho: ensaio sobre a afirmação e a negação do trabalho*. 3ª edição, São Paulo: Boitempo, 2000.

dos níveis de sindicalização e de redução do número de greves[40]. No Brasil e em outros países da América Latina, as condições políticas, sociais e econômicas que determinaram o refluxo das ações de resistência da classe trabalhadora desenvolveram-se na década de 90. De qualquer modo, permanecem possíveis as formas organizadas da rebeldia do trabalho contra o capital nos ambientes produtivos, onde a exploração intensificada do trabalho faz aflorar cotidianamente tensões e conflitos.

Mas a atual reestruturação produtiva do capital, que complexifica as relações sociais de dominação e de antagonismo próprias do capitalismo, deve ser entendida no contexto mais geral da história deste regime de produção. Pois o desenvolvimento do sistema capitalista e do modo como o capital tem assegurado sua reprodução, historicamente, é marcado pela transformação incessante das condições do processo produtivo e das formas de subordinação e controle do trabalho. Em sua interpretação crítica do capitalismo, Karl Marx trata destas transformações como um movimento sistemático que visa à superação dos obstáculos postos à expansão do capital, em sua contínua e voraz busca de uma base material adequada às suas exigências de valorização[41].

As transformações contemporâneas do mundo do trabalho e suas implicações na vida política e social são, portanto, expressões das tendências expansivas do capital e das tentativas de superação de suas contradições internas. O objetivo deste ensaio é analisar alguns elementos desta problemática, com ênfase nas formas como se reproduzem as condições do domínio do capital sobre o trabalho nos ambientes produtivos, e nas possibilidades da luta sindical e política dos trabalhadores frente a este quadro.

---

[40] VISSER, J. "Syndicalisme et désyndicalisation", *Le Mouvement Social.* nº 162. Paris: Ouvrières, jan-mar., 1993.
[41] MARX, K. *O capital – Crítica da economia política*, livro I, vol. 1, 13ª ed. Rio de Janeiro: Bertrand Brasil, 1989; livro I, vol. 2, 12ª ed., Rio de Janeiro: Bertrand Brasil, 1989.

As condições da produção e da reprodução social do trabalho sob o capital

Ao pensar o significado do trabalho no capitalismo como atividade produtiva criadora de valor, Marx desvenda as estruturas de apropriação econômica e de dominação política que fundam as relações entre pessoas, grupos e classes sociais nesse regime de produção. Por meio de sua teoria crítica, ele revela como se desenvolvem as relações sociais capitalistas, nas quais as condições objetivas do processo de trabalho confrontam-se com o trabalhador como propriedade alheia, "erguem-se como capital face ao trabalho":

> Como esforço, como dispêndio de força vital, o trabalho é a atividade pessoal do operário. Porém, enquanto criador de valor, implicado no processo de sua objetivação, o próprio trabalho do operário, mal entra no processo de produção, é um modo de existência do valor do capital, neste incorporado. Esta força que conserva o valor e cria novo valor é, por conseguinte, a própria força do capital e este processo apresenta-se como processo de autovalorização do capital, melhor dizendo, de empobrecimento do operário, que ao criar o valor que produz, produ-lo ao mesmo tempo como um valor que lhe é alheio[42].

A análise marxiana torna evidente que, no processo de trabalho que é simultaneamente processo de valorização, os elementos objetivos do capital, os meios de produção, funcionam como instrumentos para "sucção" da capacidade viva do trabalho. Daí porque "a dominação do capitalista sobre o operário é (...) a dominação da coisa sobre o homem, a do trabalho morto sobre o trabalho vivo, a do produto sobre o produtor[43]".

Portanto, ao interpretar criticamente a sociedade capitalista e desmascarar seus mecanismos de apropriação econômica e dominação política, Marx ilumina as relações sociais antagônicas e as contradições que fundamentam esse modo de desenvolvimento históri-

---

[42] MARX, K. *Capítulo VI inédito de O capital*. São Paulo: Moraes, s.d., p. 54.
[43] MARX, K. *Op. Cit.* (p. 55).

co, baseado na mercantilização de homens e coisas. No último tomo de *O capital*, as determinações essenciais do capitalismo e as características que o distinguem de outras formas históricas do processo de trabalho são sintetizadas como a seguir:

Primeiro: Seus produtos são mercadorias. Produzir mercadorias não o distingue de outros modos de produção, mas a circunstância de seu produto ter, de maneira dominante e determinante, o caráter de mercadoria. Isto implica, de saída, que o próprio trabalhador se apresente apenas como vendedor de mercadoria e, por conseguinte, como assalariado livre, aparecendo o trabalho em geral como trabalho assalariado. (...) Os agentes principais desse modo de produção, o capitalista e o assalariado, como tais, são meras encarnações, personificações do capital e do trabalho assalariado (...).
Segundo: O que distingue particularmente o modo capitalista de produção é a circunstância de a produção de mais-valia ser objetivo direto e causa determinante da produção. O capital produz essencialmente capital, e só o faz se produz mais-valia[44].

A reflexão de Marx apreende o capitalismo em sua totalidade, ressaltando sua dimensão histórica e universal, como regime que desenvolve suas contradições, ao mesmo tempo em que se expande e estende seu domínio em escala mundial, universalizando as relações capitalistas de produção[45]. No momento em que escreve grande parte de sua obra, o mundo vive o período cuja marca foi, como destacou Eric Hobsbawm, o "triunfo global do capitalismo", quando avança inexoravelmente a revolução industrial pelo mundo, sob o regime de livre-comércio centrado na Grã-Bretanha. As décadas de 1850 até a metade de 1870 foram de extraordinário crescimento econômico, de expansão e integração dos mercados mundiais e de fortalecimento da ordem social liberal burguesa, mas também de aumento das desigualdades

---

[44] MARX, K. *O capital – Crítica da economia política*, livro III, vol. 6, 4ª ed., São Paulo: Difel, 1985, pp. 1007-8.
[45] IANNI, O. *Dialética e capitalismo: ensaio sobre o pensamento de Marx*, 2ª ed., Petrópolis: Vozes, 1985, pp. 17-23.

entre classes e grupos sociais e entre países. Uma situação de precariedade, insegurança e pobreza marcava a vida cotidiana da imensa maioria dos trabalhadores, enquanto crescia dramaticamente a riqueza privada nas cidades e regiões industriais[46].

O século XIX encerrava-se em meio a uma crise econômica prolongada que abalaria as convicções burguesas no modelo de crescimento da economia e desenvolvimento político da era inspirada na doutrina do *laissez-faire* e levaria a um processo de reorganização do capital e de seu sistema de dominação de classe. A chamada "grande depressão" de 1873-1896 abria caminho para um novo período na história do regime capitalista de produção que se tornou conhecido, a partir da obra de Paul Baran e Paul Sweezy[47], como *capitalismo monopolista* ou, especialmente após os estudos de V. I. Lenin, como o *estágio imperialista* do regime[48].

Tratava-se de profundas modificações na dinâmica e no caráter do capitalismo que, ao substituir a livre-concorrência entre capitais industriais pelos monopólios, resultavam em um novo sistema de relações políticas de dominação e dependência entre Estados e abrangiam todas as dimensões da vida social. Tais transformações remetem à luta incessante do capital para enfrentar as contradições inerentes a um regime fundado no divórcio entre produção e apropriação do valor e as suas tendências de crise, desveladas pela crítica marxiana. Em face da primeira grande crise depressiva da história do capitalismo, "a constituição da organização monopólica obedeceu à urgência de viabilizar um objetivo primário: *o acréscimo dos lucros capitalistas através do controle dos mercados*", como analisa José Paulo Netto[49].

A competição internacional acirrada entre países que constituíam o núcleo desenvolvido do capitalismo pelo controle da economia

---

[46] HOBSBAWM, E. *A era do capital: 1848-1875*, 5ª ed., Rio de Janeiro: Paz e Terra, 1997.
[47] BARAN, P. e SWEEZY, P. *Capitalismo monopolista:* ensaio sobre a ordem econômica e social americana, 3ª ed., Rio de Janeiro: Zahar, 1978.
[48] LENIN, V. I. *O imperialismo:* fase superior do capitalismo, 2ª ed., São Paulo: Global, 1982.
[49] NETTO, J. P. *Capitalismo monopolista e serviço social*, 3ª ed., São Paulo: Cortez, 2001, p. 20.

mundial, no contexto da crise econômica que se estendeu por cerca de 25 anos, resultaria em um movimento de concentração e centralização de capital que tendia à monopolização, em escala nacional e mundial, acentuava os fatores de hierarquização entre países e impulsionava um processo de racionalização produtiva nos diversos setores das economias industrializadas[50].

O porte e complexidade das empresas que derivavam dos movimentos de concentração econômica, a intensa pressão concorrencial nos anos de depressão e o fortalecimento das lutas dos trabalhadores contra a exploração capitalista do trabalho exigiam do capital a adoção de procedimentos "racionais" e "científicos" de organização e controle do trabalho para maximizar lucros e combater a resistência operária. É nesse cenário que surge o movimento denominado de "gerência científica", concebido por Frederick Taylor no final do século XIX, nos Estados Unidos, e amplamente difundido entre as potências européias na década de 1910, especialmente após a publicação dos *Princípios de administração científica*[51]. Separando drasticamente a concepção do trabalho de sua execução, transferindo o controle do processo de trabalho do operário para os membros da administração das fábricas e dividindo esse processo em unidades fragmentadas e rigidamente cronometradas, o *taylorismo* permite um aumento sem precedentes da produtividade do trabalho e aprofunda sua subordinação ao capital.

Como assinala Harry Braverman, o taylorismo e sua teoria da "gerência científica" são a "explícita verbalização do modo capitalista de produção". Pensando as estratégias do capital que conduziram a uma maior dominação do trabalho e que se apresentam nos ambientes produtivos como "problema de gerência", o autor observa que a transferência do controle do trabalho para o capital revela-se na história como "a *alienação progressiva dos processos de produção* do trabalhador[52]".

---

[50] HOBSBAWM, E. *A era dos impérios*: 1875-1914, 5ª ed., Rio de Janeiro: Paz e Terra, 1998.
[51] TAYLOR, F. W. *Princípios de administração científica*. 7ª ed., São Paulo: Atlas, 1970.
[52] BRAVERMAN, H. *Trabalho e capital monopolista:* a degradação do trabalho no século XX, 3ª ed., Rio de Janeiro: Editora Guanabara, 1987, p. 59.

A alienação, enquanto produção do capital realizada pelo trabalho, é o movimento incessante do capital para dominar o trabalho, para desenvolver a força produtiva do trabalho de modo a extrair o máximo de sobretrabalho. Esse processo exprime a separação entre o homem e o seu trabalho, constitutiva do regime de produção capitalista. Marx desenvolveu sua concepção dos significados dessa separação por meio da noção de trabalho alienado, sistematizada nos *Manuscritos econômicos e filosóficos*, de 1844. Partindo do fato de que "o trabalho não produz apenas mercadorias: produz-se a si mesmo e produz o trabalhador como uma *mercadoria*", ele analisa as manifestações da alienação do homem relativamente a sua atividade, e as conseqüências dessa cisão na relação do homem com os outros homens e com a humanidade em geral[53].

Entretanto, a desalienação é parte integrante e essencial desse movimento. É a rebeldia da atividade contra sua condição estranhada, são as possibilidades permanentes de ação do trabalho contra o domínio do capital. Nos primeiros anos do século XX, quando se fortalecia a organização sindical e política dos trabalhadores e cresciam pelo mundo os movimentos trabalhistas e socialistas, os sindicatos denunciavam e contestavam a divisão capitalista do trabalho e seus instrumentos de dominação de classe. Em especial, a separação entre trabalho intelectual e manual, entre cérebro e mão, aprofundada com os métodos tayloristas de controle e organização do trabalho, era objeto dessas lutas sindicais. Braverman destaca a crítica sintetizada no editorial do *International Molder Journal*, no início do século:

> O elemento realmente essencial (no ofício do trabalhador) não é a perícia manual ou a destreza, mas alguma coisa armazenada na mente do trabalhador. Este algo é em parte o profundo conhecimento do caráter e usos das ferramentas, materiais e processos do ofício, que a tradição e a experiência deram ao trabalhador. Mas, além e acima disso, é o conhecimento que o capacita a compreender e superar as dificuldades que constantemente surgem e variam não apenas nas ferramentas e materiais, mas nas condições em que o trabalho deve ser feito[54].

---

[53] MARX, K. *Manuscritos econômico-filosóficos*. Lisboa: Edições 70, 1989, pp. 157-205.
[54] HOXIE, R. *Scientific Management and Labor* (Nova York e Londres, 1918), pp. 85-87, *apud* H. BRAVERMAN, *Op. Cit.*

Com a apropriação, pelo capital, do aspecto intelectual do trabalho e com a parcelização das atividades e tarefas, prossegue o editorial, "o trabalhador já não é mais um profissional em sentido algum, mas uma ferramenta humana da gerência[55]".

A introdução dos princípios tayloristas e do sistema de mecanização do processo produtivo e de reprodução da força de trabalho baseado naqueles princípios, conhecido como *fordismo*, enfrentou forte resistência dos trabalhadores nos primórdios do século passado, cujo sindicalismo estruturava-se em torno do operário de ofício. Foi necessário que muitas fábricas contratassem força de trabalho feminina, trabalhadores rurais e imigrantes, menos organizados sindicalmente, para que se generalizassem gradativamente os novos métodos produtivos.

Simultaneamente, para evitar reações dos trabalhadores e de suas organizações à disciplinação, desabilitação e intensidade do trabalho que invadiam os ambientes produtivos tayloristas-fordistas, novas estratégias e técnicas de gestão destinaram-se a dissimular o controle do trabalho e promover a satisfação e a motivação nos ambientes laborais. Foi o caso das formulações de Elton Mayo desenvolvidas a partir de experimentos na indústria têxtil e na *Western Eletric Company* de Chicago, durante a década de 1920[56], que inspirariam o surgimento da chamada "*escola de relações humanas*". A escola, como assinala Edith Seligmann-Silva, formalizava propostas aparentemente críticas ao despotismo e à mecanização taylorista-fordista, mas atuava complementarmente às suas formulações, tentando obscurecer a exploração e a dominação capitalista do trabalho. Com efeito, ao aplicarem técnicas psicológicas de controle nos ambientes produtivos para garantir a máxima eficácia e produtividade, ao mesmo tempo em que buscavam prevenir ou superar a rebeldia do trabalho, as teorias e práticas "de conteúdo psicológico

---

[55] BRAVERMAN, H., *Op. Cit.*, pp. 121-2.

[56] As idéias de MAYO foram sistematizadas no livro Human Problems of an Industrial Civilization, publicado em 1933. Para uma análise crítica do movimento por ele idealizado, consultar TRAGTENBERG, M. *Administração, poder e ideologia*. São Paulo: Cortez, 1989.

vieram à cena no rastro de interesses fundamentalmente econômicos, situados nas esferas de poder dominantes das empresas[57]".

Ao analisar as transformações na produção capitalista e o processo fordista de racionalização do trabalho em seus *Quaderni del carcere*, Antonio Gramsci observa que "os novos métodos de trabalho estão indissoluvelmente ligados a um determinado modo de viver, de pensar e de sentir a vida". O pensador italiano examina as particularidades e condições sociais, econômicas, culturais e políticas que permitiram um maior desenvolvimento da racionalização do trabalho nos Estados Unidos, comparativamente ao que se verificava nos países europeus, nas primeiras décadas do século XX. O "fenômeno americano", diz Gramsci, é "o maior esforço coletivo realizado até agora para criar, com rapidez incrível e com uma consciência do fim jamais vista na História, um tipo novo de trabalhador e de homem[58]".

Segundo Gramsci, as formulações tayloristas exprimem "com cinismo brutal" as finalidades da sociedade norte-americana: reduzir o trabalhador a um "gorila domesticado" e as atividades produtivas ao "aspecto físico maquinal". Esta é a fase mais perversa do processo que se iniciou com o industrialismo, a seu ver, e desta perspectiva deveriam ser compreendidas as ações do Estado e as iniciativas de industriais como Ford, relacionadas a formas de coerção moral e questões de sexualidade, de família e de consumo, para construir o trabalhador adequado ao novo modo de reprodução capitalista. Nas suas palavras:

> É claro que eles não se preocupam com a "humanidade" e a "espiritualidade" do trabalhador, que são imediatamente esmagadas. Estas "humanidade e espiritualidade" só podem existir no mundo da produção e do trabalho, na "criação" produtiva; elas eram absolutas no artesão, no "demiurgo", quando a personalidade do trabalhador refletia-se no objeto criado, quando era ainda bastante forte o laço entre arte e trabalho. Mas é exatamente contra este "humanismo" que luta o novo industrialismo[59].

---

[57] SELIGMANN-SILVA, E. *Desgaste mental no trabalho dominado*. Rio de Janeiro: Editora da UFRJ; São Paulo: Cortez, 1994, p. 48.

[58] GRAMSCI, A. *Maquiavel, a política e o Estado moderno*, 2ª ed., Rio de Janeiro: Civilização Brasileira, 1976, p. 396.

[59] *Op. Cit.* Idem, p. 397.

O fordismo recompunha o trabalho parcelado pelos princípios tayloristas e impunha a cada operário seus gestos e ritmo, por meio das cadeias mecânicas de montagem de carros, introduzidas por Henry Ford em 1913, nos Estados Unidos. A parcelização das atividades empobrecia o trabalho, mas aumentava extraordinariamente sua eficácia e intensidade, ao reduzir a gestos simples e repetitivos os movimentos de cada trabalhador e o "tempo morto" de trabalho. Ao mesmo tempo, o fordismo articulava o processo de produção ao modo de consumo, ao instaurar a produção em massa de mercadorias, "chave da universalização do trabalho assalariado", no dizer de Michael Aglietta, e da generalização das relações mercantis[60].

Alain Bihr observa que uma "primeira onda de taylorização e de mecanização fordista", durante a década de 1920, elevou aceleradamente a produtividade do trabalho, gerando taxas altíssimas de lucro e resultando em um movimento especulativo sem precedentes nos últimos anos da década, que desembocou finalmente na crise econômica e financeira de 1929. Segundo Bihr, o crescimento insuficiente dos salários relativamente aos índices demasiadamente elevados da produtividade do trabalho gerou uma distorção entre a capacidade produtiva da sociedade e a de consumo, levando a uma grave crise de superprodução e ao quase colapso do capitalismo[61].

O florescimento da intervenção do Estado na vida econômica e social no século XX foi um produto das crises gerais que abalaram o mundo capitalista entre o final do século XIX e as primeiras décadas do século passado – a Grande Depressão de 1873-1896 e a Grande Depressão de 1929-1941 – e um sintoma do crescente ceticismo quanto à capacidade auto-reguladora da economia capitalista. Como observou Hobsbawm[62], a "mão invisível" do mercado, concebida por Adam Smith, tornava-se cada vez mais visível, substituída pela autoridade pública e pela moderna administração nas grandes empresas da organização monopólica.

---

[60] AGLIETTA, M. *Regulación y crisis del capitalismo*. México: Siglo Veintiuno, 1976, p. 94.
[61] BIHR, A. *Da grande noite à alternativa*: o movimento operário europeu em crise. São Paulo: Boitempo, 1998, pp. 39-44.
[62] HOBSBAWM, E., *Op. Cit.*, 1998.

Com efeito, uma estreita conexão entre o Estado e o grande capital monopolista inaugurava uma nova modalidade de intervenção estatal que afetava a estrutura da economia e propiciava as condições necessárias à acumulação capitalista naquele estágio do desenvolvimento do regime. Na história anterior do capitalismo, mesmo no período dominado pela ideologia liberal, o Estado interveio para assegurar e fortalecer a ordem burguesa. Todavia, no capitalismo dos monopólios uma crescente articulação das funções políticas e econômicas do Estado, para garantir a valorização do capital, tornava-o uma espécie de "comitê executivo" da burguesia monopolista na expressão de Netto[63]. O autor analisa a mudança do papel do Estado nessa etapa, do seguinte modo:

> Até então, o Estado, na certeira caracterização marxiana representante do capitalista coletivo, atuara como o cioso guardião das condições externas da produção capitalista. Ultrapassava a fronteira de garantidor da propriedade privada dos meios de produção burgueses somente em situações precisas – donde um intervencionismo emergencial, episódico, pontual. Na idade do monopólio, ademais da preservação das condições externas da produção capitalista, a intervenção estatal incide na organização e na dinâmica econômicas desde dentro, e de forma contínua e sistemática[64].

Foi no período imediatamente posterior à Segunda Guerra Mundial que se consolidou e complexificou o intervencionismo social e econômico do Estado, agora fundamentado nos estudos de John M. Keynes desenvolvidos durante a depressão da década de 1930, segundo os quais o capitalismo alcançaria seu equilíbrio caso fossem aplicados adequadamente instrumentos de política econômica do Estado. Apoiado no keynesianismo, o fordismo alcançaria sua "maturidade como regime de acumulação plenamente acabado e distintivo", de acordo com a análise de Harvey[65].

---

[63] NETTO, J. P., *Op. Cit.*, pp. 26-7.
[64] Idem, pp. 24-25.
[65] HARVEY, D., *Op. Cit.*, p. 125.

Iniciava-se o longo período de expansão econômica que ficou conhecido como a "idade de ouro" do capitalismo, quando pareceram superados todos os impasses e contradições que tornaram a sua história uma sucessão de ciclos de prosperidade e depressão. Com efeito, nos 30 anos que começaram com a reconstrução pós-guerra e encerraram-se por volta de 1974-1979, o mundo capitalista industrializado viveu um crescimento econômico estável e uma elevação dos padrões materiais de vida da população, ancorados em uma economia fordista de produção e consumo de massa e no decisivo papel regulador da economia e da sociedade exercido pelo Estado.

Originada das relações políticas nacionais e internacionais constituídas ao final da guerra, essa fase do desenvolvimento capitalista significou transformações de grande alcance nas condições que regiam a venda e o uso de força de trabalho no processo produtivo, assim como sua reprodução fora desse processo, e implicou compromissos entre burguesia, trabalho organizado e Estado, que se converteram na base das relações de poder daquela etapa de expansão econômica.

Como destaca Bihr[66], a construção desse "compromisso" era requerida pelo regime de acumulação fordista que, ao permitir um extraordinário aumento da produtividade do trabalho e instaurar a produção de massa, tendia a "inchar a demanda de meios de produção" sem considerar a capacidade de consumo da sociedade, gerando crises de superprodução. Era necessário, para evitar experiências como o colapso econômico da década de 1930, que os ganhos de produtividade fossem acompanhados de uma elevação proporcional da massa salarial global, controlada pela classe capitalista e pelos sindicatos, com a mediação do Estado, por meio de procedimentos de negociação coletiva. Ao mesmo tempo, o compromisso supunha políticas estatais direcionadas para o investimento público em setores essenciais para a produção e o consumo – como o transporte –, além da oferta crescente de serviços pelo setor público – casos da assistência médica e da educação gratuitas –, que garantiam um

---

[66] BIHR, A., Op. Cit.

emprego relativamente pleno. Paralelamente, ainda como resultado do compromisso fordista-keynesiano, verificou-se um aumento dos gastos estatais com seguridade social, saúde, habitação etc., que ampliou benefícios e direitos sociais – satisfazendo interesses imediatos (e vitais) dos trabalhadores relativos à proteção da renda e à segurança no trabalho e no emprego –, e assinalou o apogeu do chamado Estado de bem-estar social. Mas o compromisso do pós-guerra foi constituído no rastro de um processo de luta de classes e foi imposto a cada um de seus protagonistas, não somente pelas pressões e exigências do novo modo de acumulação capitalista, mas também pelo relativo equilíbrio de poder entre burguesia e proletariado, ao final de um período de recrudescimento da organização operária e de suas lutas contra a sociabilidade capitalista. Harvey argumenta que um violento ataque à classe trabalhadora e às suas formas tradicionais – baseadas no sindicalismo de ofício – e radicais de organização sindical e política, imediatamente após a guerra, preparou as condições políticas do compromisso. Nos Estados Unidos, sob a acusação de "infiltração comunista" em pleno período do *macarthismo* e no auge da chamada "guerra fria", os sindicatos foram submetidos a uma rígida disciplina legal[67].

Ao tratar dos termos gerais do compromisso, Bihr analisa seu significado ambivalente tanto para o proletariado como para a burguesia. Segundo o autor, para os trabalhadores o compromisso implicava, por um lado, a renúncia à "luta revolucionária" e à contestação da dominação capitalista sobre a sociedade e da apropriação, pelo capital, dos meios sociais de produção. Por outro, com a garantia da seguridade social e da aquisição de direitos cívicos, políticos e sociais, cresciam as possibilidades da organização e da mobilização do proletariado em sua luta contra o capital. Entretanto, diz Bihr, apesar de o compromisso não extinguir a luta de classes e o enfrentamento entre proletariado e burguesia, ele *enquadrou* e limitou o movimento operário, e suas organizações foram sendo gradativa-

---
[67] HARVEY, D., *Op. Cit.*, pp. 125-8.

mente integradas às novas formas capitalistas de dominação introduzidas no pós-guerra. Por intermédio de suas instâncias sindicais e políticas de representação, as reivindicações dos trabalhadores estiveram centradas na melhoria de suas condições salariais, de trabalho e de seguridade social, alcançadas por meio do compromisso. Nas palavras do autor,

> A "estratégia de integração" majoritariamente adotada pelo proletariado ocidental no quadro do compromisso fordista (...) consistia basicamente em ampliar e aprofundar, por meio de suas lutas, o compromisso estabelecido com a classe dominante[68].

Para a classe dominante, o compromisso também implicava ambivalências, já que, ao mesmo tempo em que lhe permitia uma "trégua", tornando mais distante a ameaça revolucionária, lançava-lhe um duplo desafio. Evidenciava os limites de sua dominação, por requerer o reconhecimento dos direitos dos trabalhadores de negociar as condições de reprodução de sua força de trabalho. E, ao mesmo tempo, pressupunha que essa dominação só seria considerada legítima pelo proletariado à medida que satisfizesse suas necessidades fundamentais[69].

De qualquer forma, o modo de acumulação capitalista baseada no fordismo-keynesianismo disseminava-se desigualmente e, mesmo nos países mais industrializados, ficava confinada aos setores mais dinâmicos da economia. Nos países periféricos, melhorias pouco significativas no padrão de vida das populações e um desenvolvimento restrito do fornecimento de bens coletivos pelo Estado eram acompanhados de formas de opressão econômicas, políticas e culturais que aprofundavam sua dependência e subordinação das potências capitalistas centrais. Os mercados de trabalho tendiam a se fragmentar em um setor vinculado às grandes corporações, em que predominava uma força de trabalho branca, masculina e sindicalizada, e amplos segmen-

---

[68] BIHR, A., *Op. Cit.*, p. 45.
[69] Idem, pp. 38-9.

tos mais diversificados, não atingidos pela negociação fordista de salários e sem acesso ao tão propalado consumo de massa[70].

No âmbito da eclosão generalizada de revoltas dos trabalhadores e de outros segmentos sociais excluídos que questionavam os fundamentos da sociabilidade do capital, a ação operária contestava violentamente a organização taylorista-fordista do trabalho e seus mecanismos de dominação de classe. Christophe Dejours assinala o surgimento de novos temas nas lutas dos trabalhadores, no final da década de 1960 e início da de 1970, quando afloraram *palavras de ordem* contra o trabalho alienado, o despotismo fabril e o sofrimento mental no trabalho[71].

As lutas de classes ocorridas nos últimos anos do período expansionista do capital, em vigor desde o pós-guerra, foram elemento central na erosão do "compromisso fordista" e de suas bases políticas. Conjugada aos fatores de ordem econômica que assinalavam a quebra daquele círculo virtuoso de crescimento, a intensificação das lutas sociais solapava "pela base o domínio do capital" e acenava para as possibilidades de uma hegemonia (ou uma contra-hegemonia) oriunda do mundo do trabalho[72].

Por conseguinte, entre meados da década de 1960 e 1973, quando o mundo capitalista foi atingido por uma profunda recessão, as contradições inerentes ao capitalismo, em grande medida submersas nos "anos dourados", ressurgem com força. O ciclo de crescimento econômico e desenvolvimento social que marcou a *era de ouro* dava sinais de esgotamento e instaurava-se, no último terço do século passado, um novo momento na história econômica e política mundial, que Eric Hobsbawm denomina "décadas de crise[73]" e David Harvey qualifica como "um período de rápida mudança, de fluidez e de incerteza[74]".

---

[70] HARVEY, D., *Op. Cit.*, pp. 132-4.

[71] DEJOURS, C. *A loucura do trabalho:* estudo de psicopatologia do trabalho. São Paulo: Oboré, 1987, pp. 14-25.

[72] ANTUNES, R., *Op. Cit.*, p. 42.

[73] HOBSBAWM, E. *A era dos extremos:* o breve século XX (1914-1991), 2ª ed., 7ª reimpr. São Paulo: Companhia das Letras, 1997.

[74] HARVEY, D., *Op. Cit.*, p. 119.

A exploração do trabalho na reestruturação produtiva contemporânea

Os impasses capitalistas das últimas décadas tiveram suas raízes no excesso de capacidade e de produção fabril, expressão da cada vez mais acirrada concorrência internacional, e na redução das taxas de acumulação de capital no mundo capitalista avançado de final da década de 1960, de acordo com o desenho analítico de Robert Brenner[75].

Alguns dos traços mais visíveis desse quadro crítico foram a exaustão do modelo de desenvolvimento econômico e do padrão de dominação de classe baseados no taylorismo-fordismo e no keynesianismo, assim como a expansão sem precedentes da esfera financeira, em ritmo muito superior ao do investimento produtivo. Segundo François Chesnais, entre 1980 e 1992 a "taxa média de crescimento anual do estoque de ativos financeiros foi 2,6 vezes maior que a da formação bruta de capital fixo do setor privado" nos países da Organização de Cooperação e Desenvolvimento Econômico – OCDE[76].

Para enfrentar tais impasses, um amplo processo de reorganização do capital tem-se desencadeado, buscando recriar em novas bases as condições da expansão capitalista. Com efeito, desde as duas últimas décadas do século passado o capitalismo mundial é palco de transformações que abrangem todas as dimensões da vida social, resultam em novas relações políticas internacionais e locais e mudam radicalmente a organização da produção e o sistema de dominação política e ideológica do capital.

Ao analisar os movimentos contemporâneos de internacionalização da economia e de concentração do capital, que designa de "mundialização financeira", Chesnais trata de suas peculiaridades.

---

[75] BRENNER, R., *Op. Cit.*
[76] CHESNAIS, F. *A mundialização financeira*: gênese, custos e riscos. São Paulo: Xamã, 1999, p. 14.

Em primeiro lugar, desvela seu sentido excludente, ao assinalar que esse novo espaço financeiro mundial é "fortemente hierarquizado", sob o predomínio dos Estados Unidos, e polarizado internacionalmente, dividido entre as nações situadas no centro decisório do capitalismo, aquelas que participam de modo subordinado desses movimentos e as que não interessam ao capital. Em segundo lugar, o economista destaca a "carência de instâncias de supervisão e controle" nesse espaço e a relativa autonomia da esfera financeira face à produção e às autoridades monetárias. Finalmente, Chesnais observa que "a unidade dos mercados financeiros é assegurada pelos operadores financeiros", que decidem quais tipos de transação, agentes econômicos e países participarão da mundialização financeira[77].

Esse "regime de acumulação predominantemente financeira" tem suas raízes num processo de interação, desde o início da década de 1980, entre o movimento de fortalecimento do capital privado – industrial e bancário – e as crescentes dificuldades de valorização do capital produtivo. E sustenta-se nas políticas de liberalização comercial e de desregulamentação financeira, adotadas e difundidas a partir da "revolução conservadora" desencadeada nos Estados Unidos e na Inglaterra, durante os governos de Ronald Reagan e de Margareth Thatcher, como nos lembra CHESNAIS. De fato, a mundialização do capital e a liberalização econômica têm-se realimentado mutuamente, "cada avanço de uma reforçando as condições favoráveis a mais um passo da outra", num movimento que concretiza as receitas neoliberais para a dinamização do desenvolvimento capitalista[78].

Em seu exame do *neoliberalismo* como doutrina político-econômica que retorna a princípios do liberalismo clássico para combater o Estado intervencionista e de bem-estar do período fordista-keynesiano, Perry Anderson assinala que é no quadro crítico da década de 1970 que se fortalecem suas bases teóricas e ideológicas. A crise econômica era atribuída, pelos pensadores neoliberais, ao po-

---

[77] Idem, pp. 11-33.
[78] Ibidem, pp. 16-18.

der dos sindicatos e às suas pressões sobre salários e seguridade social. Sua superação requeria, portanto, a subjugação total dos sindicatos e a imposição de duras reformas políticas e econômicas que "libertassem" o capital dos limites a ele impostos pelas atividades regulatórias do Estado. Tais idéias transformaram-se em programas práticos quando se consolidou o predomínio de governos conservadores na Europa e nos Estados Unidos na década de 1980, conjugando políticas de desregulamentação e privatização da vida social e econômica a medidas políticas de ataque sistemático aos direitos democráticos[79].

Octavio Ianni observa que a chamada *globalização* significa, em sua essência, globalização do capital sob o predomínio do neoliberalismo, como prática e ideologia, no qual se combate inexoravelmente "tudo o que possa ser ou parecer 'social'". Trata-se, diz ele, "de alterar hábitos, atitudes, expectativas, procedimentos, instituições e ideais, de modo a abrir ao máximo os espaços para o mercado, a iniciativa privada, a empresa, a corporação e o conglomerado. Deixar que os 'fatores da produção' desenvolvam-se livre e abertamente, além dos territórios e fronteiras, de tal maneira que o florescimento do capitalismo propicie o florescimento da 'liberdade'[80]".

É nesse cenário que ocorre um crescente distanciamento do Estado em relação às políticas sociais, convertendo amplos setores sociais "em deserdados, não só de condições e possibilidades de soberanias e hegemonias, mas também de bases sociais indispensáveis à sobrevivência[81]".

A análise de Maria Célia Paoli segue na mesma direção, quando critica o projeto de sociabilidade que marca o capitalismo contem-

---

[79] ANDERSON, P. "Balanço do neoliberalismo", In SADER, E. e GENTILI, P. (Orgs.), *Pós-neoliberalismo:* as políticas sociais e o Estado democrático, 3ª ed., Rio de Janeiro: Paz e Terra, 1996, pp. 9-23. Ver também MORAES, R. "Neoliberalismo e neofascismo — és lo mismo pero no és igual?", *Crítica Marxista,* nº 7, São Paulo: Xamã, 1998, pp. 121-6.

[80] IANNI, O. "Neoliberalismo e nazi-fascismo", *Crítica Marxista,* nº 7, São Paulo: Xamã, 1998, p. 113.

[81] IANNI, O. *Enigmas da modernidade-mundo.* Rio de Janeiro: Civilização Brasileira, 2000, pp. 56-60.

porâneo e ata a vida política e social aos movimentos de "um mercado sem limites e sem fronteiras sociais". Tal projeto, diz a autora, "decreta uma espécie de esvaziamento do mundo social como condição do que entende como 'democracia', ainda por cima agregando-lhe a idéia de um admirável mundo novo e de uma reatualização final da liberdade[82]".

Para aqueles que vivem da venda de sua força de trabalho, a reorganização contemporânea do capital destina modalidades brutais de racionalização produtiva, que combinam novas formas de produção de mais-valia para obter maiores ganhos de intensidade e produtividade do trabalho – apoiadas na tecnologia microeletrônica e informacional –, com formas mais antigas e limitadas, baseadas no prolongamento da jornada laboral. A mudança tecnológica possibilita a objetivação de funções cerebrais abstratas pelas máquinas informatizadas, substituindo funções manuais e incorporando em certa medida o saber intelectual do trabalho[83]. Mas, como enfatiza Ernest Mandel, os progressos da ciência e da técnica, em nome do capital, realizam-se para incrementar sua dominação, ao invés de criar um tempo livre de trabalho, disponível para o florescimento das capacidades dos indivíduos fora do espaço produtivo[84].

Em âmbito mundial, a ação destrutiva do capital contra o trabalho resulta no aumento dramático dos níveis de desemprego e de subemprego, levando grandes contingentes de trabalhadores à condição de *precarizados* ou mesmo excluídos do processo produtivo pelo desemprego estrutural. Este processo de precarização do trabalho atinge fortemente a fração feminina da classe trabalhadora, ainda predominante no âmbito do trabalho informal e nas atividades rotineiras e manuais. As análises de Hirata e de Oliveira e Ariza

---

[82] PAOLI, M. C. "Apresentação e Introdução", In OLIVEIRA, F. e PAOLI, M. C. (Orgs.), *Os sentidos da democracia:* políticas do dissenso e hegemonia global. Petrópolis: Vozes; Brasília: NEDIC; São Paulo: FAPESP, 1999, p. 8.

[83] LOJKINE, J. *A revolução informacional.* São Paulo: Cortez, 1995.

[84] MANDEL, E. "Marx, la crise actuelle et l'avenir du travail humain", *Quatrième Internationale*, nº 20. Paris:, maio, 1986.

assinalam a permanência dos processos de segregação que historicamente marcam a divisão sexual do trabalho[85].

Francisco Teixeira, baseado na teoria marxiana do valor, esclarece que o capitalismo desenvolve-se por meio de uma incansável recriação de formas de produção de mercadorias, na busca incessante de uma base material adequada às suas exigências de valorização. As novas modalidades produtivas adotadas no âmbito do fracasso do padrão fordista-taylorista de organização e controle do trabalho são, portanto, formas sociais engendradas pelo capital para reproduzir, em novas bases, as condições de seu domínio sobre o trabalho[86]. De fato, um conjunto amplo de mudanças nas condições técnicas e sociais dos processos de produção é deflagrado pelo capital para enfrentar suas contradições internas e aumentar a força produtiva do trabalho, desde a década de 1970. Um intenso processo de reestruturação – que adquire configurações distintas nos diferentes países conforme seus níveis de desenvolvimento econômico, as relações de produção estabelecidas nos processos de trabalho e os setores produtivos atingidos –, modifica o sistema de relações de trabalho que predominou na indústria no decorrer do século passado. O padrão taylorista-fordista de dominação de classe vai sendo mesclado ou substituído por um novo padrão, baseado na *flexibilidade* do aparato produtivo e em processos e mercados de trabalho mais *flexíveis*, ajustados às flutuações da demanda, no contexto de crescente volatilidade do mercado e de concorrência acirrada entre corporações.

Segundo Harvey, as novas experiências nos ambientes produtivos, associadas a mudanças na vida social e política, podem repre-

---

[85] HIRATA, H. "Rapports sociaux de sexe et division du travail", In BIDET, J. e TEXIER, J. *La crise du travail, actuel Marx confrontation*. Paris: PUF, 1995. OLIVEIRA, O. e ARIZA, M. "División sexual del trabajo y exclusión social", *Revista Latinoamericana de Estudios del Trabajo*, ano 3, nº, São Paulo: 1997, publicação semestral da Associação Latino-Americana de Sociologia do Trabalho (ALAST).

[86] TEIXEIRA, F. "Modernidade e crise: reestruturação capitalista ou fim do capitalismo?", In TEIXEIRA, F. e OLIVEIRA, M. (Orgs.), *Neoliberalismo e reestruturação produtiva:* as novas determinações do mundo do trabalho. São Paulo: Cortez; Fortaleza: Universidade Estadual do Ceará, 1996, pp. 67-74.

sentar um processo de transição para um outro regime de acumulação, marcado pelo confronto com a rigidez do fordismo, que ele chama de "acumulação flexível". Assinalando que o novo regime provavelmente implica "níveis relativamente altos de desemprego 'estrutural'", "rápida destruição e reconstrução de habilidades", "ganhos modestos de salários reais" e "retrocesso do poder sindical", o autor destaca dentre suas características o "surgimento de setores de produção inteiramente novos, novas maneiras de fornecimento de serviços financeiros, novos mercados e, sobretudo, taxas altamente intensificadas de inovação comercial, tecnológica e organizacional[87]".

As mutações no interior do padrão de acumulação implicaram distinções significativas na organização e nos mecanismos de controle do trabalho, quando comparadas ao sistema produtivo anterior. À produção em massa homogeneizada da indústria sob o taylorismo e o fordismo, sobrepõe-se agora uma via alternativa de racionalização, marcada pela versatilidade e flexibilidade dos processos produtivos, destinada a responder rapidamente aos novos padrões de consumo e à intensificação da concorrência intercapitalista. Ao mesmo tempo, novos métodos organizativos e gerenciais opõem-se à rígida e explícita disciplina e à normatização das tarefas, sob o cronômetro taylorista e a esteira de produção fordista, obscurecendo os mecanismos de exploração e dominação do trabalho na tentativa de obter o envolvimento dos trabalhadores e sua *integração ideológica* aos projetos de autovalorização do capital.

É que a ruptura com o regime de acumulação de capital anterior e a busca de novos padrões de acumulação diante da crise capitalista dos anos 70 visou não somente repor os patamares de crescimento econômico das décadas passadas, mas também recuperar o projeto de dominação do capital, abalado pelas lutas sociais do final da década de 1960. Portanto, foi em parte pela necessidade de controlar as ações de confronto da classe trabalhadora que a reorganização produtiva incorporou temáticas anteriormente formuladas nas rei-

---

[87] HARVEY, D., *Op. Cit.*, pp. 140-1.

vindicações e revoltas operárias. Assim, ao trabalho repetitivo e rotineiro disciplinado sob o sistema taylorista-fordista, a acumulação *flexível* contrapôs a atividade apresentada como polivalente e enriquecida de conteúdo; ao operário dócil, o trabalhador dotado de inteligência e criatividade; à rígida cisão entre concepção e execução do trabalho, a participação e o envolvimento do assalariado nas questões relativas a sua atividade laboral.

Todavia, no contexto mundial de aumento drástico dos níveis de desemprego e de desmontagem de direitos sociais e do trabalho, a realidade do cotidiano laboral está longe do quadro ideal pintado pelos ideólogos da reestruturação produtiva. Diversas pesquisas recentes sobre o "chão da fábrica" negam os supostos benefícios da produção *flexível* e suas conseqüências favoráveis, mesmo no que diz respeito ao trabalho qualificado. Ainda que nos setores mais dinâmicos da economia a classe trabalhadora apresente qualificações mais genéricas, com o predomínio de componentes cerebrais requeridos pela nova base técnica criada pela acumulação flexível – em detrimento dos musculares e manuais –, como analisa Lúcia Bruno[88], não foi ultrapassada a "barreira da separação social e política entre concepção e execução[89]".

Em seu estudo do *toyotismo* e das singularidades que marcam a via japonesa de racionalização do trabalho, Benjamin Coriat trata dos significados da "flexibilização organizacional" -- baseada em profissionais polivalentes – e de suas conseqüências para o saber profissional dos operários. Segundo ele, a substituição dos trabalhadores parcelares, criados pelo taylorismo, por plurioperadores ou operários polivalentes, implica um processo de *desespecialização* dos operários qualificados e de perda de poder no local de trabalho:

---

[88] BRUNO, L. "Educação, qualificação e desenvolvimento econômico", In BRUNO, L. (Org.), *Educação e trabalho no capitalismo contemporâneo*. São Paulo: Atlas, 1996.

[89] FERRETTI, C. *et al.* (Orgs.). *Novas tecnologias, trabalho e educação:* um debate multidisciplinar, 5ª ed., Petrópolis: Vozes, 1999, p. 14. Ver também FRIGOTTO, G. "Educação e formação humana: ajuste neoconservador e alternativa democrática", In GENTILI P. e T. T. SILVA, *Neoliberalismo, qualidade total e educação*, 4ª ed., Petrópolis: Vozes, 1996.

Esse movimento de desespecialização dos operários profissionais e qualificados, para transformá-los em trabalhadores multifuncionais, é de fato um movimento de racionalização do trabalho no sentido clássico do termo. Trata-se aqui, também – como na via taylorista norte-americana –, de atacar o saber complexo do exercício dos operários qualificados, a fim de atingir o objetivo de diminuir os seus poderes sobre a produção, e de aumentar a intensidade do trabalho[90].

O autor analisa o impacto das inovações organizacionais e gerenciais introduzidas pelo toyotismo no mundo ocidental a partir da década de 1970, quando o modelo japonês converteu-se na expressão máxima da reestruturação produtiva sob a mundialização do capital. O motivo de sua "aplicabilidade" fora do Japão, de acordo com Coriat, é simples: o toyotismo "é portador de um modo de extração de ganhos de produtividade que corresponde às normas atuais de concorrência e competição entre firmas[91]".

De fato, o sistema industrial japonês permite uma intensificação sem precedentes das condições de exploração e de disciplinamento da força de trabalho. Segundo Thomas Gounet, são três as principais vias por meio das quais essas condições são alcançadas: a intensificação do trabalho, com ritmo mais veloz e sobrecarga de tarefas; a redução de salários e a degradação de direitos sociais, apoiadas na terceirização; e a fragmentação dos trabalhadores, divididos em diversas e menores unidades de produção, separados no interior dos espaços produtivos por diferentes condições salariais e contratuais, cindidos pela competição e pela pressão por produtividade[92].

Baseados em pesquisas de 1984 e 1991, Michel Gollac e Serge Volkoff constatam uma degradação das condições de trabalho em países da Europa e de outras regiões do mundo capitalista. Dentre múltiplos elementos dessa degradação, os autores assinalam que a intensificação do trabalho, mediante o grande aumento da pressão

---

[90] CORIAT, B. *Pensar pelo avesso:* o modelo japonês de trabalho e organização. Rio de Janeiro: Revan, UFRJ Editora, 1994, p. 53.

[91] Idem, p. 164.

[92] GOUNET, T. *Fordismo e toyotismo na civilização do automóvel.* São Paulo: Boitempo, 1999, pp. 25-35.

sobre o ritmo das tarefas, é o fator essencial de agravo às condições laborais[93]. Referindo-se às técnicas gerenciais que vinculam as atividades a serem realizadas e seu ritmo às flutuações e exigências do mercado consumidor, Gollac e Volkoff observam que "a substituição do patrão ou chefe pelo cliente-rei, a transformação da autoridade em gestão da competência são, com efeito, o coração dos novos métodos de gerenciamento". Apoiados em investigação empírica sobre a evolução da organização do trabalho na França, os autores mostram que 58% dos trabalhadores declararam, em 1993, que seu ritmo de trabalho dependia das variações qualitativas e quantitativas da demanda, contra 39% em 1984[94].

Assim, fundadas no ideário e na pragmática neoliberal, as novas formas de controle e gestão do trabalho incorporam palavras de ordem como "mercado", "competitividade", "flexibilidade", "excelência", "produtividade" para perseguir a máxima intensidade do trabalho, mascarando ao mesmo tempo seus mecanismos coercitivos. Políticas chamadas de "participativas" são instituídas nos ambientes laborais por meio de programas de "qualidade total" e de "remuneração variável", conferindo uma aparência de democratização das relações de poder nos espaços produtivos, ao mesmo tempo em que atrelam condições de trabalho, emprego e salariais ao cumprimento de metas de produtividade.

Nicole Aubert e Vincent de Gaulejac, em um estudo crítico que desmistifica as novas formas de controle e dominação do trabalho, assinalam que elas se baseiam na busca da adesão absoluta do trabalhador às estratégias mercadológicas das empresas, que se convertem em centros de "canalização energética" para o capital. Os auto-

---

[93] Um tratamento mais detalhado dos agravos da atual reestruturação produtiva do capital à saúde dos trabalhadores encontra-se em HUEZ, D. "La précarisation de la santé au travail", In APPAY, B. e THÉBAUD-MONY, A., *Précarisation sociale, travail et santé*. Paris: Institut de Recherche sur les Sociétés Contemporaines (IRESCO), 1997. Ver também SELIGMANN-SILVA, E., *Op. Cit.*

[94] GOLLAC, M. e VOLKOFF, S. "Citius, altius, fortius: l'intensification du travail", *Actes de la Recherche en Sciences Sociales*, nº 114. Paris: Seuil, set., 1996, pp. 54-67. Sobre as condições do trabalho e do emprego nos EUA, ver WACQUANT, L. "La généralisation de l'insécurité salariale en Amérique", *Actes de la Recherche en Sciences Sociales*, nº 115. Paris: dez., 1996.

res observam que não é somente na mobilização dos corpos, exigida no sistema taylorista, ou do coração, como na época do movimento desencadeado pela chamada "escola de relações humanas", que se fundamentam as atuais estratégias gerenciais: "é a mobilização total do indivíduo que se deseja obter; é não somente sua energia física e afetiva, mas também sua energia psíquica que se procura captar[95]".

Ao construir a noção de prática ideológica para analisar o fundamento ideológico e político dos modos de gestão e controle do trabalho e das relações de poder que se desenvolvem nos ambientes produtivos, Max Pagès *et al.* ensinam que "os dispositivos operacionais e a ideologia estão indissoluvelmente ligados: eles têm como função fazer interiorizar certas condutas e, ao mesmo tempo, os princípios que os legitimam[96]".

Seguindo na mesma direção, Maurício Tragtenberg critica a suposta "humanização na empresa" sob os métodos administrativos da escola de relações humanas, insistindo no sentido das relações sociais antagônicas que fundam o capitalismo:

> Na empresa capitalista, administração ainda é sinônimo de "capital" personificado. Portanto, a relação entre administração e operário na empresa capitalista nada mais é que uma transfiguração da relação entre capital e trabalho (...) Empresa não é só o local físico onde o trabalho excedente cresce às expensas do necessário, o palco da oposição de classes; é também o cenário da inculcação ideológica. Neste sentido, empresa é também aparelho ideológico[97].

É no sentido apontado nos estudos de Tragtenberg, Aubert e Gaulejac, Pagès *et al.* que os novos padrões de dominação de classe impõem-se nos locais de trabalho, nos diferentes setores da economia. Ali se recriam táticas e artifícios para aperfeiçoar as condições de intensificação e disciplina do trabalho, que substituem o caráter

---

[95] AUBERT, N. e GAULEJAC, V. *Le coût de l'excellence*. Paris: Seuil, 1991, p. 84.
[96] PAGÈS, M. *et al*. *O poder das organizações*. São Paulo: Atlas, 1993, p. 98.
[97] TRAGTENBERG, M., *Op. Cit.*, p. 25.

abertamente despótico da organização taylorista de trabalho por formas muitas vezes sutis de controle e de pressão por produtividade, que almejam conquistar o *comprometimento* e a *adesão* dos trabalhadores às estratégias de lucro das empresas. Premiação (e penalização) vinculada ao cumprimento de metas, muitas vezes como instrumentos de programas de "remuneração variável"; um eficiente e sofisticado sistema de comunicação empresa-trabalhador, por meio de jornais, revistas, boletins via Internet ou vídeos de ampla circulação nos ambientes de trabalho; programas de treinamento com componentes nitidamente ideológicos, direcionados para a "assimilação da cultura da empresa" pelo trabalhador; programas de "qualidade total", são alguns dos mecanismos concebidos para que o trabalhador mobilize toda a sua energia física, afetiva e psíquica para o capital.

Em especial, a criação de equipes de "qualidade total" nos locais de trabalho é um importante instrumento ideológico patronal. Com a suposta finalidade de estimular a participação dos trabalhadores em decisões da empresa, especialmente as relativas à racionalização do processo de trabalho, as equipes "de qualidade", que se difundem nos diversos setores econômicos, cumprem uma função dupla. Por um lado, ao receberem a incumbência de conceber formas produtivas mais racionais, permitem uma maior apropriação, pelo capital, do saber prático acumulado pelo assalariado. Por outro, devem substituir ou enfraquecer as organizações sindicais por local de trabalho, tentando se credenciar como instrumento mais adequado para as manifestações e reivindicações dos trabalhadores, relativas ao cotidiano produtivo.

Por seu lado, o sistema de "remuneração variável" também aperfeiçoa as formas de exploração da força de trabalho, à medida que possibilita ao capital um rigoroso controle sobre o trabalhador, ao mesmo tempo em que esgarça a noção de coletivo. *Tudo se passa como se o trabalhador, individualmente ou em sua equipe de trabalho, determinasse os próprios rendimentos*, a partir de seu desempenho pessoal e do desempenho de seus companheiros, relativamente às metas do programa. O estabelecimento arbitrário das normas que regem o programa e das metas a serem cumpridas, o conteúdo ideológico e autoritário dos critérios que fundamentam as avaliações do desempenho dos trabalhadores, o estímulo ao individualismo e à competição entre colegas, todas as táticas de poder que permeiam tais programas ficam, em grande medida, obscurecidas diante da necessidade imperiosa da produtividade para o capital.

No chamado "setor de serviços", cada vez mais privatizado, os mecanismos coercitivos das empresas são muitas vezes deslocados para fora dos ambientes laborais, no discurso patronal. As exigências e a coação para o aumento da produtividade e da "eficácia" do trabalho são atribuídas aos movimentos e às pressões da concorrência mercadológica, esvaziando-se, desse modo, o controle burocrático típico do taylorismo. Em estudo sobre a mudança nas formas de organização do trabalho em uma grande empresa telefônica norte-americana, na qual as trabalhadoras passavam a se responsabilizar diretamente por determinados segmentos da clientela, Dominique Pignon e Jean Querzola destacam o aumento da produtividade do trabalho e a redução de erros na realização das atividades, como resultado imediato da reorganização empreendida, a qual permitia que a dominação do capital sobre o trabalho se exercesse por meio do mercado: "as empregadas não se acham mais diante do patrão responsável (...), mas diante do conjunto de clientes, diante do mercado[98]".

Entre os trabalhadores e as trabalhadoras dos bancos, cujo objeto de labor é a mercadoria-dinheiro – a forma mais abstrata e vazia do mundo das mercadorias, como assinalou Marx –, a dominação capitalista do trabalho ganha um significado particular no contexto de financeirização da economia e da reestruturação produtiva do capital. Na atualidade, sob a volátil forma de impulsos eletrônicos, a mercadoria-dinheiro circula pelo mundo em *tempo virtual* e os bancários operam e manipulam símbolos de valor cada vez mais abstratos, sem qualquer domínio da finalidade e do produto de sua atividade[99].

As transformações produtivas nos bancos conjugam uma intensa automatização do trabalho, métodos *flexíveis* de organização, ter-

---
[98] PIGNON, D. e QUERZOLA, J. "Ditadura e democracia na produção", In GORZ, A., *Crítica da divisão do trabalho*, 2ª ed., São Paulo: Martins Fontes, 1989, p. 110.

[99] JINKINGS, N. "Brazilian bank tellers: between the fetishism of money and the cult of excellence", *Latin American Perspectives*, Issue 115, vol. 27, nº 6, Riverside: nov., 2000.

ceirização, programas de "qualidade total" e de "remuneração variável", para incrementar os níveis de exploração e de produtividade do trabalho. Enquanto aumentam aceleradamente o desemprego e o subemprego no setor, os bancários, como milhões de outros trabalhadores no mundo dominado pela reestruturação capitalista neoliberal, vivem a *intensificação do trabalho* e a *instabilidade do emprego* em seu cotidiano laboral.

Mas a degradação de suas condições de trabalho e a violenta pressão por produtividade que marca os ambientes de trabalho ficam em grande medida mascarados pelos artifícios mistificadores das novas formas de controle e disciplinação do trabalho, baseadas nas "leis" do mercado. Na década de 1980, as chamadas "chefias intermediárias" personificavam, de modo inequívoco, o poder organizacional nos ambientes bancários e, muitas vezes, praticavam formas despóticas e arbitrárias de supervisão do trabalho, amplamente denunciadas na imprensa sindical. Na atualidade, ao controle burocrático do trabalho sobrepõe-se uma outra forma de autoridade, que submete aos movimentos da concorrência e aos "desejos" do mercado o ritmo e o conteúdo das tarefas executadas. Sob um discurso institucional que insiste na "qualidade do atendimento" e na "busca da excelência de serviços e produtos", o trabalhador é coagido a incorporar o ideário do capital. *É necessário que ele represente-se, na qualidade de elemento do processo produtivo, não como encarnação do trabalho assalariado que se defronta antagonicamente ao capital, mas como o próprio capital personificado*[100].

Para amplos segmentos da classe trabalhadora, os movimentos da reestruturação capitalista neoliberal repercutem intensamente em suas formas de luta históricas contra a exploração do capital. Em um contexto político e econômico hostil às suas ações de defesa de classe, as possibilidades de afloramento de uma consciência sindical entre eles ficam mais reduzidas. Tolhidos pelos altos índices de desemprego e de subemprego e pelas estratégias anti-sindicais e anti-sociais dos governos neoliberais, fragmentados pelos processos de terceirização e de

---

[100] JINKINGS, N. *Trabalho e resistência na "fonte misteriosa"*: os bancários no mundo da eletrônica e do dinheiro. Campinas/SP: Editora da Unicamp, 2002.

automatização do trabalho, pressionados pelas normas e metas dos programas de "qualidade total" e de "remuneração variável", submetidos a formas mistificadoras de controle e gestão do trabalho, vivendo a sobrecarga de tarefas e a instabilidade do emprego em seu cotidiano laboral, muitos trabalhadores distanciam-se da luta sindical e política.

Os sindicatos e demais órgãos de representação da classe trabalhadora experimentam um período de refluxo, em escala mundial, acuados pelo quadro de precarização social e dominância do mercado sobre as condições de emprego e salário e confrontados diariamente pela ofensiva neoliberal contra os direitos sociais e do trabalho[101]. Sem conseguir se contrapor aos fundamentos da dominação capitalista do trabalho, atuam defensivamente, desenvolvendo formas de ação reativas, que se baseiam cada vez menos na ampla participação e mobilização dos trabalhadores.

Notas finais

Nosso estudo procurou mostrar que a reestruturação capitalista contemporânea incide sobre a totalidade das condições de produção e de reprodução social do capital e do trabalho, aprofundando e tornando mais complexos os mecanismos de apropriação econômica e dominação política que fundamentam as relações sociais capitalistas.

Analisamos o modo como se engendram as relações de dominação e de antagonismo próprias do capitalismo, à medida que se desenvolvem as contradições e os impasses históricos do regime. E nos referimos às formas que assumiram os encadeamentos e as conexões entre a sociedade e o Estado, nos diferentes momentos deste desen-

---

[101] Para um estudo dos impactos das reformas e políticas neoliberais européias sobre as ações de resistência dos trabalhadores e sua organização sindical, consultar especialmente: MCILROY, J. "O inverno do sindicalismo", In ANTUNES, R. (Org.), *Neoliberalismo, trabalho e sindicatos* – Reestruturação produtiva no Brasil e na Inglaterra. São Paulo: Boitempo, 1997. DANFORD, A. "The 'new industrial relations' and class struggle in the 1990s", *Capital & Class*, nº 61, Londres: 1997. WADDINGTON, J. "Les syndicats au royaume-uni depuis 1979: expérience néo-libérale et réformes", *Sociologie du Travail*, nº 2, Paris: Dunod, 1998.

volvimento. Isto porque os sucessivos processos de reorganização do capital e de seu sistema de dominação de classe, que buscaram enfrentar as contradições e tendências de crise do capitalismo ao longo de sua história, implicaram profundas mudanças na vida social e nas configurações de poder político-econômico. Foi a compreensão desta relação necessária entre formas de ação do Estado, práticas políticoeconômicas, reformas socioculturais e modos de vida e trabalho que levou Gramsci a concluir, referindo-se às novas formas produtivas introduzidas com o fordismo, que elas são indissociáveis de um "modo específico de viver e de pensar e sentir a vida".

Na atualidade, a mundialização financeira e os novos padrões de dominação de classe que, sob o predomínio neoliberal, buscam recriar em novas bases as condições da expansão capitalista, transformam todas as esferas da sociabilidade em espaços do capital. Todo o modo de vida e de trabalho deve ser condicionado, organizado e determinado segundo a dinâmica do mercado e da iniciativa privada. O culto do individualismo, da "competitividade", da "excelência", da "eficácia" invade o dia-a-dia de pessoas e coletividades nas mais longínquas localidades do mundo. Cada vez mais distanciado das políticas sociais, o Estado torna-se mais comprometido com o capital transnacional, convertendo-se em uma espécie de "aparelho administrativo das classes e grupos dominantes, ou dos blocos de poder predominantes em escala mundial", como assinala Ianni[102]. A dimensão regressiva e os custos sociais e políticos deste projeto de sociabilidade que se diz irreversível concretizam-se, para milhões de trabalhadores em todo o globo, no desemprego estrutural, na queda dos rendimentos do trabalho assalariado, na eliminação de conquistas sociais, no ataque sistemático às suas formas de organização sindical e política.

Nos locais de trabalho, a reestruturação produtiva do capital materializa os desígnios políticos e econômicos do neoliberalismo e sua ofensiva contra o trabalho. Articula tecnologia informacional e processos *flexíveis* de organização do trabalho – que eliminam grande quantidade de postos de trabalho e aumentam significativamente os índices de produtividade – a formas manipuladoras e sutis de

---

[102] IANNI, O., *Op. Cit.*, 2000, p. 58.

controle e gestão para *intensificar as condições de exploração da força de trabalho* e construir o trabalhador que *pensa e age em nome do capital*, na expressão de Ricardo Antunes.

A análise que apresentamos sugere que as relações de antagonismo, alienação e dominação próprias do capitalismo ficam mais mistificadas, com as novas formas produtivas que obscurecem os mecanismos coercitivos do capital e esvaziam o controle burocrático nos ambientes de trabalho. Por meio de programas de "qualidade total" e de "remuneração variável" são introduzidos artifícios para maior intensificação, disciplina e integração ideológica do trabalho, que marcam e tensionam o dia-a-dia de labuta. Estas novas formas de dominação, que buscam converter-se em meios de canalização energética para o capital, aperfeiçoam e potencializam o controle do trabalho. Os altos índices de desemprego e subemprego incrementam uma população trabalhadora supérflua para as necessidades da reprodução do capital, que se converte em instrumento importante da exploração capitalista e regula, inclusive, a relação salarial.

As possibilidades das lutas de resistência da classe trabalhadora ficam mais reduzidas no contexto da reestruturação produtiva do capital, sob transformações que destroem as mediações coletivas das relações de trabalho. As tendências de queda nos níveis de sindicalização e de redução na quantidade de movimentos grevistas em países capitalistas centrais e periféricos, na década de 1990, são expressões da atual fragilização da organização política e sindical dos trabalhadores e do refluxo de suas ações conflituais. Seja pelas condições sociais, políticas e econômicas que marcam a realidade mundial das últimas décadas, seja pela intensa mudança organizacional, tecnológica e gerencial nos ambientes produtivos, as organizações constitutivas dos movimentos de rebeldia da classe trabalhadora (sindicatos, partidos, associações) atuam defensivamente diante da ofensiva do capital e do Estado neoliberal contra o trabalho.

Mas, como revelam as análises críticas das contradições do capitalismo contemporâneo, as condições essenciais da luta histórica dos trabalhadores contra a dominação capitalista permanecem presentes nos ambientes laborais, onde os mecanismos mistificadores do capital são diariamente questionados ou desmascarados pela realidade concreta de exploração exacerbada do trabalho.

Capítulo 4

MERCADO DE TRABALHO, CONTROLE FABRIL E CRISE DA ORGANIZAÇÃO OPERÁRIA

Noela Invernizzi

A partir de uma ampla recompilação de pesquisas realizadas em seis setores da indústria brasileira entre 1980 e 2000, avaliamos os impactos da reestruturação produtiva sobre a força de trabalho[103]. Argumentamos, a partir dessa rica base empírica, que é visível na indústria brasileira o desenvolvimento de uma nova forma de controle do operariado, mais adequada às atuais condições de produção e de concorrência. Ela se evidencia nas transformações significativas experimentadas a) no seu *perfil técnico*, revelando uma nova maneira de utilizar a força de trabalho; b) no seu *perfil comportamental*, exigindo-se dos trabalhadores novas atitudes e formas de relacionamento com as gerências e com os demais trabalhadores; e c) no seu *perfil político*, resultado de uma reconfiguração das relações entre capital e trabalho. Neste artigo, argumentamos que as atuais condições do mercado de trabalho, caracterizadas por alto desemprego, variadas formas de subemprego, precarização e transformações na distribuição territorial do emprego, tornam-se fatores disciplinadores que reforçam o desenvolvimento dessa nova forma de controle do trabalho, penetrando no próprio âmbito fabril. O texto divide-se em três partes. Na primeira, apresentamos algumas informações sobre o mercado de trabalho industrial. Em seguida, analisamos como o medo do desemprego, da precarização, da obsolescência da qualificação e da exclusão entre os trabalhadores gera uma forte concorrência entre eles. Veremos como o mercado de trabalho atua como força coadjuvante para o funcionamento das novas propostas de organização e gestão que repousam no envolvimento, no autocontrole e no controle interpares. Na terceira seção, exploramos como a crescente heterogeinização dos trabalhadores no mercado de trabalho, pela proliferação de distintos tipos de vínculos de emprego e de diferenças regionais, assim como a individualização e concorrência induzidas pelo afã de manter o emprego, contribuem para diferenciar interesses e para debilitar a organização coletiva dos trabalhadores. Finalizamos com a apresentação das conclusões.

Palavras-chave: mercado de trabalho industrial; heteriogeneização dos trabalhadores; precariação.

---

[103] Os abundantes dados empíricos que fundamentam os argumentos aqui expostos são detalhadamente apresentados em Invernizzi (2000). Eles foram organizados seguindo o critério setorial, abrangendo as seguintes indústrias: automobilística, de eletrodomésticos de linha branca, química-petroquímica, têxtil, de calçados e de equipamentos para telecomunicações.

A realidade disciplinadora do mercado de trabalho

O novo ciclo recessivo, iniciado a partir de 1995, piora o quadro do desemprego. O mercado de trabalho urbano expandiu-se significativamente no Brasil a partir dos anos 50, acompanhando a crescente industrialização. O assalariamento acelerou-se nos anos do "milagre", absorvendo massas de migrantes rurais[104]. Todavia, uma intensa heterogeneidade o caracterizou desde então, refletida no ampliado leque salarial, nos altos índices de rotatividade e nos baixos salários. A crise dos anos 80 marcaria o final dessa fase expansiva. Do ponto de vista do emprego e da renda, houve uma deterioração das condições gerais do mercado de trabalho, marcadas pelo lento crescimento do emprego formal, pelo aumento do trabalho autônomo e do emprego informal e pela forte reduçãodos níveis salariais. Nos recorrentes ciclos recessivos surgiria, ainda, o desemprego aberto (BALTAR, DEDECCA e HENRIQUE, 1996[105]; MATTOSO e BALTAR, 1996[106]).

Contudo, é nos anos 90 quando se operam as transformações mais significativas do mercado de trabalho. Esse se vê estruturalmente afetado pelas mudanças que ocorrem na base produtiva, aceleradas como conseqüência da abertura comercial iniciada em 1990. No que se refere ao mercado de trabalho industrial, essas transformações podem ser sintetizadas em cinco tendências principais, enumeradas a seguir.

---

[104] Conhece-se como época do "milagre" o período que se inicia em meados dos anos 60 e se encerra no final da década de 1970, caracterizado por uma forte industrialização e altas taxas de crescimento da economia brasileira.

[105] BALTAR, P. E. de A., DEDECCA, C. S. e HENRIQUE, W. Mercado de trabalho e exclusão social no Brasil. In: OLIVEIRA e MATTOSSO, J. (Orgs.) *Crise e trabalho no Brasil. Modernidade ou volta ao passado?* São Paulo: Scritta, 1996. p. 87-108.

[106] MATTOSO, J. e. E BALTAR, P. E. de A. *Transformações estruturais e emprego nos anos 90.* Cadernos do CESIT, 21:1-23, 1996.

- A indústria perde dinamismo como geradora de emprego, o que contribui para uma tendência ao desassalariamento.

- O emprego industrial, encolhido, se redistribui regionalmente, provocando forte desemprego em áreas tradicionalmente industrializadas e criando novos focos de crescimento em regiões em processo recente de industrialização.

- Cresce o emprego informal, associado às práticas de subcontratação desenvolvidas a partir das grandes empresas. E, no emprego formal, aumenta o peso relativo dos empregos gerados pelos estabelecimentos de menor porte, que tendem a perder qualidade em termos de salários, benefícios, proteção social e estabilidade.

- Muda o perfil da força de trabalho empregada em relação ao nível de escolaridade e idade como resultado das mudanças que se estão operando nas empresas.

- O mercado de trabalho exclui, de forma permanente, um conjunto significativo de trabalhadores.

Não procederemos a detalhar cada uma dessas tendências em si, mas a analisá-las, nas seções seguintes, fazendo o recorte que nos interessa: como elas atuam como forças disciplinadoras, articulando-se com os processos de controle da força de trabalho que estão se desenvolvendo no âmbito fabril e contribuindo para debilitar a organização do operariado.

O risco de exclusão

A década de 90 iniciou-se com uma queda da produção industrial e uma queda, em maior proporção, do emprego. Quando, em 1993 e 1994, a indústria – liderada pelos setores de bens de consumo duráveis – retoma o crescimento, o emprego não se recupera (BALTAR, 1996[107]). Isso marca o início de uma nova situação: o "crescimento

---

[107] BALTAR, P. E. de A. Estagnação da economia, abertura e crise do emprego urbano no Brasil. *Economia e Sociedade*. 6:75-111, 1996. p.75-111.

sem emprego", reflexo das mudanças estruturais advindas do aprofundamento da reestruturação produtiva. Esse descompasso entre a evolução da produção e a do emprego explica-se pelo avanço dos processos de terceirização, pelo aumento da incidência de componentes importados e pelos aumentos de produtividade obtidos através da reorganização interna das empresas e a incorporação de inovações tecnológicas e organizacionais, fenômenos que se aprofundam nos anos seguintes à abertura comercial (LIMA, 1995[108]; CARVALHO e BERNARDES, 1996[109]; MATTOSO e BALTAR, 1996[110]; SINGER et al., 1996[111]; BALTAR et al., 1996[112])[113].

O novo ciclo recessivo, iniciado a partir de 1995, piora o quadro do desemprego, consolidando a tendência à exclusão de um setor da força de trabalho. Como se observa no Quadro 1, o desemprego aberto aumentou na última década.

Quadro 1 — Média das taxas mensais de desemprego aberto

1991	1992	1993	1994	1995	1996	1997	1998	1999	2000	2001	2002*
4,8	5,8	5,3	5,5	4,7	5,4	5,6	7,6	7,5	7,1	6,2	6,9

Fonte: PME- IBGE — série sazonalmente ajustada
* Até julho 2002

Naturalmente, a Região Metropolitana de São Paulo, por concentrar a maior parte da indústria, também registra o desemprego mais alto. No final do primeiro semestre de 2002 estimava-se o nú-

---

[108] LIMA, M. H. *Análise estrutural do emprego e dos rendimentos na indústria de transformação de São Paulo*. DOP/DPPA/FIESP, São Paulo: mimeo, 1995. p. 1-43.
[109] CARVALHO, R. Q. e BERNARDES, R. Reestruturação industrial, produtividade e desemprego. *São Paulo em Perspectiva* 10 (1):2-12, 1996.
[110] *Op. Cit.*
[111] SINGER, P. et al. Globalização e emprego. *Novos Estudos CEBRAP*, 45:133-145, 1996.
[112] *Op. Cit.*
[113] Embora nem todos esses fatores revelem aumentos efetivos da produtividade do trabalho, as inovações organizacionais e a incorporação, ainda que seletiva, de novas tecnologias começaram a adotar envergadura e impactos capazes de traduzir-se nos indicadores agregados de produtividade (CARVALHO e BERNARDES, 1996).

mero de desempregados na região em 1,855 milhão, o que corresponde a uma taxa de desemprego de 19,7 % (SEADE/DIEESE). O aumento vertiginoso do tempo de procura de emprego é outro indicador do caráter estrutural e permanente do desemprego (Cf. Quadros 2 e 3).

Quadro 2 – Taxa de Desemprego, segundo Tipo de Desemprego. Região Metropolitana de São Paulo – 1985-2000

Em porcentagem

Tipos de Desemprego	Taxas de Desemprego Anos															
	1985	1986	1987	1988	1989	1990	1991	1992	1993	1994	1995	1996	1997	1998	1999	2000
Total	12,2	9,6	9,2	9,7	8,7	10,3	11,7	15,2	14,6	14,2	13,2	15,1	16,0	18,2	19,3	17,6
Aberto	7,6	6,0	6,3	7,0	6,5	7,4	7,9	9,2	8,6	8,9	9,0	10,0	10,3	11,7	12,1	11,0
Oculto	4,6	3,6	2,9	2,7	2,2	2,9	3,8	6,0	6,0	5,3	4,2	5,1	5,7	6,5	7,2	6,6
Oculto pelo Trabalho Precário	2,9	2,0	1,7	1,8	1,5	2,0	2,9	4,6	4,7	4,0	3,3	3,8	4,2	4,6	5,1	4,6
Oculto pelo Desalento	1,7	1,6	1,2	0,9	0,7	0,9	0,9	1,4	1,3	1,3	0,98	1,3	1,5	1,9	2,1	2,0

Fonte: SEP. Convênio SEADE-DIEESE. Pesquisa de Emprego e Desemprego

Quadro 3 – Tempo médio despendido pelos desempregados na procura de trabalho, segundo tipo de desemprego

Em semanas

Tipo de Desemprego	Tempo Despendido na Procura de Trabalho Anos															
	1985	1986	1987	1988	1989	1990	1991	1992	1993	1994	1995	1996	1997	1998	1999	2000
Desemprego Total Média	25	17	14	15	15	16	18	23	26	25	22	24	28	35	44	48
Desemprego Aberto Média	22	15	13	14	13	14	16	19	22	21	18	21	24	30	39	41
Desemprego Oculto Média	30	19	17	20	22	22	24	28	31	31	29	29	35	42	53	60

Fonte: SEP. Convênio SEADE-DIEESE. Pesquisa de Emprego e Desemprego

Ante essa situação, o medo do desemprego paira sobre todos os trabalhadores, inclusive sobre os de cargos "de confiança", como os supervisores, que também se tornaram excedentes como conseqüência dos processos de *downsizing* das empresas e da implantação de novos métodos organizacionais. Entretanto, como veremos, algumas categorias de trabalhadores estão mais instáveis e ameaçadas do que outras, e, ao mesmo tempo em que o desemprego aumenta na região de São Paulo, vagas se abrem em outras regiões do país, provocando novas disparidades.

O risco de precarização

As taxas de desemprego aberto, argumenta Posthuma (1999)[114], não ilustram a natureza profunda do ajuste no mercado de trabalho que ocorreu no Brasil durante os anos 90. O setor informal tem servido como amortecedor contra o impacto da reestruturação. A autora mostra que, em 1997, 60 % da população trabalhadora podia ser considerada informal, incluindo as modalidades de trabalho por conta própria, serviços domésticos e assalariados sem registro em carteira de trabalho. O Quadro 4 mostra que o emprego assalariado sem carteira assinada tende a crescer num ritmo mais acelerado do que o emprego assalariado formal em várias regiões metropolitanas.

---

[114] POSTHUMA, A. C. Transformações do emprego no Brasil da década de 90. In: POSTHUMA, A. (Org.). *Abertura e ajuste do mercado de trabalho no Brasil*. São Paulo/Brasília: OIT/MTE, Editora 34, 1999. p.11-32.

Quadro 4 – Índice de trabalhadores assalariados no setor privado com carteira assinada e sem carteira assinada nas regiões metropolitanas – 1997-2002

Período	São Paulo (1)		Porto Alegre (2)		Distr.Federal (3)		B. Horizonte (4)		Salvador (5)		Recife (6)	
	C/cart.	S/cart.	C/cart.	S/cart.	C/cart.	S/cart.	C/cart.	S/cart.	C/cart.	S/cart.	C/cart.	S/cart.
Jun 97	102.6	198.9	95.2	70.8	111.9	116.8	104.5	102.6	110.4	102.6	-	-
Jun 98	102.2	188.2	93.8	73.8	110.2	117.9	107.1	94.0	109.2	100.2	95.8	106.8
Jun 99	99.3	200.0	97.0	89.2	107.8	121.1	101.3	96.0	115.5	103.9	101.8	106.0
Jun 00	101.1	230.0	97.0	94.6	120.1	128.3	106.8	107.9	126.9	112.2	106.3	112.8
Jun 01	106.6	230.0	108.2	128.5	132.3	143.7	112.7	106.0	133.9	117.5	112.5	111.1
Jun02	107.7	227.9	105.9	111.5	n.d.	n.d.	116.4	113.8	136.8	118.4	112.8	113.7

Fonte: DIEESE
*Dados disponíveis de março a dezembro de 1997.

O emprego "de qualidade", aquele oferecido pelas grandes empresas, com os maiores níveis salariais, benefícios e proteção legal, vem reduzindo-se. Considere-se, por exemplo, o caso das montadoras de automóveis recentemente instaladas no país – intensivas em capital e pouco geradoras de emprego direto – assim como também a redução de empregos nas empresas públicas, objeto de forte racionalização prévia e posterior aos processos de privatização, como exemplarmente mostra o setor petroquímico. As ofertas (insuficientes) de emprego provêm, então, nos últimos tempos, de empresas menores, que assumem parte da produção terceirizada pelas primeiras. Como, com freqüência, a elas são repassadas as parcelas menos rentáveis da produção, ou sofrem fortes pressões das contratantes para reduzir custos, sua sobrevivência se dá, em grande medida, às custas de contratar trabalhadores em condições mais precárias, oferecendo salários mais baixos, poucos ou nenhum benefício adicional, e não raro, sem cumprir com a legislação trabalhista e tributária (MATTOSO e BALTAR, 1996[115]; DEDECCA, 1996[116]; CARLEIAL, 1997[117], CASTRO e DEDECCA, 1998[118]). Uma pesquisa que estamos desenvolvendo atualmente na região metropolitana de Curitiba, que segue as trajetórias ocupacionais desse tipo de trabalhador em risco permanente de precarização e de desemprego, mostra que os empregos precários caracterizam-se pela alta rotatividade, pela duração muito curta dos empregos, pelas funções desqualificadas e por salários muito baixos, raramente acompanhados de algum benefício.

Longe de disseminar as "melhores práticas produtivas" – como tem sido proposto por algumas interpretações modelares da reestru-

---

[115] *Op. Cit.*

[116] *Op. Cit.*

[117] CARLEIAL, L. M. F. Reestruturação industrial, relação entre firmas e mercado de trabalho: as evidências na indústria eletro-eletrônica na Região Metropolitana de Curitiba. In: CARLEIAL, L. M. F. e VALLE, R. (Orgs.). *Reestruturação produtiva e mercado de trabalho no Brasil.* São Paulo: Hucitec/ABET, 1997. p. 296-333.

[118] CASTRO, N. A. e DEDECCA, C. S. Flexibilidade e precarização: tempos mais duros. In: CASTRO, N. A. e DEDECCA, C. S. (Orgs.). *A ocupação na América Latina*: tempos mais duros. São Paulo: ALAST/SERT, 1998. p. 9-18.

turação produtiva –, esse tipo de articulação entre empresas ao longo da cadeia produtiva é responsável por um processo de precarização do trabalho (ABRAMO, 1998[119]). Ao risco da exclusão pura e simples soma-se o risco da precarização. Uma parte dos trabalhadores assalariados está transitando no caminho da paulatina deterioração das condições de emprego e de vida; muitos outros estão ameaçados de vir a sofrer essa deterioração.

O risco de obsolescência

Além da realidade adversa do mercado de trabalho em relação à escassa geração de emprego e à perda de qualidade das ofertas, os trabalhadores se defrontam com novas exigências técnicas, educacionais, comportamentais e políticas para obter um emprego.

O novo perfil técnico do trabalhador, adequado aos processos produtivos em reestruturação, torna inempregável uma parte da população. À medida que a reestruturação se aprofunda, alguns setores assalariados se defrontam com a obsolescência de suas qualificações e sua inserção no mercado torna-se instável. De forma geral, as categorias tradicionais de operários manuais e de ofícios são as mais afetadas pela introdução de novas tecnologias, como também os ofícios ligados à base técnica eletromecânica. Assim, por exemplo, na indústria têxtil e na metal-mecânica, trabalhadores com esse tipo de ofício foram empurrados para empresas pequenas, pouco modernizadas. A radical mudança da tecnologia metal-mecânica para digital na indústria de telequipamentos também reduziu o emprego nos ofícios metal-mecânicos. Assalariados que desempenhavam funções de organização da produção, como os mestres, e na inspeção da qualidade, foram poupados pelas mudanças organizacionais. Entretanto, as chefias intermediárias, cargos "de confiança" ligados aos antigos sistemas de controle do trabalho, estão em queda, à me-

---

[119] ABRAMO, L. Um olhar de gênero: visibilizando precarizações ao longo das cadeias produtivas. In: ABRAMO, L. e ABREU, A. (Orgs.). *Gênero e Trabalho na Sociologia Latino-americana*. São Paulo: ALAST/SERT, 1998. p. 39-61.

dida que se difundem as novas práticas de autocontrole do trabalho e de planejamento da produção.

É cada vez mais generalizada a exigência do ensino fundamental completo como nível mínimo para contratação. Isso exclui definitivamente as pessoas analfabetas e escassamente escolarizadas, que até poucos anos atrás constituíam boa parte da força de trabalho[120]. O excesso de oferta de trabalho está possibilitando uma relativamente rápida adequação do perfil da mão-de-obra através de um processo seletivo, no qual o nível de escolaridade tornou-se um critério fundamental de exclusão. Pesquisa realizada por Rodrigues (1995:39-40)[121] observou que entre 1989 e 1994, operou-se a "primeira etapa do processo de qualificação do emprego formal no país", que ocorreu através da redução da participação no emprego de pessoas com nível elementar, a expansão dos trabalhadores de nível médio e a estabilidade daqueles com nível superior, acompanhada de uma queda do nível total de emprego formal. Os estratos menos escolarizados foram os mais penalizados, seja pela exclusão definitiva, seja pela alta rotatividade e baixos rendimentos auferidos nos empregos. Como resultado disso, segundo dados do SEADE-DIEESE, 47% dos desempregados em 1998 eram pessoas com escolaridade fundamental incompleta.

Os estudos setoriais realizados mostraram que o aumento das exigências de escolaridade no ingresso e o desenvolvimento extensivo de programas de escolarização supletiva nas empresas, somados aos processos de demissão que vêm ocorrendo, estão exercendo permanentes pressões para a atualização educacional dos trabalhadores. Aqueles de mais idade, muitos semi-analfabetos, com menores chances de retornar à escola, estão sendo os mais excluídos ou precarizados. Há também contingentes de jovens que estão eliminados desde o início do mercado formal de trabalho e dos melhores empregos: aqueles que não freqüentaram ou abandonaram a escola.

---

[120] Em 1993, 2/3 da força de trabalho industrial paulista tinha, no máximo, 4 anos de escolarização (LEITE, E. 1994).
[121] RODRIGUES, M. C. P. Brasil: evolução do emprego formal urbano nos anos 90. *Texto para Discussão CEEG* –Fundação Getúlio Vargas, 7: 1-45, 1995.

As exigências em termos de perfil comportamental e político, por sua vez, tendem a excluir os trabalhadores militantes e aqueles que, por razões de personalidade, se negaram a integrar-se às novas formas de gestão participativa ou a mostrar-se cooperativos com a nova filosofia empresarial. Muitos estudos de caso, em diversas indústrias, mostraram que foram eles os primeiros a serem demitidos nas ondas de enxugamento dos anos 80 e 90.

Nesse contexto, muitos trabalhadores se defrontam com novos medos: a escolaridade escassa, a obsolescência de sua qualificação, a "inadequação" do seu perfil atitudinal e, inclusive, a condenação latente que implica um passado de militância sindical.

A explicitação dos riscos

A aceleração do processo de reestruturação produtiva, ao longo da década de noventa, tem colocado os trabalhadores frente a frente, ao entrar cada dia na fábrica, com os fatos que lhes anunciam explicitamente os riscos de perder o emprego ou de passar a uma situação de emprego precária. Em intervalos curtos de tempo, os trabalhadores têm visto mudar, às vezes, de forma radical, os locais de trabalho. Novas máquinas requerem operários mais escolarizados, freqüentemente mais jovens e familiarizados com a informática, enquanto os velhos maquinistas foram dispensados. As mudanças organizacionais não apenas racionalizaram o trabalho, mas envolveram os próprios trabalhadores na busca de idéias e sugestões, que muitas vezes contribuem para eliminar postos de trabalho. Sua implementação foi, com freqüência, precedida por demissões que afetaram principalmente os trabalhadores militantes ou potencialmente resistentes às novas regras do jogo, explicitando-se que a resistência ou a discordância não seriam toleradas nem negociadas. As estratégias de focalização e subcontratação conduziram ao fechamento de linhas inteiras de produção, encolhendo drasticamente o tamanho das fábricas. Muitos trabalhadores tiveram que aceitar novos empregos de menor qualidade ou partiram para o trabalho por conta própria ou para o setor informal. A fábrica, mais enxuta, passou a enfrentar as flutuações da demanda contratando trabalhadores temporários, que, embora trabalhem lado a lado com trabalhadores estáveis, recebem menos e estão sujeitos à permanente rotatividade entre distintos empregos, alternados com períodos de desemprego. Como se essa situação que se vivencia no próprio chão de fábrica não fosse suficientemente explícita, as empresas adotam discursos e respostas às reivindicações trabalhistas que reforçam o medo do desemprego e da degradação do emprego. Assim, por exemplo, tudo passa a ser condicionado à possibilidade de a empresa subcontratar a produção, fechar a fábrica ou mudar sua localização, desde a *performance* individual e coletiva, entremeado pelos índices de produtividade e qualidade, até as perdas salariais, ou a redução de benefícios. O discurso da empresa ora chama à colaboração, ao envolvimento, a unificar interesses, "porque estamos todos no mesmo barco", ora se torna coercitivo, ameaçando os trabalhadores com a fila de desempregados que está logo ali, na porta da fábrica. Mais ainda, os trabalhadores escutam no discurso de consultores, nas palestras motivacionais e na televisão um novo conceito que substitui o de emprego, o da empregabilidade, que absolve a crise, a política econômica, a concentração de renda e outros problemas econômicos e sociais e culpa os próprios trabalhadores por sua obsolescência e sua incapacidade de correr atrás de um emprego e de mantê-lo.

Da concorrência pelo emprego à concorrência para manter-se empregado

Alguns aspectos das novas formas de organização e gestão do trabalho abrigam potencialidades humanizadoras para os trabalhadores. Assim, por exemplo, o trabalho em grupos, aos quais se delegam certas decisões e, às vezes, capacidade de auto-organização, eliminando a figura coercitiva do supervisor, pode ser considerado um aspecto libertador do trabalho, quando comparado à maior subordinação técnica dele ao capital na organização taylorista-fordista. Da mesma forma, a ampliação de funções pela polivalência e a responsabilização do trabalhador pela qualidade do produto redundam numa maior participação no processo produtivo, em novos conhecimentos e habilidades, num trabalho menos monótono e – uma questão muitas vezes salientada pelos trabalhadores – na possibilidade de uma maior realização, satisfação e reconhecimento no trabalho. Não obstante, a grande quantidade de pesquisas revisadas converge em mostrar que na conjuntura atual, em que o mercado de trabalho é fortemente adverso aos trabalhadores e em que sua capacidade de barganha se encontra debilitada, muitas dessas potencialidades positivas tendem a transformar-se no seu contrário, induzindo comportamentos individualistas e competitivos que desagregam os laços coletivos de solidariedade entre os trabalhadores. À concorrência pelo emprego, segue a concorrência por manter-se empregado.

Vale a pena analisar os mecanismos que produzem tais formas de concorrência, individualismo e diferenciações entre os trabalhadores no chão de fábrica. Embora com níveis de desenvolvimento diferentes nos setores estudados, é importante salientar que esses mecanismos têm uma presença significativa na indústria brasileira, indicando que constituem aspectos específicos de um novo sistema de controle fabril da força de trabalho que está se difundindo.

O caráter individualizante e diferenciador das políticas de gestão

Comecemos analisando como alguns aspectos das políticas de gestão da força de trabalho que as empresas estão desenvolvendo, especialmente nos últimos dez anos, tendem a provocar notórias diferenciações entre o coletivo operário e de que forma elas contribuem para estimular a concorrência entre os trabalhadores.

Um primeiro aspecto que cabe destacar a partir dos estudos setoriais é a emergência de um novo sistema de remuneração, em que uma parte variável adota crescente importância em relação ao salário fixo. Por enquanto, ele está sendo utilizado de forma mais desenvolvida – o que implica estar acoplado a estruturas de cargos e planos de carreira substantivamente transformados – nas empresas que empreenderam processos de reestruturação produtiva mais profundos; mas diferentes formas de remuneração diferencial são cada vez mais adotadas pelas empresas nos diversos setores. A questão chave nesse novo sistema é que a parte variável da remuneração vincula-se ao desempenho pessoal do trabalhador, sendo os aspectos comportamentais, além de sua qualificação e produtividade, particularmente avaliados. Dessa forma, introduz-se um fator de individualização crescente nas relações de assalariamento, em oposição ao sistema salarial baseado nas classificações de cargos – em que a igual cargo correspondia igual salário[122] –, e um incentivo à concorrência entre trabalhadores para ascenderem individualmente a melhores condições de remuneração, em contraste com as reivindicações e lutas coletivas. Nas atuais circunstâncias, para garantir tanto seu emprego como uma maior remuneração, um trabalhador deve demonstrar o melhor desempenho, o maior compromisso, sua sintonia com os objetivos da empresa etc., *vis-à-vis* seus colegas, numa preocupação individual e competitiva por "mostrar serviço". Parte da intensificação do trabalho a que assistimos atualmente, difundida sem exceção em todos os setores industriais estudados, não decorre da imposição da máquina, ou da organização, ou das pressões das chefias (embora todos esses fatores sejam, sem dúvida, importantes): ela também é auto-imposta. Da mesma forma, a maior flexibilidade da força de trabalho, no sentido de ela se disponibilizar a trabalhar horas-extras não-remuneradas ou a realizar cursos fora do horário de trabalho, não decorre de mudanças na legislação trabalhista nem da cruzada civilizadora dos empresários pela responsabilização do trabalhador, mas, em grande medida, do afã de cada indivíduo por manter seu emprego.

Na indústria automobilística a remuneração variável e a participação nos resultados foram utilizadas, especialmente pelas grandes empresas, como elementos motivadores do envolvimento e cooperação dos trabalhadores, necessários ao funcionamento dos Programas de Qualidade Total (PQTs). Também na indústria petroquímica

---

[122] Entretanto, diferenciações creditáveis à discriminação de gênero e étnicas sempre existiram.

– em relação aos seus assalariados diretos –, as formas de avaliação e retribuição foram sendo crescentemente atreladas ao desempenho individual, reforçando o comprometimento dos trabalhadores com os objetivos das empresas. Nas empresas de telequipamentos, a remuneração variável sujeita ao rendimento individual e das equipes de trabalhadores está muito difundida e constitui uma ferramenta eficiente para assegurar seu envolvimento com o acelerado ritmo de trabalho e com a produção de qualidade. Já em indústrias como a de eletrodomésticos de linha branca e a têxtil, essa nova forma de remuneração é bastante incipiente; não obstante, os bônus e prêmios por produtividade funcionam com a mesma finalidade. O pagamento por sugestões, praticado em todos os setores, é mais um elemento que tende a diferenciar e individualizar as remunerações.

Além dos salários diferenciados, os estudos setoriais mostraram que outras formas de contrapartida ao envolvimento individual – promoções, acesso a treinamento, retribuições materiais não monetárias e simbólicas – estão em franca difusão na indústria. Elas também não escapam da lógica individualista. O reverso da mesma política se aplica aos trabalhadores resistentes às novas práticas, que, em todos os setores analisados, foram as primeiras vítimas das demissões, explicitando-se, assim, que a participação repousa não apenas em estímulos, mas também na coerção.

Quanto às novas políticas de carreira, além de levarem em conta aspectos como formação e proficiência técnica, atrelam fortemente as promoções a aspectos de conduta, premiando e incentivando a adoção dos comportamentos considerados adequados. Isso não foi apenas observado em setores em que o novo sistema de controle está amplamente desenvolvido, como, por exemplo, a indústria petroquímica, a automobilística, a de telequipamentos, mas também em empresas de setores onde a reestruturação não foi tão profunda, como o de linha branca.

Outro aspecto de destaque nas novas políticas de gestão é que elas não são uniformes dentro da empresa. São diferenciadas, porque nela coexistem distintos grupos de trabalhadores, em função de sua qualificação, da posição mais ou menos estratégica que ocupam no processo produtivo, do caráter permanente ou temporário do vínculo de emprego e do fato de se agregarem, ainda, outras diferenciações mais "clássicas" como as decorrentes do gênero e da etnia. Algumas contrapartidas ao comprometimento, em especial os treinamentos mais aprofundados, a estabilidade e as perspectivas de promoção, não atingem toda a força de trabalho, mas apenas ao "núcleo qualificado" ou "força de trabalho central" das empresas melhor inseridas no mercado. As empresas investem muito menos, ou não investem, em treinar, estimular ou manter aqueles trabalhadores com vínculos mais instáveis[123].

As políticas de gestão, no interior das empresas, e o desemprego e subemprego, pressionando de fora, estão confluindo numa crescente individualização dos trabalhadores. Ambos fomentam estratégias individuais para manter o emprego, encontrando na incitação das empresas ao comprometimento um veículo para esse objetivo. Essas estratégias fragilizam o poder coletivo dos trabalhadores ao diferenciar seus interesses e, ao mesmo tempo, são o resultado da perda desse poder nos anos 90.

O estímulo à concorrência através da organização do trabalho

As formas de organização da produção materializam em si mesmas elementos constitutivos da estrutura de controle do trabalho, criando vias preferenciais para o desenvolvimento das ações dos trabalhadores na execução do seu trabalho. Além de instaurar novas

---

[123] As indústrias automobilísticas, petroquímica e de telequipamentos são as que apresentam maiores diferenciações internas entre seus assalariados. Na automobilística, vários autores apontaram a existência de um núcleo qualificado e flexível de trabalhadores que se destaca dos demais em termos de qualificação, estabilidade e salários. Já a força de trabalho do complexo químico-petroquímico está atravessada por múltiplas e profundas segmentações, em que se superpõem diferentes níveis de qualificação, diferentes formas de contratação, diferentes níveis salariais e acesso a benefícios. O setor de telequipamentos mostra uma particular diferenciação interna entre um grupo masculino alocado nas funções mais complexas e estratégicas e outro feminino, que realiza as funções classificadas como menos qualificadas. Embora nem sempre as mulheres estejam excluídas das contrapartidas das políticas de gestão, elas têm menores condições de acesso a elas e gozam de menor estabilidade.

formas de produzir e novos critérios de qualidade, as concepções organizacionais que estão se difundindo na indústria brasileira constituem outro mecanismo gerador de competitividade, diferenciações e contradições no seio do coletivo operário, contribuindo para transformar as relações dos trabalhadores entre si e com o capital. As mudanças organizacionais, como outros aspectos da reestruturação produtiva, foram escassamente negociadas com os trabalhadores quando consideramos a indústria no seu conjunto. Sua implantação, imposta de cima, teve no papel disciplinador exercido pelo desemprego um aliado importante.

Os aspectos mais difundidos dos novos critérios organizacionais – a maioria de origem japonesa e suas variantes nipo-americanas – nos setores estudados da indústria brasileira são a organização celular da produção ou outras formas semelhantes de trabalho em grupos (não se enquadram aqui algumas raras experimentações de grupos semi-autônomos), o sistema de clientes internos e as ferramentas de controle de qualidade que permitem o rastreamento de defeitos, especialmente o CEP (Controle Estatístico de Processo). Contudo, a articulação e a integração dessas técnicas de organização em Programas de Qualidade Total, em sistemas de suprimento ou fornecimento de peças e partes *just-in-time* e com os novos meios tecnológicos e informáticos, são muito variáveis entre os setores e, inclusive, entre empresas do mesmo setor. Embora os impactos sobre a produtividade e a qualidade possam variar muito de acordo com o grau de organicidade na aplicação desses novos critérios organizacionais, chamou-nos a atenção que, independentemente disso, sua utilização está provocando impactos similares sobre os trabalhadores nos distintos setores.

Nos setores estudados, pudemos observar que, pelo menos até agora, o trabalho em equipe tendeu a fomentar mais os aspectos de controle entre os trabalhadores e as contradições internas do que práticas de solidariedade que fortalecessem os vínculos entre eles. Comecemos, então, sintetizando as observações sobre os efeitos do trabalho em grupos ou células. Nesses esquemas, as metas de qualidade e produtividade são colocadas para cada equipe, estabelecendo-se distintos níveis e formas de controle.

Em primeiro lugar, se dá o *controle intragrupo*. Os trabalhadores pressionam uns aos outros para intensificar o ritmo de trabalho, a fim de assumir uma maior carga de serviço quando membros da equipe se atrasam ou faltam, ou quando ocorrem problemas, controlando o rendimento e a qualidade do trabalho dos seus colegas, visando ao atingimento das metas. Cumprir as metas pode significar uma compensação material ou moral ou, ainda, a chance de a equipe e seus membros serem avaliados pelas chefias como produtivos, e, assim, garantirem seu lugar em meio à contração dos empregos.

Não surpreende que, quando os resultados da equipe não são bons, os trabalhadores se culpem uns aos outros pelos erros ou exijam o afastamento dos membros que não consideram suficientemente produtivos ou engajados, tal como relatam algumas pesquisas. Também não surpreende a difusão, no jargão dos trabalhadores de várias indústrias e em vários Estados, da expressão "morcego", usada para designar aquele colega que tem um rendimento menor e por isso "chupa o sangue dos outros".

Tais práticas mostram-se, assim, bastante alheias à solidariedade, complementação e camaradagem que, no senso comum, evoca a expressão "trabalho em equipe". Na conjuntura de alto desemprego e de perda do poder operário essas formas de trabalho reforçam o individualismo e geram tensões e contradições entre os membros das equipes. Esses acabam assumindo funções patronais de controle e de repressão aos colegas que faltam, ou que não se envolvem, ou não atingem os limites de suas capacidades de trabalho. Nos casos mais extremos, é encomendada à equipe a função de discutir e indicar demissões de colegas.

O trabalho em grupos ou células e, com ele, as formas de controle intertrabalhadores mencionadas, estão muito difundidos na indústria automobilística, na indústria de telequipamentos e no complexo químico-petroquímico[124]. Esse modo de trabalho começa tam-

---

[124] Nas empresas das primeiras gerações petroquímicas, em função das particularidades do processo produtivo, o trabalho em equipe adota um caráter diferente, mais efetivamente baseado na colaboração interna, enquanto o controle tecnológico dos trabalhadores assume papel fundamental.

bém a ser usado em empresas das indústrias de linha branca e têxtil e está se difundindo rapidamente, embora de forma muito instrumental e associado a elementos da organização taylorista-fordista, na produção de calçados.

Em segundo lugar, o trabalho em grupos provoca fortes pressões que levam a internalizar atitudes de *autocontrole* entre os trabalhadores. Esse desenho organizacional facilita a avaliação de cada trabalhador pelos outros, a personalização das responsabilidades, a transparência nos erros. A possibilidade de ser cobrado, culpado, exposto, de ser afastado da equipe por sugestão dos próprios colegas não apenas afeta a auto-estima do trabalhador, mas também alimenta seu temor sempre latente de perder o emprego, marcando, novamente, a conexão entre o desenho organizacional e o papel disciplinador do desemprego. A essas pressões que conduzem ao autocontrole se somam, como veremos em seguida, ferramentas especificamente concebidas para tal finalidade.

Em terceiro lugar, ocorre um controle *entre grupos*, através da concorrência que as gerências estimulam entre eles. Os "campeonatos de qualidade", "torneios de produtividade" etc., entre os *times* – adota-se uma linguagem do meio esportivo, no qual a competição é algo intrínseco –, os tornam adversários entre si, envolvendo-se na consecução das metas da empresa. Como nos eventos desportivos, os times ganhadores são objeto de prêmios e de exibição.

Ao mesmo tempo em que aumenta a produtividade e a intensidade do trabalho, a concorrência intergrupos reforça a cadeia de controle para trás: dos grupos entre si, entre os membros dos grupos e de cada trabalhador sobre si mesmo. Isso tudo provoca fraturas e contradições entre os trabalhadores, aumenta seus atritos cotidianos relativos ao trabalho e ao modo como fazê-lo, tornando assim mais tênues os fatores de identidade coletiva.

As formas de autocontrole, controle interpares e controle entre equipes são reforçados pelas ferramentas de controle da qualidade e sistemas de rastreamento de erros. Os esquemas cliente-fornecedor, o CEP, os cartazes *andon*, o uso de etiquetas identificatórias colocadas nos produtos em fabricação são todos mecanismos que objetivam avaliar a performance dos trabalhadores, individual e coletivamente. Assim, por exemplo, nos esquemas cliente-fornecedor, muito utilizados, a equipe/trabalhador cliente avalia o desempenho da equipe/trabalhador fornecedor/a, facilitando a identificação de problemas e seus responsáveis. O CEP, amplamente difundido em vários setores e cadeias produtivas estudados, é uma ferramenta concebida para o autocontrole do trabalho, que torna facilmente mensurável o desempenho individual e explicita as fontes de falhas. As etiquetas identificando quem realizou determinadas operações são outra fonte de visibilidade da *performance* e falhas individuais. Enfim, outros instrumentos de avaliação e transparência são os cartazes *andon*, ou as luzes verde, amarelo e vermelho, para assinalar a situação dos postos de trabalho ou a exposição pública de peças com defeitos.

Note-se que todas essas funções de avaliação de desempenho, de controle de qualidade e de identificação das fontes de falhas eram antes exercidas de fora, por um cargo de chefia ou por assalariados de confiança da empresa, que se diferenciavam claramente por seu cargo, função e remuneração dos demais trabalhadores. Mas esses assalariados foram notoriamente reduzidos em todos os setores pesquisados, e agora suas funções são realizadas, embora não exclusivamente, pelos próprios trabalhadores da produção. Entretanto, *com essa delegação de responsabilidades, foram também transferidos os conflitos e contradições que envolvem toda função de controle e avaliação.*

Finalmente, não podemos deixar de assinalar que as funções de controle exercidas pelos novos equipamentos e pela informática são outra fonte de transparência sobre o desempenho dos trabalhadores. Embora a utilização de novas tecnologias não fosse a via mais privilegiada na reestruturação da maioria dos setores estudados, elas têm um peso muito importante na indústria petroquímica, em numerosas empresas do setor automobilístico e de telequipamentos, contribuindo ativamente para as funções de controle da força de trabalho.

Nessa nova realidade do chão de fábrica, desenhada pelas novas políticas de gestão e os novos critérios de organização e respaldada pelas novas tecnologias, multiplicam-se as diferenciações, os atritos e as condutas individualistas e competitivas no interior da classe trabalhadora. De certa forma, obscurecem-se as contradições entre capital e trabalho, que parecem passar a um segundo plano, por trás das pressões e dos conflitos cotidianos a que estão expostos os trabalhadores na produção. O discurso ideológico chamando ao engajamento pessoal dos trabalhadores, engajamento indispensável para que todo esse mecanismo funcione, apela para a busca do consenso sobre valores individualistas e meritocráticos e se irradia a partir da noção de qualidade, apresentada como meta a ser perseguida e desejável para todos. Os esforços e investimentos realizados para transmitir esses valores e forjar novas atitudes nos trabalhadores não são nada desprezíveis, segundo mostraram os estudos nos distintos setores. Entretanto, a mudança que está em curso no sistema de controle do trabalho não pode creditar-se ao simples convencimento ou cooptação ideológica dos trabalhadores; ela repousa nos mecanismos objetivos descritos e se alimenta de uma realidade adversa e excludente, que força o trabalhador a aceitar as novas regras do jogo para manter-se empregado. É a reunião de todos esses elementos que viabiliza a nova forma de controle.

Convencidos ou forçados pelas circunstâncias, o certo é que a introjeção das metas de produtividade da empresa pelos trabalhadores gera individualismo e competitividade, "*joga um trabalhador contra outro*", no dizer de um sindicalista químico. Esse conjunto de fatores tende a reforçar o domínio político do capital sobre o trabalho, na mesma medida que fragiliza os laços de solidariedade e a percepção dos aspectos de identidade do coletivo operário. Isso, é claro, dependerá do tipo de relações industriais prevalecentes nas diferentes empresas.

Da heterogeinização das situações de emprego à debilitação da ação coletiva

Há ainda outra dimensão em que podemos considerar a crescente heterogeinização das condições de emprego como elemento constitutivo do novo sistema de controle do trabalho. Na medida em que tendem a diferenciar-se as condições de trabalho e de vida da classe trabalhadora e, portanto, seus interesses e expectativas, debilitam-se a organização e o poder dos sindicatos e a ampliação das formas existentes de organização coletiva para as novas regiões industriais é dificultada. Consideraremos, a seguir, como os diferentes tipos de inserção no mercado de trabalho, assim como a abertura de novas fronteiras industriais constituem uma base objetiva para a diversificação de interesses e fragmentação da organização operária.

A diversificação de interesses e a fragmentação da organização operária

Como vimos anteriormente, a situação do mercado de trabalho não se resume a emprego e desemprego. Partindo dos "bons empregos" – aqueles com salários acima da média da indústria, com benefícios adicionais que elevam o nível de remuneração, de tempo integral, com certa garantia de estabilidade, acesso a treinamento, condições adequadas de higiene e segurança e cumprimento dos direitos trabalhistas –, pode ser constatada a proliferação de uma pluralidade de vínculos empregatícios, que se caracterizam pela deterioração relativa de algumas ou de todas essas qualidades dos "bons empregos", até chegarmos na situação de perda absoluta, isto é, o desemprego. Temos ainda as categorias de trabalho informal e por conta própria, que se vinculam à indústria através das redes de subcontratação. Assim, o mercado de trabalho se assemelha a uma série de círculos concêntricos, onde há fortes barreiras à entrada no núcleo – representado pelos "bons empregos", possuídos por um grupo qualificado de trabalhadores –, mas onde existe circulação e mobilidade entre os demais anéis, representativos das restantes múltiplas configurações do trabalho assalariado e de algumas formas de trabalho autônomo, e que constituem a massa de força de trabalho flexível, mais ou menos flutuante, mais ou menos precarizada, em boa medida criada pela atual reestruturação produtiva. Próximos das bordas, temos os trabalhadores em trânsito para a exclusão e os já excluídos, principalmente os adultos analfabetos e semi-analfabetos, cujo retorno ao mercado de trabalho é cada vez menos viável.

Tais diferenciações no emprego contribuem para criar uma forte heterogeneidade dentro da classe trabalhadora. Naturalmente, a classe operária também era heterogênea antes de iniciar-se a reestruturação, mas não no nível e formas em que o é agora. Assim, por exemplo, as diferenciações mais comuns eram aquelas entre trabalhadores dos distintos ramos industriais; mas, atualmente, como destacam Cardoso e Comin (1995)[125], essa heterogeneidade se amplia aos trabalhadores num mesmo ramo. Inclusive, a fabricação de um mesmo produto, que antes se concentrava numa única empresa, com condições de trabalho relativamente uniformes para todos os trabalhadores, se desdobra em muitas fábricas, cada uma mantendo uma relação com seus assalariados com características próprias.

As condições de trabalho e de vida muito diferenciadas vividas pelo conjunto dos assalariados empregados, e pelos desempregados intermitentes e permanentes constituem as bases para a fragmentação dos seus interesses. Some-se a isso o temor generalizado ao desemprego e as políticas anti-sindicais que, como mostraram múltiplos estudos de caso, praticam muitas empresas, e teremos algumas das causas da crise que mingua e desmobiliza os sindicatos.

Há ainda outras formas pelas quais a reestruturação produtiva afetou a organização sindical. A condição de existência dos sindicatos são categorias de trabalhadores que permaneçam no tempo, que se reproduzam enquanto trabalhadores. Essa condição está perdendo sustento pelo crescente desassalariamento, pelo desemprego e pela instabilidade dos vínculos de emprego. O enfrentamento sindical das crescentes perdas de empregos tem sido fonte de contradições. Muitas vezes os sindicatos são levados a incorporar como seus os interesses do capital, pois isso pode garantir a sobrevivência do emprego (que depende da sobrevivência da empresa) e, com

---

[125] CARDOSO, A. M. e COMIN, A. A. Câmaras setoriais, modernização produtiva e democratização nas relações de trabalho no Brasil: a experiência do setor automobilístico. In: CASTRO, N. (Org.). *A máquina e o equilibrista. Inovações na indústria automobilística brasileira*. Rio de Janeiro: Paz e Terra, 1995. p. 388-400.

ela, tanto a permanência das bases de sustentação do sindicato como a das bases de reprodução dos trabalhadores individualizados. Isso, porém, tem se mostrado problemático, gerando condições para o individualismo e a autodestruição das bases de solidariedade e, inclusive, a constituição de grupos corporativos entre os trabalhadores "centrais" (CARDOSO e COMIN, 1995[126]).

Outro fator que contribui para a desmobilização sindical é que as grandes empresas, sua base fundamental, estão reduzindo o número de empregados como conseqüência da terceirização e da incorporação de tecnologias e métodos mais produtivos, e as empresas terceiras, geralmente de menor porte, menos burocratizadas e freqüentemente com uma relação mais próxima com seus funcionários, dificultam a organização. As práticas de subcontratação, enfim, criam uma categoria de trabalhadores flutuantes inter-ramos produtivos, e essa volatilidade não encontra amparo na estrutura sindical existente, por categoria. Como assinala Abramo (1998)[127], as formas de identidade, solidariedade, organização, ação e negociação tradicionalmente existentes (no nível da fábrica, categoria ou setor) não conseguem conter o novo trabalhador coletivo que se constitui ao longo das cadeias, que é um trabalhador fortemente segmentado em termos de suas condições objetivas e subjetivas de trabalho.

Finalmente, devemos considerar a perda da identidade de trabalhadores assalariados que vão experimentando as pessoas desempregadas e subempregadas. Essa perda tem uma base real e objetiva, posto que esses trabalhadores *tendem a desvincular-se do relacionamento direto com o capital* e passam a constituir um grupo excluído, vítima do capitalismo, mas não individual e diretamente da exploração capitalista do trabalho assalariado. Esses trabalhadores não encontram, nos sindicatos atuais, lugar para suas reivindicações embora esses reivindiquem, de forma geral, políticas de emprego.

---

[126] Op. Cit..
[127] Op. Cit..

Todos esses fatores de diferenciação que emergem da complexa configuração do mercado de trabalho alimentaram a crise dos sindicatos. Surpreende constatar que num lapso de mais ou menos dez anos, categorias fortemente organizadas perderam filiados, organização e combatividade. No conjunto dos setores analisados, a negociação de aspectos da reestruturação produtiva é um fato bastante excepcional, concentrado notoriamente nas montadoras de automóveis e algumas empresas líderes de outros setores. Inclusive, nos anos 90, observa-se uma clara tendência à fragmentação por empresa da negociação coletiva, o que reforça a heterogeneidade de condições de emprego ao longo das cadeias produtivas. Essa escassa negociação da reestruturação produtiva com os trabalhadores organizados é um indicador claro da mudança na correlação de forças entre capital e trabalho, que se operou no Brasil durante os últimos dez anos. Outro indicador significativo e ilustrativo é a redução do número de greves e de grevistas. Vejamos alguns dados sobre isso no Quadro 4.

Quadro 4 – Redução do número de greves e de grevistas – Brasil

Período	São Paulo (1) C/cart.	São Paulo (1) S/cart.	Porto Alegre (2) C/cart.	Porto Alegre (2) S/cart.	Distr.Federal (3) C/cart.	Distr.Federal (3) S/cart.	B. Horizonte (4) C/cart.	B. Horizonte (4) S/cart.	Salvador (5) C/cart.	Salvador (5) S/cart.	Recife (6) C/cart.	Recife (6) S/cart.
Jun 97	102.6	198.9	95.2	70.8	111.9	116.8	104.5	102.6	110.4	102.6	-	-
Jun 98	102.2	188.2	93.8	73.8	110.2	117.9	107.1	94.0	109.2	100.2	95.8	106.8
Jun 99	99.3	200.0	97.0	89.2	107.8	121.1	101.3	96.0	115.5	103.9	101.8	106.0
Jun 00	101.1	230.0	97.0	94.6	120.1	128.3	106.8	107.9	126.9	112.2	106.3	112.8
Jun 01	106.6	230.0	108.2	128.5	132.3	143.7	112.7	106.0	133.9	117.5	112.5	111.1
Jun02	107.7	227.9	105.9	111.5	n.d.	n.d.	116.4	113.8	136.8	118.4	112.8	113.7

Fonte: DIEESE
*Dados disponíveis de março a dezembro de 1997.

Observamos que não apenas decai o número de greves, especialmente a partir de 1992, em que começam a sentir-se os duros impactos do ajuste pós-abertura, mas também, de forma muito mais notória, o número de trabalhadores que se mobiliza nessas greves. Esse último dado reflete, em alguma medida, a própria redução do emprego, mas outros elementos estão envolvidos. Provavelmente, esses números também evidenciam uma perda de poder de liderança e de representação dos sindicatos, com a óbvia conseqüência de perda de efetividade da medida de greve. A política de privatização de empresas estatais, que eram bases fortes do novo sindicalismo, deve ter incidido também nessa queda das mobilizações.

O avanço da fronteira industrial e a diferenciação regional da classe trabalhadora

O avanço da fronteira industrial, pela instalação de empresas em novas regiões, é um fenômeno internacional que se verifica como uma resposta à crise. Na busca de condições mais favoráveis à valorização, a relocalização de investimentos industriais originou um processo de transformação da geografia industrial. Isso, naturalmente, alterou de forma significativa a distribuição do emprego.

No Brasil, é observável a partir dos anos 70 uma perda relativa do peso das regiões mais industrializadas – as áreas metropolitanas de São Paulo e Rio de Janeiro –, surgindo novos centros industriais dinâmicos numa área ampliada em torno do Estado de São Paulo. Segundo Diniz (1993)[128], esse processo de desconcentração foi relativamente contido dentro de um polígono definido pelas cidades de Belo Horizonte, Uberlândia, Londrina/Maringá, Porto Alegre, Florianópolis e São José dos Campos. As novas indústrias de alta tecnologia, por sua vez, tenderam a localizar-se no interior do esta-

---

[128] DINIZ, C. C. Desenvolvimento poligonal no Brasil: nem desconcentração, nem contínua polarização. *Nova Economia*, 3 (1):35-57, 1993.

do de São Paulo, próximas dos centros de pesquisa civis e militares e das universidades.

As práticas de descentralização da produção relacionam-se com a exploração pelo capital de determinadas vantagens associadas a um novo uso do espaço econômico. Essas vantagens podem incluir, entre outras, a exploração de novos mercados; o aproveitamento de infra-estruturas mais baratas, de novas fontes de fornecimento de matérias-primas, do menor controle da legislação ambiental; a obtenção de benefícios fiscais oferecidos pelas administrações estaduais e municipais e vantagens relacionadas a políticas de desenvolvimento regional do Governo Federal. Entretanto, a utilização de força de trabalho mais barata e não-organizada aparece como um fator importante nesse processo, porque não apenas possibilita uma redução de custos, mas também uma *modificação das relações entre capital e trabalho*. A descentralização da produção pode ser utilizada como uma forma de combater os sindicatos dos grandes centros industriais. Assim, a ascensão do movimento sindical a partir do final dos anos 70, em São Paulo e no ABCD, foi um dos fatores que impulsionaram a descentralização industrial.

No caso das montadoras de carros, a relocalização configurou-se como uma ferramenta para imprimir um novo rumo nas relações capital-trabalho frente às dificuldades que os sindicatos do ABC, muito mais fortes que em outros setores, colocaram contra as estratégias mais diretamente anti-sindicais delas. Em sua localização tradicional, muitas montadoras tiveram que aceder a negociar com os sindicatos a reestruturação produtiva e, quanto mais fortes os sindicatos, mais lento e complexo foi o processo de mudanças, como indicou CARDOSO (1995)[129]. É significativo que um dos argumentos usados pelo governo do Paraná para atrair montadoras foi propagandear a ausência de greves no Estado[130].

---

[129] CARDOSO, A. M. Globalização e relações de trabalho na indústria automobilística brasileira. *Relatório de pesquisa CEBRAP*. São Paulo: mimeo, 1995.

[130] Dados do DIEESE apontam que a média de greves registrada no Paraná é efetivamente muito baixa: uma por mês. Apenas 13, 9% dos trabalhadores paranaenses são filiados a algum sindicato. Essa percentagem está bem abaixo da média da região sul, que é de 22,1%, e da média do Brasil, que é de 16,2%, segundo dados do IBGE (Folha de S. Paulo, 8/6/1997).

Ao mesmo tempo em que São Paulo e sua região metropolitana estão sofrendo uma aguda queda do emprego industrial, novos empregos estão sendo criados em outras regiões. Algumas cidades, situadas principalmente no sul e sudeste e algumas do norte e nordeste tiveram taxas de crescimento do emprego industrial 50% acima da média nacional entre 1970-1991. Manaus, Curitiba, Joinville, Fortaleza, Caxias do Sul, Belo Horizonte, Campinas e Salvador são alguns exemplos (DINIZ e CROCCO, 1996[131]). Contudo, o crescimento do emprego industrial em novas regiões não tem um potencial compensador do desemprego gerado na Grande São Paulo. Isso porque as unidades produtivas dos novos pólos industriais, por serem novas, tendem a ser mais automatizadas e racionalizadas.

A grande concentração de fábricas que foi se constituindo historicamente na região de São Paulo foi atraindo migrantes, expulsos da terra, alguns vindos de lugares paupérrimos, que chegaram à cidade à procura de uma vida melhor. Eles formaram um coletivo operário que partilhava, nas grandes fábricas e nos bairros operários, condições comuns de vida, trabalho e cultura, bases que foram consolidando sua organização em sindicatos. Atualmente, as tendências à relocalização da produção, à redução do tamanho das unidades fabris mais modernas e o aprofundamento da divisão social do trabalho entre as empresas estão conduzindo a uma crescente fragmentação, dispersão espacial e diversificação das condições culturais, de trabalho e de vida dos trabalhadores. Como resultado, as concentrações operárias se reduzem e as condições de trabalho, já marcadas pela diferenciação dos vínculos empregatícios, experimentam novas segmentações por regiões. Ao desemprego e perda de dinamismo do mercado de trabalho verificado nas regiões industriais tradicionais, opõe-se um florescimento, embora bastante mais limitado do que pretende a propaganda de vários Estados, de novas oportunidades de emprego, em outros lugares. Essa nova geografia da indústria está, assim, contribuindo para gerar novas contradições no interior da força de trabalho, en-

---

[131] DINIZ, C. C. e CROCCO, M. A. Reestruturação econômica e impacto regional: o novo mapa da indústria brasileira. *Nova Economia*, 6 (1):77-98, 1996.

tre aqueles afetados pelo desemprego em alta nas regiões abandonadas pelas empresas e aqueles favorecidos pela relocalização dessas ou instalação de novas empresas; entre setores do sindicalismo que propõem resistir a algumas práticas das empresas em suas localizações tradicionais e outros que temem que elas respondam às reivindicações operárias com uma relocalização da fábrica. É a "tirania da mobilidade do capital sobre o trabalho", nas palavras de Burawoy (1990, p. 159)[132].

Conclusões

Mostramos como a situação adversa que hoje caracteriza o mercado de trabalho brasileiro se articula com novas formas de controle da força de trabalho no âmbito fabril, não apenas ao exercer pressão sobre os salários, mas ao gerar uma forte concorrência pelo emprego que se estende ao interior da fábrica. Tal situação limitou a resistência dos trabalhadores à implantação de novas formas de utilização da força de trabalho, mais flexíveis e intensivas, assim como suas possibilidades de incidir na reorganização do trabalho, de modo a imprimir-lhe conteúdos mais favoráveis aos trabalhadores. Ao mesmo tempo, criou as condições para a obtenção do engajamento pessoal dos trabalhadores com os objetivos empresariais exigidos pelos novos métodos de organização e gestão. Esse engajamento e algumas de suas contrapartidas estão conduzindo a uma crescente individualização das relações entre capital e trabalho e entre trabalhadores, no meio dos quais afloram uma série de contradições e atritos, nutridos pelo medo de perder o emprego e pela incitação à uma concorrência pelo desempenho. Não menos importante é que o desemprego reinante tem colocado à disposição das empresas uma farta oferta de trabalhadores, dentre os quais pode ser realizada uma apurada seleção de acordo com as novas exigências técnicas, comportamentais e políticas. Finalmente, o desemprego e a diferencia-

---

[132] BURAWOY, M. *The politics of production*. Londres: Verso, 1990.

ção de situações de emprego dentro das empresas, entre empresas e entre regiões estão conduzindo a uma heterogeinização de interesses dentro da classe operária e a uma evidente perda de poder sindical. Essa perda de poder tem permitido à classe capitalista recompor seu domínio político sobre o trabalho, questão de suma importância no quadro de uma significativa intensificação das estratégias de reestruturação ocorrida nos últimos dez anos.

Capítulo 5

CURRICULUM VITAE EM TEMPOS DE EMPREENDEDORISMO E EMPREGABILIDADE

Lucídio Bianchetti

As transformações pelas quais vêm passando o mundo do trabalho nos anos mais recentes têm no processo de organização e apresentação do *curriculum vitae* dos candidatos a postos de trabalho uma das suas mais visíveis manifestações. Até meados dos anos 90 do século passado, predominou uma série de exigências do tipo cartorial, que obrigava os candidatos a apresentar seus volumosos currículos recheados de anexos comprobatórios. Essa maneira de organização das candidaturas a empregos predominou enquanto a relação entre diploma e profissão ou posto de trabalho apresentava um caráter de biunivocidade: a um determinado curso feito, correspondia diretamente um posto de trabalho ou uma carreira já cristalizada no mundo das profissões. O *curriculum vitae* passa por uma constrição, por um encolhimento, dispensando comprovações e, na mediação, ganham destaque as empresas de consultoria e/ou de recolocação profissional, com uma plêiade de técnicas para ajudar os candidatos na organização e apresentação dos seus currículos e na sua preparação às dinâmicas de grupo, às entrevistas, aos seus posicionamentos frente aos futuros possíveis empregadores e outras tantas estratégias e "pregações" simplesmente para os candidatos saírem-se bem na fase de candidatura ao emprego. A disseminação da internet inseriu mais complexidade a esse processo. Com uma intensidade sem precedentes, passa-se a dispensar os tradicionais "classificados" dos jornais para "procurar" profissionais ou para os candidatos "oferecerem-se" para empregos e os currículos passam a ser disponibilizados, em bancos de dados, com toda a potencialidade de divulgação que estes representam, bem como com os riscos de não saber quem terá acesso, assim como o destino que será dado às informações sobre os candidatos contidas nos seus currículos. Por fim, e para acrescentar mais preocupações para quem está procurando um emprego ou buscando reingressar no mercado de trabalho, a inovação mais recente nesta área diz respeito à dispensa de os candidatos enviarem ou apresentarem o seu currículo: no lugar deste é solicitada uma "proposta" que explicite o como, o quê ou em quê o candidato se propõe a contribuir com a empresa à qual está pleiteando uma vaga. São as novidades inseridas nesse campo – muitas delas revestidas de uma quase perversidade com os candidatos a empregos – com o predomínio da perspectiva teórico-prática do empreendedorismo e da empregabilidade, no contexto da qual a responsabilidade de conseguir um emprego, manter-se empregado ou reinserir-se no mercado de trabalho é exclusivamente do trabalhador.

Palavras-chave: Trabalho e educação; curriculum vitae; empregabilidade e empreendedorismo.

> "...dizem eles que as louças de barro
> deixaram de interessar, que já ninguém as quer,
> portanto também nós
> deixamos de ser precisos".
> (JOSÉ SARAMAGO, 2000)

> "O passaporte para o emprego perfeito
> não é mais o seu currículo.
> É o seu cartão de crédito."
> (CASSIO UTIYAMA ET AL., 2003)

O contexto do texto

A crise de acumulação do capital vem obrigando os donos dos meios de produção a enfrentá-la com a implementação de medidas racionalizadoras[133] que passam pela extinção de postos de trabalho e exigência de novas qualificações aos trabalhadores que querem ingressar, manter-se ou reinserir-se no chamado mercado de trabalho. E, neste contexto, ser empreendedor ou ter empregabilidade, hoje, apresenta-se como um desafio ou, melhor, como uma missão para titãs.

As transformações na base física e organizacional das empresas, a concorrência acirrada e outros tantos aspectos que caracterizam o atual momento do modo de produção capitalista têm provocado mudanças inimaginadas nos requisitos qualificacionais daqueles que

---

[133] Temos presente que essas medidas se configuram em um espectro bem mais amplo, abrangendo a estrutura da empresa como um todo, nos aspectos organizacionais e gerenciais, nas estratégias para garantir espaços no mercado, na nova base tecnológica (*hardware* e *software*) etc. No entanto, neste texto, focalizaremos preferencialmente as questões relacionadas à seleção/dispensa de trabalhadores, particularmente nas estratégias das empresas de consultoria.

se candidatam a ocupar postos de trabalho ou se empenham em abrir o seu "próprio negócio". Como decorrência disto, o documento que expressa a "carreira da vida" vem sofrendo inúmeras metamorfoses, seja no conteúdo, seja na forma de apresentação, evidenciando um território movediço, um mapa que pouca relação guarda com a trajetória de experiências, de trabalho e de formação dos candidatos. É como se as âncoras não mais encontrassem espaços ou pontos de fixação.

Se pensarmos o *curriculum vitae* como um território, a ele poderíamos aplicar a afirmação de Marx e Engels[134], segundo a qual "tudo que é sólido parece desmanchar-se no ar". Se o admitimos como uma representação-mapa daquilo que a pessoa viveu, fez e é (ou se considera!), podemos utilizar a metáfora de E. Hobsbawm[135], quando se refere às profundas, abrangentes e constantes transformações da nossa época, expressando que o mapa e o território não coincidem. Ou, conforme suas palavras, "os velhos mapas e cartas que guiavam os seres humanos pela vida individual e coletiva não mais representam a paisagem na qual nos movemos".

Neste trabalho focalizamos a questão do *curriculum vitae*, uma entre diversas mudanças que se impõem aos trabalhadores e aos técnicos e consultores de recursos humanos. Tomaremos como caso exemplar o processo de construção, os meios e as estratégias de apresentação dos *curricula*[136] por parte de candidatos a postos de trabalho. Nessa perspectiva, a análise de como são solicitados ou de como são construídos e apresentados os *curricula vitae* se mostra como um painel, como um termômetro para afe-

---

[134] Uma das versões desta tão repetida frase está assim expressa: "O que parecia sólido, desaparece; o que era sagrado é profanado, e finalmente, os homens são obrigados a encarar, com serenidade, suas condições de vida e suas relações recíprocas". Cf. MARX, K. e ENGELS, F. *Manifesto do Partido Comunista*. 6ª ed., São Paulo e Rio de Janeiro: Global, 1986, p. 22. Um dos principais meios de popularização desta frase acabou sendo a transformação dela em título de livro, feita por Marshall Berman, como veremos logo adiante.

[135] Cf. HOBSBAWM, E. *Era dos extremos. O breve século XX. 1914-1991*. 2ª ed., São Paulo: Companhia das Letras, 1996, p. 25.

[136] *Curricula* (latim): Plural de *curriculum*.

rir as oscilações na lei da oferta e da procura de profissionais e de empregos, bem como da mudança nas exigências de qualificação que afeta os trabalhadores.

Em termos de definição, a menção ao *curriculum vitae* significa a forma e o conteúdo por meio do qual um candidato a um posto de trabalho se apresenta ao possível contratante, com o registro da sua "carreira ou percurso da vida", conforme a etimologia da expressão latina. O *curriculum vitae* abarca, segundo o *Dicionário Aurélio*, o "conjunto de dados concernentes ao estado civil, ao preparo profissional e às atividades anteriores de quem se candidata a um emprego[137]".

De fato, algumas mudanças vêm sendo operadas pelos capitalistas e seus ideólogos, no sentido de incorporar dados e situações novas[138] que são apresentadas como atualizações imprescindíveis. A mudança, contudo, ocorre preponderantemente na forma. O conteúdo, porém, continua o mesmo, tal como sugere Lampedusa[139]: "Tudo muda para permanecer como está". A mudança não altera o *status quo* da ordem capitalista. Significa partir do pressuposto de que o *aggiornamento* empreendido não chega a alcançar, e muito menos ultrapassar o limiar que colocaria em risco a manutenção da lógica interna do modo de produção capitalista explicitada par-

---

[137] Evidentemente o leitor logo perceberá que vai uma distância grande entre esta definição e a gama de outros requisitos e outras situações que são abarcadas ou que se procura enquadrar naquilo que se entende hoje por *curriculum vitae*. Eis um exemplo de como a materialidade está muito além da linguagem corrente ou de como esta é limitada para englobar a complexidade da nova realidade do mundo do trabalho.

[138] Parece-nos que a metáfora da fagocitose seria adequada para entender esta postura do capital de apropriar-se das mudanças que poderia, em tese, colocar em risco o seu domínio. Embora originário da Biologia, pensamos ser este o melhor termo para caracterizar o que o capital faz com aquilo que o contraria ou com o que percebe de potencialmente aproveitável para seus desígnios no movimento social: fagocita, isto é, ingere e destrói ou metamorfoseia em seu benefício.

[139] Cf. a obra *O leopardo*, de Giuseppe Tomasi di Lampedusa (1896-1957). É dele a frase: "Mudemos para que tudo se mantenha como está". O livro foi publicado em 1958 e transformado em filme *(Il gattopardo)*, dirigido por Luchino Visconti, em 1963.

ticularmente na produção coletiva apropriada privadamente por uma classe. Com as mudanças nos *curricula*, imprimem-se ou assimilam-se retoques na forma, desde que o conteúdo se mantenha inalterado.

Na seqüência, indicaremos os propósitos que buscamos alcançar com este texto. Focalizamos num primeiro momento, em termos genéricos, o *curriculum vitae* numa perspectiva histórica, enfatizando o surgimento da necessidade da educação permanente, gerando a nova situação na qual não se configura mais a existência de um espaço/tempo para estudar/qualificar-se (escola/universidade) e outro tempo/espaço (empresa) para aplicar os conhecimentos construídos. Isto significa que o espaço/tempo para estudar e trabalhar se confunde e a construção da (re)qualificação do trabalhador transforma-se em um desafio a ser enfrentado a vida toda. A decorrência imediata é que, ao invés de falarmos de estudantes ou de trabalhadores como categorias distintas, precisamos falar em novos estudantes-trabalhadores ou trabalhadores-estudantes como uma só categoria vinculada a espaços/tempos de estudo/trabalho não mais distintos. Trabalhadores estudantes, preocupados em estar sempre se atualizando, é o novo requisito qualificacional que se traduz em conteúdos, métodos e, acima de tudo, atitudes.

Apresentamos, em seguida, uma série de situações concretas que evidenciam inúmeras maneiras de construir e apresentar os *curricula* por parte de quem busca produzir a existência, ocupando ou criando um posto de trabalho. Nessa seção do texto, buscamos tornar explícito que a situação de quem procura um emprego, metaforicamente falando, assemelha-se àquela do/a enteado/a que busca, por todas as formas e meios agradar o/a padrasto/madrasta, mas nunca faz o suficiente. Caracterizamos este estágio na vida de uma pessoa – a busca permanente de empregar-se ou manter-se empregada – como sendo uma síndrome, uma vez que os seus sintomas são múltiplos e os seus efeitos de largo espectro.

Para tanto, faremos uso dos cadernos Classificados, de Encartes e Cadernos Especiais de jornais[140], principalmente de São Paulo (*Folha de S. Paulo*) e de Florianópolis. Destaque também será dado a algumas revistas, como é o caso da Revista *ISTOÉ* e às Revistas *Exame* e *Você S.A*[141], da Abril. Nesses veículos estão contidas excelentes pistas para compreender a situação de quem já está empregado, do que é necessário fazer para manter-se, e os dilemas enfrentados por milhões de jovens que pretendem, pela primeira vez, ocuparem ou criarem um lugar no chamado mercado de trabalho. Evidentemente, focalizaremos estes indicadores cientes de que eles são manifestações fenomênicas, situando-se na condição caracterizada por Karel Kosik de "pseudoconcreticidade", definido-a como "um claro-escuro de verdade e engano"[142].

Serão evidenciados também alguns paradoxos relacionados a essas tão alardeadas mudanças, apresentando alguns exemplos e,

---

[140] Como já apontávamos em nossa tese de doutorado *Da chave de fenda ao laptop. Um estudo sobre as qualificações dos trabalhadores na Telecomunicações de Santa Catarina (TELESC)*, defendida junto à PUC/SP em 1998, temos consciência de que jornais e revistas são fontes que devem ser relativizadas enquanto suporte teórico e até mesmo empírico, dado o seu caráter de precariedade e provisoriedade. No entanto, não podemos deixar de considerar que estamos diante de uma realidade nova, em ebulição. Por isto acreditamos ser necessário levar essas fontes em conta, principalmente como indicadores de uma tendência atual. Como reforço desta posição, faremos duas citações. Howard M. Wachtel, no prefácio do seu livro *Os mandarins do dinheiro*, diz: "As melhores fontes de informação foram os artigos de jornalistas da área econômica e financeira." E conclui citando Susan Strange, autora de um livro sobre o papel da Inglaterra na economia mundial: "Sem recortes de jornais, jamais teria sido possível escrever esta história." A obra de Wachtel foi publicada pela Nova Fronteira, em 1988. Por sua vez, Nicolas Negroponte destaca: "Bob Lucky, o conhecido autor, engenheiro e vice-presidente de pesquisa aplicada da Bellcore (o antigo braço de pesquisa exclusivo das sete Bells regionais, as RBOCS), observou recentemente que, para se atualizar acerca dos avanços tecnológicos, deixou de ler publicações acadêmicas; em vez disso, lê o *Wall Street Journal*. Uma das melhores maneiras de visualizarmos o futuro da indústria do 'bit' é fixar nosso telescópio na bolsa de valores dos Estados Unidos." Cf. a obra *Vida digital*. São Paulo: Companhia das Letras, 1995, p. 77. Reforçamos por fim que, para este trabalho, estamos buscando evidenciar tendências que emergem e são captadas por estes meios de comunicação.

[141] Esta é uma revista que chegou a vender 400 mil exemplares mensais logo que foi lançada. Hoje, já são menos de 300 mil. Ocorre que as "formulas infalíveis" que não se concretizam vão perdendo o apelo.

[142] Cf. KOSIK, K. *Dialética do concreto*. 2ª ed., Rio de Janeiro: Paz e Terra, 1976.

particularmente, fazendo um cotejo supra-secular, entre Leonardo Da Vinci (séc; XV) e o Beto de Florianópolis (séc. XX).

O *curriculum*: breves antecedentes

No decorrer da história, a seleção a postos de trabalho ou de comando veio sendo realizada com base em diversas formas e estratégias. Dos primórdios da história da humanidade até o período de predomínio da burguesia, o *curriculum vitae* incluiu a força física, complementada com armas de diversos calibres e alcance. Com o tempo, além da demonstração de força física, foram acrescentados outros atributos ou "competências" para garantir "empregabilidade". Destas passou a fazer parte a esperteza, a descendência ou o pertencimento a uma família. O nepotismo desempenhou um lugar singular no preenchimento de postos de trabalho ou de comando, sobretudo aqueles que possuíam gratificações especiais por cargo, seja em forma de dinheiro, prestígio ou poder. De origem quase divina, a meritocracia foi instituída e passa a ser o fundamento número um do passaporte para o acesso ao trabalho ou ao exercício de funções de comando.

Com o passar do tempo, e com ênfase até período recente, foi instituída a necessidade de comprovação: no serviço público ou em empresas privadas o acesso passa a ser regulado por concursos ou outras estratégias de seleção e desencadeia-se uma forma de organização e apresentação dos *curricula* que, além de seguir um roteiro no qual deveriam ser registrados os cursos freqüentados e as experiências profissionais pregressas, o candidato, compulsoriamente, tinha que comprovar o que estava afirmando. Diplomas e certificados – em anexo – formavam um calhamaço de folhas de papel. O melhor *curriculum vitae* era aquele que continha o maior número de anexos, mesmo que de duvidoso valor. Títulos e mais títulos, pouco importava a qualidade. Esta forma cartorial de montar e apresentar um currículo persistiu até poucos anos.

No início daquela que já nos parece a tão distante[143] década de 80 do século XX, Konder escreve um artigo a respeito da organização de currículos, com o sugestivo título: "*O curriculum mortis* e a reabilitação da autocrítica"[144]. Nesse trabalho o autor analisa o fato e a maneira por meio da qual os candidatos a um posto de trabalho são obrigados a fazer uma assepsia na trajetória de vida acadêmico-profissional. Dessa maneira, organizar um currículo era desenvolver a arte da unilateralidade ou da parcialidade.

Na sua análise, Konder caracteriza essa postura como sendo a de uma reconstrução do passado a "partir de uma ótica descaradamente triunfalista", onde somente existem acertos e vitórias alcançadas. E, na seqüência, assim se manifesta:

> Evidentemente trata-se de uma imagem que não corresponde à realidade. Em sua imensa maioria os seres humanos não são campeões invictos, não são heróis, semideuses. Se nos examinarmos com suficiente rigor e bastante franqueza não poderemos deixar de constatar que somos todos marcados por graves derrotas e amargas frustrações (...) e nada disso aparece no *curriculum vitae* de cada um de nós[145].

Os candidatos, ao procederem a essa assepsia na carreira, eram levados a ignorar ou sonegar episódios nos quais não foram bem-sucedidos ou fracassaram. Na crítica, Konder sugere que o postulante

---

[143] A digitalização das tecnologias da informação e da comunicação; o transporte de *bits* ao invés de átomos; o *on line*, o aqui-e-agora substituindo o lá-depois; o turbinamento ou a busca de uma maior velocidade no tempo-espaço de giro do capital, são fatores que obrigam os homens a viverem um eterno presentismo e, paradoxalmente, a aprenderem a conviver com a volatilidade do presente. Uma das decorrências desse redimensionamento das categorias de espaço e tempo é a impressão, o sentimento de que o tempo está passando muito rápido e, conseqüentemente, somos levados a relativizar a história frente aos apelos e desafios do presente. De certa forma, é como se fôssemos obrigados a fazer tábula rasa do passado. A este respeito, ver a interessante obra: DREIFUSS, R. A. *A época das perplexidades*. Mundialização, globalização e planetarização: Novos desafios. Petrópolis: Vozes, 1996.

[144] Conferir: KONDER, L. *O marxismo na batalha das idéias*. Rio de Janeiro: Nova Fronteira, 1984.

[145] Idem, p. 53.

a um posto de trabalho deva organizar um *curriculum vitae* contemplando uma "complementação negativa", que ele denomina de "*curriculum mortis*", uma espécie de autocrítica necessária e reabilitadora. Dessa forma, o autor trás uma contribuição para a reflexão a respeito do processo mais amplo que envolve o desafio de ingressar e manter-se no chamado mercado de trabalho. Do seu ponto de vista, o aspecto positivo dessa análise e apresentação mais abrangente das condições no interior das quais nos forjamos – tentando, errando e acertando! – como profissionais, evidencia o fato de que somos, antes de tudo, seres humanos com possibilidades e limites, situados num tempo e num espaço dados.

Essa postura seria a mais facilmente concretizável, desde que estivéssemos num lugar e num tempo que de cada um fosse exigido na proporção das suas possibilidades e a cada um fosse concedido de acordo com suas necessidades, conforme proposição de Marx e Engels, explicitada no *Manifesto Comunista*. Ocorre que, apesar das conquistas resultantes da ação coletiva dos trabalhadores, ainda continuamos sob o signo da lógica do capital, sob o paradoxo apontado por Boaventura de Sousa Santos, segundo o qual nunca na história da humanidade, tantas possibilidades técnicas se chocaram com tantas impossibilidades econômicas e políticas[146]. Ou, conforme palavras do próprio autor:

> Vivemos num tempo paradoxal. Um tempo de mutações vertiginosas produzidas pela globalização, a sociedade de consumo e a sociedade de informação. Mas também um tempo de estagnação, parado na impossibilidade de pensar a transformação social, radical. Nunca foi tão grande a discrepância entre a possibilidade técnica de uma sociedade melhor, mais justa e mais solidária e a sua impossibilidade política. Este tempo paradoxal cria-nos a sensação de estarmos vertiginosamente parados.

---

[146] Para mais detalhes consultar: SANTOS, B. de S. Para uma pedagogia do conflito. In: SILVA, L. H. *et al.* (Orgs.). *Novos mapas culturais. Novas perspectivas educacionais.* Porto Alegre: Sulina, 1996, p. 15.

As mudanças nos anos noventa

A empregabilidade e o empreendedorismo, duas palavras que se tornam recorrentes na década de noventa do século XX, expressam também a face de uma mudança conhecida sob muitos nomes, entre os quais: reengenharia, reestruturação produtiva e inovação tecnológica. A mudança institui um denominador comum: o indivíduo é o único e exclusivo responsável – e responsabilizado! – pela sua entrada e permanência no cada vez mais restrito mundo dos trabalhadores formalmente empregados.

Nas fábricas e nas empresas de todos os setores da economia, mudanças se impõem em todo os momentos, manifestando-se mais intensamente:

- na forma de fabricar e comercializar produtos e prestar serviços (vive-se a passagem do predomínio do paradigma taylorista-fordista para o da integração e flexibilidade ou toyotismo, resultando na entronização de "sua excelência o cliente");
- na organização hierarquizada das empresas (implanta-se a reengenharia, o *downsizing*[147]; o *delayering*[148], o *telework*[149] etc.);
- na retirada do estado, diminuindo sua presença na economia, típica do período de predomínio do *Welfare State* (o estado, com suas políticas públicas, entra em refluxo, passando a implementar a privatização das estatais, os planos de demissões voluntárias de trabalhadores etc.); e, finalmente,

---

[147] Técnica ou estratégia racionalizadora, por meio da qual se divide, distribui e reduz o tamanho de uma organização.

[148] Estratégia por meio da qual são eliminadas camadas hierárquicas do organograma das empresas.

[149] Neologismo para designar "trabalho em casa ou no ambiente doméstico". A este respeito, reproduzimos o depoimento de um insuspeito consultor da IBM, Jean Paul Jacob, em entrevista à Revista ISTOÉ (nº 1498, 17 de junho de 1998): "Há dez anos, acreditava-se que a informática iria tornar a nossa vida melhor, que iríamos trabalhar menos, ter mais tempo de lazer, semana de trabalho de 35 horas. Em vez disso, todas as inovações que fizemos nos mantêm mais ocupados. O celular nos segue em todo lugar e interrompe qualquer coisa que estivermos fazendo. Levamos nosso trabalho para casa dentro de um computador portátil. O efeito tecnológico na sociedade é algo que não sabíamos prever. E a reação desta diante da afirmação de que os objetos vão começar a pensar pode ser negativa. Talvez não seja o mundo que queremos."

• na nova divisão internacional do trabalho, atingindo em cheio o mundo do trabalho (destacam-se acordos/imposições protecionistas entre países e blocos; a divisão entre "países cerebrais" – aqueles que concebem – e "países musculares" – aqueles que executam, reimprimindo no nível entre nações o que antes ocorria intraempresa, em termos de planejamento e execução ou escritório e chão de fábrica).

As conseqüências logo se fizeram sentir na abertura e oferta de novos postos de trabalho – em quantidade e qualidade – muito diferenciadas de situações anteriores e na ampliação das exigências em termos de atributos qualificacionais daqueles que buscavam preencher as vagas liberadas ou as poucas novas criadas. De outra parte, as mudanças deixaram os pretendentes a postos de trabalho atordoados. Quanto aos currículos, houve uma inversão de até 360°. Aspectos que eram considerados topo de linha na forma tradicional de organização e apresentação do *curriculum vitae*, acabaram sendo deixados de lado, como veremos logo adiante.

Um novo trabalhador-estudante: paradoxos e situações inusitadas

No conjunto de novas exigências ganha destaque, na condição de pressuposto, a necessidade de formação escolar em nível médio, superior e pós-graduação (*MBAs – Master in Business Administration* – de preferência). Para a constituição daquele que poderíamos chamar de o novo candidato-trabalhador, ter um diploma e estar disposto a continuar estudando são pré-requisitos imprescindíveis. Para ilustrar as exigências em termos de diplomas, selecionamos quatro exemplos que podem ser considerados inusitados por apontarem a necessidade de escolarização para segmentos que até anos recentes não apresentavam esta preocupação:

• Em extensa reportagem estampada na *Folha de S. Paulo*[150], aparecem as seguintes manchetes: "Nível superior vira

---

[150] Cf. DIMENSTEIN, G. Diploma de prostituta. *Folha de S. Paulo*. São Paulo, Caderno 3, p. 5 e 8, 25 de abril de 1999.

qualificação no mundo das garotas de programa" e complementa com a explicação: "Com dificuldades para pagar escola, universitárias se prostituem e usam currículo como chamariz".

- O jornalista Gilberto Dimenstein, na sua coluna, faz referência à "Diploma de Prostituta". Em seus depoimentos duas entrevistadas universitárias que exercem esta profissão em meio turno e ganham até 7.000,00 (sete mil reais) por mês, afirmam, entre outras coisas, a importância de além de um belo corpo, possuir outras "qualificações", destacando: "Saber se comunicar ajuda, já que parte do nosso negócio é ficar conversando."

- Em outro depoimento, uma universitária explica a necessidade do diploma superior como qualificação: "Sei que esse rostinho bonito e o corpo em cima acabam logo. Preciso ter alguma coisa a mais na cabeça para viver." Na reportagem fica explícito que, se alguma dessas meninas arranjasse emprego num *Shopping Center*, conseguiria no máximo 500,00 (quinhentos reais) ao mês.

- Em reportagem de capa da *Revista ISTOÉ*[151], com o título "Perigo Escola", são relatados, analisados e comentados assassinatos, cada vez mais freqüentes no interior das escolas. Uma das constatações é que "jovens marginais também freqüentam a escola". Um destes, ao ser entrevistado, afirmou que "para ser bandido bom tem que estudar, se não é pé-de-chinelo". O interessante é que a associação entre tráfico de drogas, violência, bandidagem e ignorância sempre foi feita diretamente (com exceção de quando se fala dos bandidos do colarinho branco). Bateu-se muito, inclusive, no bordão: "Abra uma escola e contribua para fechar uma cadeia/prisão."

Ao mesmo tempo em que se desencadeia uma espécie de operação gigante em torno da necessidade de **todos** estudarem, continuar estudando ou voltarem a estudar (*long life education*[152] é a receita!), paradoxalmente, passa-se a desferir um violento ataque, visando desfazer

---
[151] Cf. *Revista ISTOÉ*. Perigo Escola. São Paulo, Editora Três, nº 1544, p. 104-7, 05 de maio de 1999.
[152] Expressão inglesa para fazer referência à "Educação Permanente" ou à "Educação ao longo de toda a vida".

a associação direta, ratificada desde longa data, entre diploma, posto de trabalho ou emprego e salário[153]. Basicamente, começa-se a alertar que o diploma, antes condição suficiente para colocar-se no mercado de trabalho e na vida, passa a tornar-se apenas condição necessária, incluído num extenso rol de outras exigências a serem cumpridas para alguém ser incluído na categoria dos empregados.

O paradoxo aprofunda-se quando, em outros meios de veiculação, explicita-se a relativização do diploma como passaporte para o emprego. Em um encarte no Caderno de Economia do *Diário Catarinense* de Florianópolis aparece uma manchete segundo a qual "Diploma já não garante emprego[154]", evidenciando o progressivo distanciamento entre emprego e formação superior. "Pare de pensar no diploma[155]", foi a manchete de um dos cadernos da *Folha de S. Paulo*, enfatizando que o perfil do candidato é mais importante do que o curso freqüentado. Em "Dilema dos diplomados"[156], no Caderno Empregos da *Folha de S. Paulo*, são apresentados diversos exemplos de formados no ensino superior que estão exercendo profissões diversas daquelas dos cursos freqüentados, com destaque para a história de um taxista que é portador dos diplomas de administrador de empresas e de advogado. Na mesma perspectiva, são dadas dicas sobre: "Como a globalização afeta o seu emprego[157]"; "Confira cursos que fazem a diferença", incluindo um "Guia (que) traz os principais programas de aperfeiçoamento que pesam no currículo de um profissional[158]".

---

[153] Recorde-se inclusive que esta associação direta entre estudo (representado por um diploma), acesso a emprego e valorização salarial é o pilar número um da Teoria do Capital Humano, cuja elaboração e publicização, rendeu o prêmio Nobel de Economia a Theodore W. Schultz no ano de 1968. Para mais detalhes ver: SCHULTZ, T. W. *O capital humano*. Investimentos em educação e pesquisa. Rio de Janeiro: Zahar, 1973 e SCHULTZ, T. W. *O valor econômico da educação*. Rio de Janeiro: Zahar, 1973.

[154] Cf. *Diário Catarinense*. Caderno de Economia. Florianópolis, p. 1-7, domingo, 10 de maio de 1998.

[155] Cf. *Folha de S. Paulo*. Folha Teen. 7° caderno, p. 1, segunda-feira, 13 de set. de 1999.

[156] Nesse caderno foi incluído um receituário com o título: "Dicas para não deixar o diploma na gaveta." Mais detalhes ver: *Folha de S. Paulo*. Caderno Empregos. p. E13, domingo, 2 de dez. de 2001.

[157] Cf. *Folha de S. Paulo*. Folha Sua Vez 2. 6° Caderno, p. 13, domingo, 2 de agosto de 1998.

[158] Cf. *Folha de S. Paulo*. Folha Sua Vez 2. 6° Caderno, p. 13, domingo, 19 de julho de 1998.

Nos anos noventa, passaram a ser freqüentes, também, Cadernos Especiais sobre as transformações no mundo do trabalho e os desafios qualificacionais aos trabalhadores. Um deles apareceu com o título: "O que vai acontecer com o trabalho?[159]", buscando dar respostas às principais questões sobre o espectro que ronda o mundo do trabalho no presente e em perspectiva. Outro Caderno Especial estampa a manchete: "O colapso do trabalho." Na busca de responder à questão "Qual será o perfil do trabalhador empregado no futuro?", aponta-se para o fato de que o "mercado exige de todos uma aprendizagem permanente; diploma de universidade não assegura a sobrevivência no emprego em uma economia globalizada[160]".

Com essas matérias, evidenciam-se dificuldades com relação à nova ambiência no trabalho e, conseqüentemente, a imposição de outras exigências na montagem do *curriculum vitae*. Numa espécie de manifesto apologético-religioso, alguns dos gurus mais ouvidos nos dias atuais, "discutem (e mostram) os rumos para que o profissional do novo século consiga ser não só bem-sucedido, mas realizado" e lançam os "10 mandamentos para a carreira[161]", assim sintetizados:

- "Valorizarás o lado bom do trabalho" (Domenico De Masi)
- "Serás mais humano" (Gilberto Dimenstein)
- "Buscarás o *knowware*[162]" (Gilson Schwartz)
- "Saberás de que precisas" (Peter Drucker)
- "Selecionarás o trabalho" (Robert Levering)
- "Tomarás atitudes positivas" (Robert Wong)

---

[159] Cf. *Folha de S. Paulo*. Especial. O que vai acontecer com o trabalho? P. 1-10, domingo, 30 de maio de 1999.

[160] DIMENSTEIN, G. Qual será o perfil do trabalhador empregado no futuro? *Folha de S. Paulo*. Caderno Especial. O colapso do Trabalho. p. 11, sexta-feira, 1º de maio de 1998.

[161] Cf. *Folha de S. Paulo*. Folha Empregos Especial. P. 1-11, domingo, 22 de abril de 2001.

[162] Além de fazer um trocadilho com a expressão "*nowhere*" (lugar nenhum), o autor faz referência a uma época que exige de todos uma atitude de abertura para novas e constantes conexões, uma vez que o conhecimento não está mais concentrado (espacial e temporalmente). Assim, "buscar o *knowware*" se traduz no posicionamento de buscar constantemente o conhecimento, materializando os pressupostos da educação permanente.

- "Assumirás o controle da carreira" (Roberto Shinyashiki)
- "Sairás do lugar-comum" (Simon Franco)
- "Terás liderança com princípios" (Stephen Covey)
- "Tornarás o trabalho gratificante" (Viviane Senna)

Cada um desses "mandamentos", no referido encarte do jornal, recebe um tratamento detalhado e convergente no sentido de que cada trabalhador ou candidato a posto de trabalho se aperceba do novo contexto do mundo do trabalho, das novas exigências e condições e, com destaque, das novas possibilidades de assumir o controle da carreira, de realizar-se, de ser feliz, enfim, de ser empregável, de ser empreendedor. Uma análise minimamente detalhada mostrará, no entanto, que a maior parte desses mandamentos ou das prescrições ou são de difícil realização ou não passam de chavões típicos de cursos ou palestras de auto-ajuda. O desmentido poderá ser percebido em muitas das matérias referidas neste nosso texto, como tivemos e teremos oportunidade de constatar, especialmente ao percebermos que a focalização da responsabilidade direciona-se para o trabalhador, individualmente e não para a análise das condições estruturais geradoras dos problemas do desemprego.

Um outro paradoxo – este no *front* da intermediação entre o trabalhador e a empresa – é o fato de que, paralelamente ao menor número de empresas que estão sendo criadas e à redução dos postos de trabalho, passam a surgir organizações para lidar "cientificamente" com a "inevitável" reengenharia e *downsizing* das empresas. Uma propaganda que apareceu inúmeras vezes na *Folha de S. Paulo* foi a da empresa de consultoria *Manager*, habilitando-se a executar, mediante contrato, o trabalho de cortes e demissões, que tantos transtornos internos causam aos donos e gerentes de empresas. "Transfira para a *Manager* suas preocupações com cortes e demissões. *Outplacement* para empresas", é a chamada. No detalhamento afirma-se que a *Manager*, com este serviço exclusivo, "assessora sua empresa de forma completa, do início ao fim do processo de demissão. E ao ex-colaborador ela proporciona as melhores condições para dar continuidade à sua carreira". Eis um nicho de trabalho que, mantida a atual lógica, certamente, só tenderá a crescer: a terceirização das demissões!

Na mesma direção das mudanças que estão em processo, observamos que, nos classificados dos jornais, o verbo "procuro" sofreu uma metamorfose em duas direções. A primeira refere-se à mudança de quem procura, isto é, até pouco tempo atrás, o "procura-se", aparecendo no jornal, significava predominantemente que havia um posto de trabalho aberto ou vago e a empresa estava à cata de alguém para preenchê-lo. Hoje, o "procura-se" indica que alguém está à cata de um emprego. A segunda sutil, mas dramática mudança operou-se na transformação do verbo "procuro", por "ofereço-me", "candidato-me", "desejo" e "preciso". Observe-se o drama: além de estar desempregado, o candidato precisa desembolsar entre 25 e 50 reais para poder inserir nos classificados de um jornal um anúncio que anuncia que o "procurador" ou o "oferecido" é um desempregado.

Temos em nosso arquivo cópia de uma página do *Jornal do Commercio* de Recife, do dia 6 de fevereiro de 2000, contendo a primeira comprovação empírica do que vinha se tornando predominante: uma página com mais de 90% dos anúncios compostos por auto-oferecimento de candidatos a empregos. Os termos pelos quais são expressos os pedidos, vão de um seco "preciso de um emprego — sou professora de português", passando por mais detalhamentos, incluindo "aspectos subjetivos", como é o caso deste: "Sou bastante inteligente, organizada, calma. Gostaria de trabalhar em..." Chega-se ao extremo de explicitar: "DESEJO — estágio voluntário (gratuito), tenho curso na área de comunicação social e jornalismo impresso."

O interessante é que este oferecimento para trabalho gratuito não é novidade. Esta fica por conta da diferença de qualificação ou o quociente de "empregabilidade". Veja-se o exemplo que nos é apontado por Antonio Candido[163], a respeito do auto-oferecimento que um "suplicante" funcionário da monarquia faz a D. Pedro II, por meio de um assessor direto do monarca e compare-se com a situação dos "ofereço-me" atuais:

---

[163] Para mais detalhes, cf. CANDIDO, A. *Um funcionário da monarquia*. Rio de Janeiro: Ouro sobre Azul, 2002.

Diz Antonio Nicolau Tolentino que se achando com conhecimentos necessários, e até corrente nas línguas Francesa e Inglesa, como se vê nos documentos insertos, para servir em qualquer emprego, e porque na Secretaria da Mesa de Consciência e Ordem, roda com imenso trabalho, e talvez precisa de maior número de empregados para melhor expediente daquela repartição, e visto não se dever alterar a ordem à lei estabelecida, se oferece o Suplicante a servir sem estipêndio algum, até poder entrar de efetivo na primeira vaga que houver, fazendo-se o Suplicante, então necessário não só pela sua aptidão, como em conduta, o que a tudo se submete, e por isso recorre a V.M.I. Haja por bem mandar que a referida Mesa Consulte sobre a exposição do Suplicante a fim de V.M.I. resolver o que for do Seu Imperial Agrado.
Para V.M.I. se Digne deferir ao Suplicante como implora.
E.R.M.

                                                            Antonio Nicolau Toentino

Voltando para a situação dos trabalhadores nos dias atuais, o que vai ficando evidente na análise é que os *Classificados* dos jornais podem se constituir em termômetros para conferir a realidade das mudanças aparentes. Por um lado, o refluxo do verbo "procura-se" nos anúncios de busca de profissionais por parte de empresas de diferentes portes ou mesmo de trabalhos domésticos e o aparecimento do verbo "ofereço-me" não é uma mera troca formal de palavras ou verbos. Pelo contrário, revela a dimensão do problema do desemprego na atualidade. O desemprego envolve não somente um número maior de pessoas como se tornou de longa duração. A ampliação do número e espaço de anúncios de (auto) oferecimento de massagens de todas as intensidades e tipos, bem como dos anúncios de saídas esotéricas, religiosas – promessas ao santo das causas perdidas – também revelam a dificuldade imensa do desemprego que, para ser enfrentada, necessita de ajuda sobrenatural.

    Todavia a mudança do "procuro" por "ofereço-me" não significa mudança de conteúdo, mas uma outra estratégia de sobrevivência dos desempregados. Eles apenas passaram a implementar novas receitas. É neste aspecto que, especialmente, o caderno Empregos da *Folha de S. Paulo* e a Revista *Você S.A.* fazem escola. Depois de um momento de predomínio de organização de um currículo que tentava seguir as prescrições voltadas à objetividade, clareza, concisão e outros requisitos que libertavam o documento de rodeios, recheios, comprovações anexas e o tornavam ágil para ser analisado-aceito-descartado em segundos ou minutos, começam a aparecer candidatos com currículos de formatos e de apresentações "inusitadas". Nesta outra modalidade, os pretendentes a empregos visam vender uma imagem, mostrar o potencial de empregabilidade, e para isso utilizam mil e uma estratégias para distinguir-se do interior de um oceano de desempregados em busca de um raro porto-seguro-emprego.

Dentre as formas inusitadas, talvez ninguém tenha ousado-exibido mais do que um vendedor de Curitiba, e um casal de Porto Alegre, ao colocarem anúncios nos classificados de jornais, nos seguintes termos:

> Não sei falar inglês nem espanhol. Não tenho curso superior. Não sei puxar o saco de gerente nem de diretor. Não gosto de usar paletó e gravata. Nunca dei bola para comprador. Sei ligar e desligar um micro. Tenho 44 anos, fumo, gosto de jogar e assistir a jogos de futebol, só leio jornal, sou separado (dois filhos; as coisas mais lindas do mundo!), possuo apartamento, carro, telefone fixo e celular próprios. Durante os últimos sete anos, trabalhei em uma empresa multinacional vendendo (sólidos conhecimentos) farinha de trigo, gordura hidrogenada, lecitinas, proteínas isoladas, proteínas texturizados, gritz e derivados de milho, atendendo as maiores indústrias de massas e biscoitos de Paraná, Santa Catarina e Sul de São Paulo. Cheguei a vender mais de US$ 1 milhão (isso mesmo, em dólares!) por mês. Se a sua empresa tem produtos de qualidade, uma boa logística, condições de me oferecer um salário superior a R$ 2.000.00, prêmios e despesas, queira, por favor, marcar uma entrevista pelo telefone [(xx)xxx-xxxx]. Obs.: As empresas que não atenderem aos requisitos básicos, não percam o seu e o meu tempo[164].
>
> Grato. Wellington Dall'Ígna

---

[164] Para aqueles que tiverem curiosidade de saber da eficácia dessa "estratégia inusitada", sugere-se que consultem a *Revista Você S.A.* (n° 48, a. 5, junho de 2002). Lá está explicitado que o vendedor de Curitiba, passados oito meses do anúncio no jornal – que causou *frisson* –, "continua desempregado, sem falar inglês e sem curso superior", embora tenha recebido mais de 1500 telefonemas e e-mails. Da parte do casal de Porto Alegre, além, evidentemente, das ligações solicitando os serviços anunciados, resta o dissabor de ter que atender ligações-trotes, perguntando se o empréstimo é para "TODOS" os serviços...

De outra parte, teve ampla repercussão em jornais da capital gaúcha, o seguinte anúncio:

ALUGA-SE MARIDO. Pequenos consertos. Elétrico, Hidráulico, ventiladores, persianas. 3336.3294 / 9136.2103.

Daniel e Vera

Observando esses inusitados anúncios, certamente Simon Franco – um dos autores dos "Dez mandamentos", acima mencionados, parabenizaria os seus autores pela sua criatividade em "sair do lugar-comum". O resultado final dessa forma inédita de colocar-se nos classificados de jornais, no entanto, não se mostrou tão "produtivo" quanto os elaboradores dos mandamentos apontam[165].

Por fim, é interessante observar que essas situações inusitadas não ficam por conta somente dos trabalhadores que procuram abrir uma brecha para poder mostrar sua empregabilidade ou empreendedorismo. O "inusitado" também pode ser aplicado à análise daquilo que os empresários estão fazendo para "adaptar" o ambiente de trabalho a fim responder ao problema do absenteísmo, do leque de novas e velhas doenças causadas pela intensificação do trabalho, da falta de motivação, da dificuldade de relacionamento entre os trabalhadores e buscando também seguir as indicações dos gurus, como Domenico De Masi, que receitam o ócio[166] como saída para a criati-

---

[165] Cf. FUENTES, L. Ele vai ser classificado? *Revista Você S.A.* São Paulo, Editora Abril, p. 64-7, dez. 2001. Tivemos acesso a uma série de outras formas "inusitadas" de encaminhamento de *curricula*, especialmente via Internet. Porém, tal é o inusitado que, por não termos segurança se se trata de algum *spawn,* optamos por não os referenciar. De qualquer maneira, com base na realidade ou fruto da imaginação de alguém que tem tempo para montar documentos que poderiam ser considerados inusitados, fica a constatação de que a "passagem pelo fundo da agulha" para o emprego é tão estreita e as indicações dos *headhunters* e dos consultores de recursos humanos são tão incisivas e convincentes que os candidatos tudo fazem para adequar-se e cair nos agrados do possível dador de empregos.

[166] Diga-se de passagem que este autor é apenas o mais conhecido divulgador do ócio como o meio por excelência para garantir a criatividade. Antes dele, já em 1935, Bertrand Russel publicava uma coletânea sob o título "O elogio ao ócio", onde defende que o principal objetivo da vida não é o trabalho. Se assim fosse "as pessoas gostariam de trabalhar". Cf. RUSSEL, B. *O elogio ao ócio.* 2ª ed. Rio de Janeiro: Sextante, 2002.

vidade. No Caderno Empregos da *Folha de S. Paulo* (E6, domingo, 9 de junho de 2002), aparece uma reportagem com o título: "Equipes estranham atividade inusitada." E na seqüência: "Funcionários resistem a treinamentos incomuns e têm receio de utilizar benefícios 'liberais' durante o expediente." De outra parte, reportagem especial da *Revista ISTOÉ*[167] informa que na Semco (empresa de propriedade de Ricardo Semler) os funcionários contam com o "redódromo", sala com inúmeras redes onde eles podem descansar durante o horário de trabalho ou carregar seu *laptop*, sentar-se ou deitar na rede e... trabalhar!

Especificando mudanças na forma e no conteúdo dos *curricula*

Por diversos anos, até o final de 2000, o jornal *Folha de S. Paulo* publicou dominicalmente uma página com o título "Seu currículo". A metodologia era mais ou menos uniforme: Candidatos a emprego organizavam suas "carreiras de vida" e as enviavam ao Jornal e daí eram encaminhadas a um corpo de consultores. Estes faziam uma análise detalhada, com observações, sugestões e estas, juntamente com o currículo – suprimindo-se os dados que poderiam identificar o candidato –, eram publicadas. Além de fazerem uma análise, os consultores atribuíam um conceito que oscilava entre excelente, bom, regular e ruim.

Para a atribuição de um desses conceitos, levava-se em conta aspectos do conteúdo e da forma como o currículo era estruturado. Durante muitos anos, essa página do Jornal funcionou como uma espécie de curso de organização de currículos ou como um tipo de calibrador para garantir os ajustes necessários à nova maneira de organizar e apresentar esse documento. Na prática, com exemplos, eram dados conselhos sobre objetividade, capacidade de síntese, o

---

[167] Cf. TARANTINO, M. Fábrica de stress. *Revista ISTOÉ*. São Paulo, Editora Três, n, 1708, p. 46-50, 26 de junho de 2002.

que inserir e dar destaque, o que suprimir etc. Receitas, prescrições eram, e ainda são, passadas em profusão. Candidatos a empregos recorriam a elas de uma forma quase reverencial, sagrada, como se fossem amuletos ou, numa perspectiva mais mundana, visualizando-as como tábuas de salvação no revolto mar do mutante estoque de exigências qualificacionais para ingressar, manter-se ou reingressar no mercado de trabalho em constante constrição.

Uma das primeiras mudanças propostas e implementadas focalizou o tamanho, o volume do documento denominado currículo. Se antes predominava uma perspectiva cartorial, indicando que quanto mais extenso, documentado e comprovado fosse o currículo, maiores eram as chances do candidato. Hoje, devido à infinitamente maior quantidade de pretendentes a empregos e à ampliação do espectro de atributos qualificacionais requeridos, em contraposição a um menor número de vagas, passa-se a exigir currículos enxutos, apresentados de forma clara e objetiva com, no máximo, duas páginas. Dois exemplos tornam mais explícito o que acabamos de apontar:

- Em forma de propaganda, tomado uma página inteira de Jornal, começou a aparecer na *Folha de S. Paulo*, uma fotografia de um homem com uma enorme pilha de papéis que partia das suas mãos e chegava até a altura do nariz. Por cima daquela montanha de papéis, mostrando parte do rosto, apareciam seus olhos, evidenciando espanto. Seu corpo, pela postura de quem está carregando peso, emitia indicações de que ele estava fazendo esforços para suportar tamanha quantidade de papéis. No meio da pilha destes, aparece em letras garrafais, fazendo um duplo jogo da palavra papel (matéria física e função), a seguinte frase: "O papel destes currículos acabou[168]."

- Paralelamente passaram a ser montadas empresas especializadas em organizar currículos, as quais, em sua propaganda, garantem ao candidato a sua transformação em um "produto" altamente "palatável" no mercado do emprego. Paradigmática foi a reportagem de capa da Revista *Você S.A.* (n. 29, a. 3,

---

[168] Cf. *Folha de S. Paulo*. Folha Empregos Especial. P. 1-11, domingo, 22 de abril de 2001, p. 7.

nov. de 2000): "Como fazer seu currículo valer ouro. Você tem apenas duas páginas e 40 segundos para se vender. Mas nós temos 25 regras infalíveis para o seu currículo brilhar." Uma segunda chamada para "fisgar" o leitor-candidato a um emprego, dá conta que:

> Todos os meses os *headhunters*, diretores de RH e profissionais que cuidam dos processos de seleção recebem centenas de currículos de candidatos aos mais diversos cargos e salários. E não demoram nem um minuto lendo cada um deles. O que fazer para o seu se destacar? Coloque em prática as 25 regras essenciais para elaborar um currículo de primeira e depois nos conte o resultado.

Juntamente com a explicitação das 25 regras[169] há um segundo conteúdo que nomeia a série de etapas pelas quais o candidato passa para organizar e apresentar o seu currículo – montagem, envio, as diversas fases de análise e a possível contratação – como sendo uma "corrida", uma "maratona", onde cada uma destas etapas é denominada de "obstáculo" até a "Linha de Chegada". Tendo alcançado esta, diz o articulista, "finalmente vem a contratação. Se é que vem...!" Quanto às regras, vale uma leitura mais demorada por parte dos interessados. Lá encontrarão pérolas como: "Não minta jamais". No entanto, "vale omitir alguns dados para deixar seu currículo mais interessante. Mas na hora da entrevista tem que abrir o jogo".

Sobre este último aspecto, foram tantas as receitas, as indicações e os incentivos quanto à possibilidade de ultrapassar a relativa e "permeável" fronteira da ética e da moral que candidatos passaram a sentir-se autorizados a forjar dados, a forçar a barra, a ultrapassar o sinal. Ocorre que, como diz Saramago[170], remetendo a um axioma

---

[169] As regras, em forma de um roteiro, estão explicitadas entre as p. 24 e 33 da Revista. São regras/conselhos, com explicações detalhadas sobre o que dizer, como, para quem, quando, quanto a respeito do candidato. Eis alguns exemplos: "1. Diga quem você é. 4. Não embrulhe para presente; 5. Tamanho não é documento; 10. Seu diploma tem grife?; 11. Nada de cursos relâmpagos; 15. Não minta jamais; 16. E omitir, pode?; 18. Às vezes, em inglês também; 19. Apresente-se ao seu chefe; 21. Não fale sobre salário; 22. É brega mandar uma foto?; 23. Por correio ou por e-mail?"

[170] Cf. SARAMAGO, J. *A caverna*. São Paulo: Companhia das Letras, 2000, p. 14.

grego, "a necessidade também legisla". Não demoraria e os candidatos logo começariam a sentir os efeitos do que significa erigir a necessidade como critério, bem como a volatilidade dos conselhos dos especialistas em montagem de currículos. O jornal *Folha de S. Paulo*, caderno Empregos, estampou a seguinte manchete: "'Maquiar' aptidões leva profissionais à perda do emprego." Fazendo referência ao personagem Pinóquio, na reportagem informa-se que "candidatos tentam melhorar histórico inventando informações, mas empresas passam a investir mais em checagens". E chega-se a apresentar dados segundo os quais o monitoramento de mais de 10 mil programas de seleção nos últimos dez anos na Inglaterra mostrou que "cerca de 34% dos candidatos criaram uma 'mentirinha' no histórico das suas carreiras". Na interpretação de uma consultora, "a ansiedade de garantir um primeiro contato é o principal motivo que leva as pessoas a incluir dados falsos e omissões em seus currículos". Outros consultores alertam para os riscos da "maquiagem", embora aconselhem, por exemplo, que "se uma executiva tem filhos e receia mencioná-los, ela até pode se definir apenas como 'casada', mas jamais como 'casada sem filhos'".

Dois casos exemplares de empregabilidade: Leonardo Da Vinci e Beto de Florianópolis

O cotejo de dois casos exemplares pode contribuir para evidenciar a situação de maior ou menor dramaticidade vivida por quem está longe da proteção do mecenato e excluído do mundo do trabalho, como é o caso, respectivamente dos nossos dois personagens em foco: Leonardo Da Vinci e o Beto de Florianópolis. Esses dois fatos e personagens – tão distantes no tempo e nas condições – nos possibilitarão fazer algumas reflexões a respeito da organização e apresentação do *curriculum vitae* e do significado da empregabilidade em dois momentos históricos distintos.

Leonardo Da Vinci (1452-1519) escreve de próprio punho uma carta a Ludovico Sforza, o usurpador do trono de Milão, oferecendo-se para prestar-lhe serviços de diversas naturezas. Diz ele:

Ilustríssimo Senhor. Tendo agora considerado suficientemente os exemplares de todos aqueles que se proclamam a si mesmos inventores habilidosos de instrumentos de guerra, e que a invenção e ação de tais instrumentos não são em nada diferentes das dos objetos de uso comum, empregarei todos os esforços, sem prejuízo para ninguém, em explicar-me a Vossa Excelência, mostrando a Vossa Senhoria os meus segredos, e oferecendo-os ao vosso bel-prazer e aprovação para trabalhar com eficácia, nos momentos oportunos, em todas aquelas coisas que, em parte, são a seguir brevemente apontadas.

Em seguida passa a listar e descrever, em dez itens – seis deles reproduzidos abaixo –, competências e habilidades capazes de levar o governante de Milão a se tornar mais poderoso e a destacar-se dos seus contemporâneos tanto na guerra como na paz. Eis alguns dos talentos (auto)oferecidos por Leonardo Da Vinci, ou melhor dizendo, eis a maneira como ele ressaltou o seu potencial de empregabilidade:

Tenho uma espécie de pontes extremamente leves e fortes, adaptadas para serem muito facilmente transportadas, e com as quais pode perseguir e fugir, em qualquer momento, do inimigo; e outras, seguras e indestrutíveis pelo fogo e pela guerra, fáceis e convenientes para colocar e tirar. E também métodos para queimar e destruir as do inimigo;
Sei como, quando se cerca uma praça, obter água das trincheiras e fazer uma infinita variedade de pontes, e caminhos cobertos e escadas, e outras máquinas de tais expedições;
Tenho meios, através de túneis e caminhos secretos e tortuosos, feitos sem barulho, para atingir um ponto dado, ainda que fosse preciso passar por baixo de uma trincheira ou de um rio;
Em caso de necessidade, farei grandes armas, morteiros e artilharia ligeira de formas leves e úteis, fora do tipo comum;
Onde a operação de bombardeamento pudesse falhar, inventaria catapultas, manganelas, aríetes e outras máquinas de eficácia maravilhosa e não usadas comumente. E em suma, consoante a variedade dos casos, posso inventar variados e infinitos meios de ataque e de defesa;
Em tempo de paz, creio poder dar perfeita satisfação e igual a qualquer outro em arquitetura e construção de edifícios públicos e privados; e canalizar água dum lado para outro.
E, finalmente, conclui:
E se a alguém parecer impossível ou irrealizável alguma das coisas

acima nomeadas, estou mais do que pronto para fazer a experiência no vosso parque ou em qualquer lugar que possa agradar a Vossa Excelência – a quem me recomendo com a maior humildade[171].

Ass. Leonardo Da Vinci
Florença, 1481

Beto de Florianópolis, por sua vez, é um dos muitos Josés, Antônios, Joãos-caça-emprego que, há muito custo, reúne uns trocados para comprar um milimétrico espaço de duas linhas dos classificados de um jornal, para onde vão os seus dados, explicitando as suas habilidades, a sua competência, visando também mostrar o seu potencial de empregabilidade. Como anteriormente apontamos, a mudança do "procura-se" pelo "ofereço-me", no nosso caso exemplar, o Beto assim se apresentou/ofereceu por meio de um anúncio nos classificados do Jornal *O Estado*, editado em Florianópolis/SC:

Ofereço-me para trabalhar de atendente de enfermagem, promotor de vendas ou auxiliar de mecânico.
Interessados contatar c/ Beto

Florianópolis, 25 de maio de 1997

Em que Leonardo e Beto se aproximam e se distanciam?
Talvez o único ponto de aproximação entre os dois personagens em tela é o fato de ambos estarem procurando trabalho-emprego. E, neste sentido, no verbo "ofereço-me" os dois encontram-se. Em outros aspectos a distância quilométrica e temporal que os separa deve ser relativizada se tivermos presente o quanto suas condições pessoais – aquilo que chamaríamos de poder de barganha – e a situação econômica, política e social da época em que vivem são diferentes e se distanciam.
Leonardo, mais do que trabalho propriamente dito, provavelmente estivesse em busca de um lugar para colocar em prática as suas habilidades, o seu engenho. Pode-se até levantar a hipótese de que

---

[171] Excerto da carta de Da Vinci, citada por Bronowsky & Mazlish. Cf. BRONOWSKY, J. e MAZLISH. *A tradição intelectual do ocidente*. Lisboa: Edições 70, 1983, p. 29.

estivesse buscando um espaço e meios para alcançar prestígio. E, na sua época, um artista não poderia ter tais pretensões sem contar com um mecenas. Tanto melhor se este fosse um nobre como Ludovico: detentor de muito dinheiro, poderoso, influente, temido. Alguém considerado ideal para colocar-se sob sua proteção e patrocínio. Sejam quais forem as circunstâncias, contudo, quando Leonardo escreveu essa carta já "era famoso como artista[172]".

Leonardo, por meio de uma correspondência muito bem-escrita, revela mais um dos ingredientes do seu potencial de empregabilidade: a competência de expressar-se por carta, um meio revelador por excelência de capacidade e pertencimento a um estrato privilegiado da sociedade.

Leonardo vive numa época – os albores da modernidade – na qual as possibilidades históricas de expansão de postos de trabalho e de riqueza, seja pela guerra, pelo comércio ou pela incipiente manufatura, indicam um horizonte próximo-futuro prenhe de opções.

Por outro lado, ao falar do Beto, poderíamos tecer comentários no tocante a cada um dos aspectos relacionados ao Leonardo. Começaríamos ressaltando que não sabemos o sobrenome de Leonardo. No entanto, ao falar em Da Vinci não restam dúvidas sobre a quem estamos nos referindo. Ele é **um**. Nobres, escritores, artistas, religiosos, destaques do lugar onde nasceram e da sociedade do seu tempo, incorporavam ao seu nome a denominação do local de origem. O mesmo não ocorre se falarmos em Beto de Florianópolis. Ele é **mais um** entre tantos, e a particularidade vai ser indicada pelo número do telefone.

Uma segunda diferença vai ressaltar-se no tocante ao escrever. Para garantir o anúncio, Beto não escreve: telefona para o "classifone" e dita palavras que explicitam a sua empregabilidade, enquadrando-se nos estreitos limites dos quadrinhos dos classificados e do seu orçamento. Diferentemente da longa, **exclusiva e única** carta que vai ser lida pelo nobre a quem é enviada ou pelo seu secretário-escrivão, o minúsculo anúncio é **mais um** (perdido) entre tantos.

---

[172] Cf. BRONOWSKY, J. e MAZLISH. *Op. Cit.*, p. 29.

Leonardo evidencia suas habilidades como artista, criador, inventor de engenhos ainda não existentes, ou no caso de existirem, enfatiza em quê os seus superam aqueles já inventados. Beto, por não ter ultrapassado a barreira do Ensino Fundamental, acaba, embora compulsoriamente e não por escolha, sucumbindo ao tipo-ideal de trabalhador procurado hoje: um generalista[173]! Se fosse há alguns anos, jamais alguém colocaria um anúncio desse teor nos classificados: o pecado era não ser especialista. Porém, o Beto pode ser classificado como um especialista de generalidades, na medida que se oferece para trabalhar em áreas e funções tão díspares uma da outra quanto é ser auxiliar de enfermagem, promotor de vendas e auxiliar de mecânico. Esses são sinais de um tempo em que o melhor emprego é conseguir um emprego! Leonardo está numa posição mais confortável: caso Ludovico não se interesse por seus préstimos, há o risco de um adversário de outro reino se interessar. E isto aumenta o poder de barganha no mercado de quem está se oferecendo.

Diferentemente de Leonardo, Beto vive numa época marcada por paradoxos que parecem insolúveis, devido às opções do restrito grupo dominante que detém o poder e o saber. Aparece aqui novamente a questão das possibilidades técnicas chocando-se com impossibilidades econômicas e políticas. Ou também o fato de vivermos

> Numa era de superdesenvolvimento tecnológico e subdesenvolvimento social e institucional. Se não mudamos, como pessoas e como sociedade, nosso extraordinário potencial tecnológico (fonte possível de criatividade sem precedentes) pode se converter em fonte de autodestruição[174].

Beto vive numa época na qual, em função do desenvolvimento científico e tecnológico, seria possível entrar no reino da liberdade, em contraponto à submissão ao reino da necessidade, condição a

---

[173] Interessante é perceber que depois de um certo tempo de insistência na importância e necessidade de conhecimentos horizontalizados, de experiências em diferentes campos e frentes, depois de muito estímulo à uma formação generalista, começam a aparecer conselhos no sentido de que o candidato ao emprego, na elaboração do seu currículo, "não perca o foco".

[174] Cf. CASTELLS, M. A revolução de um mundo ligado. *Folha de S. Paulo*, p. 5, 23 de maio de 1999. Caderno Mais!

que estavam sujeitados nossos antepassados até recentemente, quando as possibilidades técnicas eram poucas e não apresentavam o potencial abrangente que as caracteriza hoje. Se a opção contemplasse as necessidades de todas as pessoas, seria possível mais gente trabalhar menos e até ser dispensada dos trabalhos que atentam contra a dignidade[175] (física e afetiva) das pessoas. No entanto, o Estado – um tradicional empregador – restringe as possibilidades de contratar pessoas, buscando enquadrar-se nas determinações do mercado, no afã de se tornar um Estado mínimo. E o que é pior: abdica da sua função reguladora, deixando os trabalhadores e o novo demiurgo, o mercado, se (des)entenderem diretamente.

As empresas, por sua vez, estão velozmente se adaptando às necessidades de sobreviver num mercado competitivo, fazendo cortes, racionalizando, independentemente do preço individual e social a ser pago pelo aumento do desemprego. De uma exposição feita por Edson Vaz Musa, um dos ilustrados empresários brasileiros e ex-presidente da Rhodia[176], pode-se deduzir que todos, ou pelo menos a maioria, estão cientes dos problemas do desemprego, embora nem todos o vivam da mesma forma:

> Os empresários, antes reconhecidos como criadores de empregos, transformaram-se da noite para o dia em destruidores de postos de trabalho. A exigência de competitividade impõe uma busca de produtividade sem precedentes nas etapas anteriores do desenvolvimento do capitalismo.

E a tendência é esta situação se radicalizar. Isto evidencia mais uma astronômica diferença entre Leonardo e Beto: enquanto no horizonte do primeiro as oportunidades se insinuavam concretamente,

---

[175] Cada vez tornam-se mais visíveis os efeitos do excesso ou falta de trabalho apontados, entre outros por: CODO, W. *et al. Indivíduo, trabalho e sofrimento*. Uma abordagem interdisciplinar. Petrópolis: Vozes, 1993; e DEJOURS, C. *A loucura do trabalho*. Estudo de psicopatologia do trabalho. 4ª ed., São Paulo: Cortez, 1991; SENNETT, R.. *A corrosão do caráter*. Conseqüências pessoais do trabalho no novo capitalismo. Rio de Janeiro: Record, 1999. Veja-se também outras produções mais recentes destes e outros autores.
[176] VAZ, M., E. Prefácio. In: CASALI, A. *et al. Empregabilidade e educação*. Novos caminhos no mundo do trabalho. São Paulo: EDUC & RHODIA, 1997.

em vista da fase expansionista, para o segundo, todas as indicações são pouco alentadoras e, o que é mais grave, empresários, governantes, *experts*, gurus e até determinados sindicalistas apontam o dedo para o Beto, dizendo: "Você é responsável pela tua empregabilidade, você deve ser um empreendedor, um empresário de si mesmo!"

Ora, como estamos podendo ver no decorrer deste texto, nesta equação há algumas variáveis que estão sendo superestimadas e outras subestimadas: Está se deslocando o pólo da responsabilidade social sobre indivíduo e se está dizendo para ele: você é o responsável. Qual é o significado disto?

De acordo com Helena Hirata[177], a noção de empregabilidade

> Está associada a uma política de seleção de empresa e implica em transferir a responsabilidade da não-contratação (ou demissão, no caso dos *plans sociaux*) ao trabalhador. Um trabalhador "não-empregável" é um trabalhador não formado para o emprego, não competente etc. O acesso ou não ao emprego aparece como dependendo da estreita vontade individual de formação, quando se sabe que fatores de ordem macro e meso econômicas contribuem decisivamente para essa situação individual.

Beto não conhece Leonardo. Embora se encontrando no "ofereço-me", pouca coisa há em comum entre eles. O sentido de exclusão para um e para o outro é muito diferente. Mas certamente a maior dramaticidade da situação dos Betos se evidencia quando temos presente que o atual estágio de desenvolvimento científico e tecnológico alcançado – apenas possível na imaginação do Leonardo! –, em termos de potencialidade, já disponibilizou todos os meios e recursos necessários para a igualdade de todos os homens e mulheres e para eles migrarem do campo do desiderato para o da realidade vivida. Empecilhos de ordem material já não há mais. O embate foi transferido para o campo da opção político-econômica.

---

[177] HIRATA, H. Os mundos do trabalho. In: CASALI, A. *et al*. (Orgs.). *Empregabilidade e educação*. Novos caminhos no mundo do trabalho. São Paulo: EDUC & Rhodia, 1997, p. 32.

Novas tecnologias, novos requisitos qualificacionais e mais paradoxos

Na esteira de uma intensa e uníssona pregação em torno da necessidade de preocupar-se em estudar, fazer cursos de aperfeiçoamento, criar empregabilidade, tornar-se empreendedor, os trabalhadores vêm demonstrando uma capacidade sobre-humana para conciliar tempo de trabalho com tempo de estudo; tempo de busca de emprego com tempo de freqüência a cursos de (re)qualificação; tempo de duplo emprego ou de segunda[178], terceira jornada de trabalho, com tempo de freqüência a cursos de motivação. Feito isso, convencidos que estão agradando e fazendo o que deles se espera, muitos empregados ou candidatos, começam a se defrontar com uma nova situação, não prevista no ideário da Teoria do Capital Humano e ausente de qualquer discurso lauda-

---

[178] A invasão por parte do capital das 24h do dia do trabalhador não conhece limites de abrangência e intensidade. Em reportagem com o título: "Segundas carreiras", no Caderno Empregos da *Folha de S. Paulo*, informa-se que "mais de 20% dos executivos adotam profissões paralelas (...) opção dá maior segurança e chance de realização". Fica-se sabendo também, pela reportagem, o preço pessoal pago pelo profissional que tenta conciliar duas ou três atividades paralelas. "É como descer um rio com um pé em cada canoa. Você tem que mantê-las paralelas para ser possível", diz um poliprofissional. De outra parte, conselheiros profissionais informam que "as empresas apostam mais em candidatos multifuncionais, capazes de fazer várias coisas diferentes". Um exemplo apontado é o de um trabalhador que é arquiteto durante o dia e *chef* à noite. Em nenhuma análise nesta direção levanta-se questões a respeito do fato de que um trabalhador ocupar dois postos leva a um desgaste físico e psicológico, muitas vezes no nível do insuportável. De outra parte, suprime-se uma possibilidade de abertura de uma vaga a tantos desempregados ou subempregados, causando tantos ou maiores danos. Quer dizer, não se pensa, seja no nível pessoal ou social, que a segunda ou a terceira opção de uma pessoa pode estar significando a falta de opção para muitos. Esta nova realidade do mundo do trabalho torna evidente que longe se está da impensável proposta de Paul LAFARGUE, para o final do século XIX, das 24 horas do dia serem subdivididas em oito horas de trabalho; oito de descanso e oito de lazer. Cf. *O direito à preguiça*. 3ª ed., São Paulo: Kayrós, 1983. Ou também do manifesto-proposta, transformado em livro por Guy AZNAR, cujo título é: *Trabalhar menos para trabalharem todos*. São Paulo: Scritta, 1995. E, por fim, nunca é demais recordar que a geração que está agora no mercado de trabalho ou tentando reingressar, e que está com 40 anos ou mais, estudou e trabalhou durante muito tempo no predomínio do paradigma taylorista-fordista, cuja lógica era a especialidade. Agora o requisito é a polifuncionalidade. São transformações muito profundas para serem assimiladas no interior da mesma geração.

tário a respeito da imprescindibilidade de estudar, estudar, estudar para garantir um emprego ou manter-se empregado. Para exemplificar esta nova situação, reproduzimos o depoimento de um Diretor de Recursos Humanos de uma empresa da grande Florianópolis:

Às vezes as pessoas que têm um grau de letramento maior do que a média, (...) cria alguns problemas, pois vão questionar procedimentos. Como elas têm uma capacidade crítica maior, vão bater de frente com os procedimentos que a empresa tem com a maioria. Às vezes alguns deles participam de processos de seleção e são **reprovados por excesso de qualificação**. Então o grau de letramento dos funcionários não pode fugir da média. Não posso colocar aqui dentro uma pessoa extremamente inteligente e criativa, pois ela pode ser muito qualificada para a função. Temos que ter equilíbrio para menos e para mais[179] (destaque nosso).

É difícil resistir a questionamentos como: Quem estabelece o padrão a respeito do *quantum* de qualificação é adequada? Como um trabalhador desempregado, buscando desesperadamente um posto de trabalho para produzir dignamente sua existência poderá saber onde está o "equilíbrio para mais e para menos"?

Os exemplos apresentados são paradigmáticos no que concerne ao quesito qualificação formal e qualificação em geral como elemento imprescindível, seja na organização dos *curricula*, seja no momento de participar da dinâmica de grupo, uma das etapas do

---

[179] BUENO, V. F. *Letramento e transformações tecnológicas do mundo do trabalho*. Novos desafios à educação. Florianópolis, PPGE/CED/UFSC, 2002. Dissertação de mestrado. Mimeo. Não se pode esquecer também dos resultados da pesquisa de PADOIN, por meio da qual ficou evidente que o "atributo qualificacional" aparência física, acaba sendo decisivo na maioria dos processos seletivos. Cf. PADOIN, E. T. *Educação e inserção no mercado de trabalho:* Um estudo a partir da intermediação de emprego. Florianópolis: PPGE/CED/UFSC, 2000. Já apontava também CASTELLANO, em análise sobre a tão propalada alfabetização científica, como requisito imprescindível para conseguir um posto de trabalho que, *"la sabiduría popular, que siempre sabe más de estas cosas, sostenía, em cambio, que un buen par de piernas era un conveniente sustituto a la hora de postularse al título de 'secretaria perfecta'"*. Cf. CATEELLANO, H. M. El sentido de la alfabetización tecnológica. *Contexto educativo*. Revista digital de educación y nuevas tecnologías. Htm. N. 11, set. 2000.

processo seletivo ou na hora da entrevista. Em qualquer circunstância, a elevação da qualificação formal está colocada, compulsoriamente, na ordem do dia. E esta exigência precisa ser compreendida e dimensionada no contexto das transformações mais amplas da reestruturação produtiva e da nova dinâmica do mundo do trabalho a fim de não se pensar que surge por magia ou do capricho de alguém.

Especificamente no mundo da produção e no contato com equipamentos em geral, é preciso compreender que o período de predomínio da tecnologia analógica – aquela que para lidar com ela o trabalhador utilizava a mediação dos sentidos e a melhoria da qualificação se dava no decorrer do tempo de permanência num posto ou setor de trabalho – acabou. Agora estamos ingressando no predomínio da tecnologia digital[180]. Nesta, a mediação se dá pelo pensamento, pela capacidade de abstração. E muito mais do que destreza física e aprendizagem ao longo do tempo, agora é necessário agilidade mental e estar disponível para as mudanças que são muito freqüentes. Há autores, inclusive, que chegam a elevar a capacidade de esquecer ou abandonar conhecimentos[181] – construídos a duras penas, mas que perderam a utilidade – àquela de aceitar e criar novos. E é no interior deste novo contexto que a necessidade de estar se qualificando permanentemente se insere.

Paralelamente a este aspecto que se refere à base técnica revolucionada – para não cairmos no engodo do determinismo tecno-

---

[180] Estamos cientes que uma observação destas pode levar a interpretações que nos colocariam na condição daqueles que, na análise do momento atual, sucumbem ao determinismo tecnológico, atribuindo à tecnologia o caráter de variável independente. Longe disto, estamos apenas dando um exemplo de como uma mudança – a passagem da tecnologia analógica à digital – acaba interferindo e inserindo novos requisitos qualificacionais. Para maiores detalhes sobre este assunto, cf. BIANCHETTI, L. *Da chave de fenda ao laptop*. Tecnologia digital e novas qualificações: desafios à educação. Petrópolis e Florianópolis: Vozes e Editora da UFSC, 2001.
[181] Cf. FRANCO, M. *Ensaio sobre as tecnologias digitais da inteligência*. Campinas: Papirus, 1997.

lógico[182] – é preciso acrescentar que, muito além das condições técnicas, dos novos equipamentos e programas (*hardware* e *software*) disponibilizados, há opções de ordem política que determinam a direção, a intensidade e a abrangência da implementação das inovações. A calibragem entre possibilidades técnicas e decisões políticas, que contemplem o conjunto da população, continua colocada no rol das conquistas ainda não alcançadas e que configuram uma cidadania mais plena. A priorização do cliente em detrimento do cidadão, continua evidenciando tratamentos parciais e que parcializam a distribuição das conquistas que são coletivas para um coletivo que continua sendo segmentado em "cidadãos" de primeira, segunda e terceira categorias.

De outra parte, uma análise com perspectiva de totalidade não pode também se situar no extremo de considerar as novas tecnologias desde uma perspectiva apocalíptica, como se o desemprego e todos os males daí decorrentes devessem ser atribuídos à sua implementação. Novamente aqui é necessário revisitar a obra marxiana e extrair o ensinamento de que a humanidade jamais abdica do estágio de desenvolvimento alcançado. A receita é radicalizar no sentido de que **todos** possam beneficiar-se dos meios de

---

[182] Uma postura determinista tecnológica, como já apontado, é aquela que se caracteriza por conceber a tecnologia como variável independente, como se ela, por si só, tivesse o poder mágico de determinar a abrangência, a intensidade e a velocidade da criação e da implementação das inovações. Nunca é demais repetir: as tecnologias são criações humanas, com base em decisões de ordem política, ideológica, geopolítica, enfim, são resultantes do jogo de interesse e de força entre empresas, países e blocos. É no contexto da nova divisão internacional do trabalho que se compreende a segmentação entre criadores, beneficiários e excluídos das inovações tecnológicas e não em uma suposta determinação da própria tecnologia. Reforce-se: a tecnologia é criatura e não criador! Evidentemente há muitos e velados (nem sempre tanto!) interesses em atribuir à tecnologia a condição de *Deus ex machina* ("aparição inesperada, em cena, de um deus descido por meio de um mecanismo". Cf. RÓNAI, P. *Não perca o seu latim*. 6ª ed., Rio de Janeiro: Nova Fronteira, 1980). Isto acalma consciências no reino do capital e deixa o caminho aberto para racionalizações imputadas à tecnologia. Ou, em outras palavras, a perspectiva determinista tecnológica se apresenta como uma falsa e fácil saída para empresários e governantes desincumbirem-se da responsabilidade por decisões que priorizam a racionalização das empresas, sem levar em conta o custo social da "modernização". Para mais detalhes sobre o determinismo tecnológico, Cf. BIANCHETTI, L. *Op. Cit.*, 2001.

produção e dos produtos que são fruto do esforço coletivo, embora continuem sendo apropriados por poucos. É necessário insistir: a questão é de opção! Autores como Chesneaux e Lévy[183] são enfáticos ao afirmar que as inovações tecnológicas caracterizam-se como poderosos agentes de transformação, mas que são criadas e implementadas por que a "sociedade as chamou", no sentido de que são múltiplas as determinações que interferem para a materialização de um estágio de desenvolvimento científico e tecnológico dado. Reforçam que "nada está decidido *a priori*" e mais: a técnica põe, mas é o homem que dispõe.

Se pensarmos somente nas possibilidades técnicas disponibilizadas para a educação à distância, via tele ou videoconferência e outros meios técnicos e pedagógicos, por exemplo, poderíamos afirmar que a "ágora informacional", preconizada por Nora e Minc[184] já teria todas as condições de se tornar realidade. A transformação dos meios de comunicação em artefatos democratizados – no sentido de que todos possam ter acesso a eles – e democratizadores pelo uso que deles se fizer, no sentido de transformá-los em meios "de articulação da esfera pública e radicalização democrática", poderia criar uma realidade bem diferente daquela que acabou se concretizando, onde alguns produzem, discutem e outros consomem informações[185]. O que isso tudo evidencia? Produção de riqueza ampliada com destruição do seu pressuposto, o trabalhador.

---

[183] Para maiores detalhes ver, CHESNEAUX, J. *Modernidade-mundo*. 2ª ed., Petrópolis: Vozes, 1996. Ver também: LÉVY, P. *As tecnologias da inteligência*. O futuro do pensamento na era da informática. Rio de Janeiro: Editora 34, 1995.

[184] Esses autores argumentam no sentido de revisitar o conceito grego de Ágora, entendida com "assembléia popular, na qual os cidadãos livres participam diretamente na condução democrática dos negócios do Estado", aplicando-o para o potencial disponibilizado pelas novas tecnologias da informação e da comunicação. Para mais detalhes ver: NORA, S. e MINC, A. *La informatización de la sociedad*. México: Fondo de Cultura Económica, 1991.

[185] Para entender o uso capitalista da informação, cf. DANTAS, M. *A lógica do capital-informação*. Rio de Janeiro: Contraponto, 1996.

Mudanças recentes: novas exigências sobre os trabalhadores

Fazendo um breve *détour* e examinando "virtudes" e "vícios" flagrados na maneira tradicional, predominante até período recente, de formalizar a candidatura a um posto de trabalho por meio do documento "carreira de vida", observamos que de um certo ponto de vista os empresários, os gerentes de recursos humanos, as empresas de consultoria e os *headhunters*[186] parece que se transformaram, passando a dar ouvidos às críticas como a de Konder e resolveram considerar a totalidade dos aspectos que constituem a carreira de vida de qualquer pretendente a acessar a postos de trabalho. Um olhar mais detalhado sobre o mundo do trabalho e a concorrência intra e entre empresas, no entanto, revela uma outra realidade para os trabalhadores, como veremos logo adiante.

As escolas e universidades passam a ser questionadas na condição de *lócus* exclusivo de construção e transmissão de conhecimentos para serem aplicados em outro tempo e espaço. As mudanças rápidas vão obrigar a que se rediscutam e se redefinam os espaços e os tempos de formação. E, assim, a educação à distância e a educação ao longo da vida – decisivamente facilitadas pelas novas tecnologias da informação e da comunicação disponíveis[187] – entram na ordem do dia. O "aprender a aprender[188]", deslocando o pólo

---

[186] Termo-expressão de origem inglesa que significa literalmente "caçadores de cabeças", embora aqui se refira a cérebros. A expressão dispensa comentários.

[187] O fato de facilitar não autoriza ninguém a pensar em uma radicalização no processo de socialização do saber. Como muito bem enfatiza Newton Duarte, "acreditar na idéia de que as tecnologias de informação efetivamente possibilitassem a socialização do saber seria, por conseqüência, acreditar que o capitalismo estaria socializando os meios de produção". Cf. o livro: *Vigotski e o "aprender a aprender"*. Crítica às apropriações neoliberais e pós-modernas da teoria vigotskiana. Campinas: Autores Associados, 2000, p. 44.

[188] A arrasadora e corrosiva análise e crítica que Newton Duarte faz deste lema é imperdível. Conferir a obra acima citada. Uma versão mais sintética dessa crítica encontra-se na *Revista Brasileira de Educação*, com o título: "As pedagogias do 'aprender a aprender' e algumas ilusões da assim chamada sociedade do conhecimento". Cf. na revista citada. Campinas, ANPEd, Autores Associados, nº 18, p. 35-40, set./dez., 2001.

do conteúdo aprendido à capacidade de estar disponível para aprender, ganha o estatuto de uma filosofia educacional-empresarial e passa a ser repetido *ad nauseam*. Dilata-se a esfera educativa e as próprias empresas começam a apresentar-se como "organizações qualificantes[189]" ou "organizações de aprendizagem", às vezes se sobrepondo ou substituindo, às vezes se aliando[190] e outras vezes se opondo às tradicionais instituições educativas. No limite, prega-se a necessidade de se caminhar para uma "sociedade educativa[191]".

Contudo não demorou muito para ficar evidente que a preocupação com a ampliação das esferas educativas e com a necessidade de elevação da qualificação dos trabalhadores tem muito mais a ver com necessidades do capital do que dos trabalhadores. Duarte[192] explicita que Marx:

> Utilizou a expressão "esvaziamento completo" para se referir ao ser humano no capitalismo. A educação está sendo posta em sintonia com esse esvaziamento completo, na medida que seu grande objetivo é tornar os indivíduos dispostos a aprender qualquer coisa, não importando o que seja, desde que seja útil à sua adaptação incessante aos ventos do mercado.

---

[189] Uma série de obras de autores de diferentes tendências tratam desta questão. Conferir, entre outros: OLIVEIRA, M. A. M. *Escola ou empresa?* Petrópolis: Vozes, 1998; VELHO, S. *Relações universidade-empresa.* Desvelando mitos. Campinas: Autores Associados, 1996; BERTON I, B. *Reengenharia humana.* Preparando o indivíduo para a mudança. Salvador: Casa da Qualidade, 1994; FOGAÇA, A. e SALM, C. Qualificação; e competitividade. In: VELLOSO, J.P. dos R. e ALBUQUERQUE, R. C. de. (Org.). *Modernidade e pobreza.* São Paulo: Nobel, 1994 e SENGE, P. M. *A Quinta disciplina.* Arte, teoria e prática da organização de aprendizagem. 15 ed. São Paulo: Best Seller, 1990.

[190] Nas palavras de Antoninho Marmo Trevisan, da Trevisan Auditores e dono das Faculdade Trevisan, "as empresas serão cada vez mais escolas e as escolas cada vez mais empresas". Em entrevista a Álvaro Almeida. *Revista ISTOÉ.* São Paulo, n° 551, p. 100-1, 23 de junho, 1999.

[191] Para mais detalhes, ver o denominado "Relatório Delors", que reúne as principais projeções e apostas sobre o "papel" da educação nesse novo contexto e que serviram de base para as discussões dos Parâmetros Curriculares Nacionais (PCNs) do MEC. Cf. DELORS, J. (Org.). *Educação:* Um tesouro a descobrir. São Paulo: Cortez/Brasília: MEC/UNESCO, 1998.

[192] Cf. DUARTE, N. *Op. Cit.*, p. 54.

Preocupados em não cair no engodo de acreditar que houve mudanças, passaremos a focalizar como está aquilo que se chama o estado da arte de algumas "fórmulas infalíveis" para a construção dos *curricula* para garantir uma vaga no mercado de trabalho, no final da década de 90 e início do século XXI, e como a construção da qualificação-empregabilidade é cada vez mais considerada um atributo e uma responsabilidade pessoal do trabalhador. O cotejo entre aquela que era considerada a fórmula ideal, analisada e criticada por Konder, para conseguir um emprego e as fórmulas mágicas sugeridas nos dias de hoje para adentrar no mercado do trabalho e nele manter-se, proporciona um excelente termômetro, um privilegiado *belvedere* para observar e apreender os dilemas de uma quantidade maior de trabalhadores, numa época em que morrem mais profissões do que novas são criadas e outras são metamorfoseadas, sempre sendo incrementadas com novas exigências qualificacionais. Percebe-se também que, para aqueles trabalhadores que se mantêm empregados e para as poucas novas opções de trabalho que surgem, estão a se exigir dos candidatos a empregos qualificações cognitivas e atitudinais que pouca relação guardam com as exigências de tempos recentes e com a formação recebida nas instituições formais de ensino.

O que podemos antecipar é que, num campo como esse das relações entre educação e mundo do trabalho; entre poucos postos de trabalho e muitos candidatos para preenchê-los; num campo onde as regras básicas da lógica capitalista são testadas e confirmadas unidirecionalmente, com certeza este não é um espaço apropriado para se falar em dialética. Contudo, uma das leis da dialética – a da negação da negação –, acabou se configurando, se tivermos como parâmetro a análise de Leandro Konder. Simplesmente o que era considerado negativo ou desabonador ao candidato ou se constituía em uma série de defeitos na forma e no conteúdo da sua "carreira de vida", a ponto de serem banidos daquele espaço-currículo, transformou-se em algo muito valorizado. Ao negar-se o que era negado ou o que não deveria aparecer, afirmou-se uma série de elementos que passaram a ser valorizados, como é o caso de ter trabalhado em muitas empresas, ter feito cursos diversos que acabam favorecendo uma formação generalista, cultivar *hobbies*[193], ter algum tipo de engajamento social, ter viajado bastante etc. Em síntese, mantêm-se exigências anteriores e agregam-se novas, (sobre)carregando os candidatos a postos de trabalho com mais e mais requisitos. Contudo, dos aspectos altamente valorizados, nada se sobrepõe à pregação sobre a necessidade de ter estudado, estar estudando e assumir os pressupostos da educação permanente.

Sucumbindo, de um lado, à necessidade de conseguir uma vaga para produzir sua existência e, de outro, seguindo os conselhos dos especialistas – às vezes diretamente, outras forçando interpretações –, a vítima mais uma vez é vitimada! Frente à empresa para a qual pleiteia uma vaga e frente à firma de consultoria, o desonesto é ele, o candidato a um emprego, que não foi verdadeiro, não foi íntegro, ao não distinguir a sutileza da linha divisória que separa a mentira da omissão da verdade.

Outro aspecto que veio se avolumando como critério determinante para a candidatura a um posto de trabalho, uma vez que a "disputa é feroz", é aquilo que os consultores denominam de "aspectos subjetivos do aspirante". Em muitos casos "as características pessoais contam mais pontos do que as habilidades técnicas do candidato". Em extenso artigo sobre o assunto na Revista *TUDO que eu quero*, candidatos ficam sabendo que "do momento em que o aspirante a

---

[193] É interessante perceber como o capital vai avançando o sinal, visando apropriar-se do dia-a-dia dos trabalhadores. No Caderno Empregos da *Folha de S. Paulo* aparece uma reportagem com o sugestivo título: "Currículo e *hobbies*", onde enfatiza-se que "profissionais adquirem habilidades valorizadas pelo mercado de trabalho com a prática de atividades de lazer". Conforme o conteúdo da reportagem, a valorização de "qualidades subjetivas" faz com que um novo tópico seja inaugurado na organização e apresentação dos *curricula*: "*hobbies*". Embora nem todos os entrevistados concordem, neste novo tópico valoriza-se, entre tantos outros aspectos: quem pratica esportes radicais, uma vez que isto contribui para desenvolver a capacidade de tomar decisões rápidas; a prática de trabalhos voluntários, pois isto contribui para a socialização da pessoa e melhora a avaliação e aceitação da empresa e a prática de esportes coletivos, uma vez que isto favorece o sentimento de time, de equipe. Há um depoimento, contudo, que é revelador: "Há quem una seus hábitos individuais ao perfil profissional, mas não é regra. As empresas ainda contratam pela parte técnica, ao avaliar a trajetória profissional e demitem pela parte pessoal." Cf. *Folha de S. Paulo*. Folha Classificados, p. E4, domingo, 17 de fevereiro de 2002.

algum cargo senta na ante-sala do departamento de seleção ao aperto de mãos para se despedir, todos os seus gestos são avaliados e têm peso na contratação[194]". E assim, o candidato, que pensava estar buscando uma solução para o seu desemprego, apercebe-se como participante de um *reality show*, sendo esquadrinhado pelos oniscientes e onipresentes olhares de um *big brother* mais implacável do que aquele projetado por George Orwell[195].

De acordo com depoimentos de consultores de RH, isto acontece porque o espectro de competências que o trabalhador deve possuir para adaptar-se à nova ambiência do mundo do trabalho está em franca dilatação. Por isso, além de todos os aspectos que anteriormente eram levados em consideração e que configuravam a "inteligência cognitiva e psicomotora" ou também chamada de "inteligência racional", agora se acresce um conjunto de habilidades que compõem a "inteligência emocional[196]". Posturas, comportamentos, formas de vestir-se, aspectos relacionados à personalidade, temperamento[197], liderança, empatia, capacidade de trabalhar em equipe e uma série de outros itens agregam-se para compor o trabalhador-tipo-ideal buscado pelas empresas hoje.

---

[194] Cf. VIEIRA, V. Como vencer a disputa por um novo emprego. *Revista TUDO que eu quero*. São Paulo, Abril, n° 73, p. 28-31, 21 de junho de 2002.

[195] . Cf. ORWELL, G. *1984*. São Paulo: Companhia Editora Nacional, 1983.

[196] Além do "clássico" da área, que é o livro de GOLEMAN, D. *Inteligência emocional*. A teoria revolucionária que redefine o que é ser inteligente. Rio de Janeiro: Objetiva, 1995, em 2002 foi lançado outro: GOLEMAN, D. *et al. O poder da inteligência emocional*. Rio de Janeiro: Campus, 2002. Ver também o artigo "Poder coletivo", na Revista *Você S.A*. São Paulo, Abril, n° 46, a. 5, p. 68-74, abril de 2002.

[197] Uma reportagem, de caráter prescritivo, apareceu na *Folha de S. Paulo*, Caderno Empregos, 7 de março de 1999, com o título: "Aprenda a lidar com o seu temperamento." Nela estão mapeados oito possíveis categorias de candidatos ou trabalhadores, relacionados a "manifestações temperamentais", como é o caso do "explosivo", o "arrogante", o "supertímido", o "em cima do muro", o "estrategista", o "espaçoso" e assim por diante. O que chama a atenção é o fato de, embora não estabelecendo qual é o padrão desejável, acaba-se por induzir à conclusão de que a única forma de o candidato ou o trabalhador enquadrar-se no figurino *é ser o que ele não é*. Por exemplo, afirma-se que o "supertímido" é aquele que "não se coloca nem mesmo em cima do muro: fica atrás". Por sua vez o "estrategista" "preenche a falta de competência com habilidade, arma situações para impressionar..."

Outra frente que evidencia desafios novos e insuperáveis aos candidatos a empregos e que já se manifesta na montagem e na possibilidade de encaminhamento dos currículos é um aspecto que deixa a âncora da meritocracia – questão fundante da "revolução" da burguesia para o acesso a postos e ao exercício de funções – sem base para fixar-se. Em duas reportagens recentes da *Folha de S. Paulo*, fica-se sabendo que o nepotismo, embora maquiado, grassa mais vigorosamente do que os ideólogos do capitalismo gostariam de admitir e do que candidatos a vagas poderiam aceitar. As estratégias atuais de maquiamento do nepotismo conhecem duas metodologias: uma com mais *pedigree* e outra mais recente e sutil, mas nem por isto menos eficiente. A primeira, refere-se ao processo de indicação de um amigo, vizinho, parente, e a segunda relaciona-se à não divulgação da vaga existente. Assim, conforme as reportagens, "indicações preenchem até 75% das vagas"[198]. Por explicação suplementar informa-se que as "empresas adaptaram e incorporaram o Q.I. ('quem indica') na seleção e passaram a premiar funcionários que apontam bons candidatos". Observe-se que, por esta primeira estratégia, até o próprio funcionário acaba se constituindo em uma espécie de empresa de consultoria e um caçador de talentos. O poder e a autoestima de alguém que está empregado ganha mais um reforço[199]. E para não criar escrúpulos, como se enfatiza na reportagem, "as empresas estão oficializando esse recurso para afastá-lo da pecha de "politicagem" e "apadrinhamento".

Quanto à segunda estratégia, a manchete explicita que "candidato ignora as vagas 'invisíveis'[200]". E na complementação explica-se que

---

[198] Cf. artigo assinado por ABRAHÃO, T. *Folha de S. Paulo*. Caderno Empregos. E12, domingo, 9 de julho de 2000.

[199] Reforço, inclusive, que pode se traduzir em retorno financeiro, como é o caso do BankBoston que premia em 3.000,00 o funcionário que fizer uma indicação que se transforme em contratação. Como indica um dos títulos da reportagem: "'Padrinho' tem recompensa por sugerir nomes." Cf. reportagem assinada por FONTES, B. M. *Folha de S. Paulo*. Caderno Empregos. E8, domingo, 2 de junho de 2000.

[200] Cf. reportagem referenciada na nota anterior. Complementarmente são analisados os prós e contras dessa nova estratégia. Interessante que, analisando bem, os prós são para a empresa e os contras para os candidatos.

"sem anunciar contratação, empresas preenchem postos por indicação, recrutamento interno e *headhunters*. Informa-se ainda que "mais de 80% dos novos empregos disponíveis não são anunciados". A esta metamorfose, pela qual foi submetido o nepotismo, chama-se de "diversificação de estratégias". E, segundo os consultores, cabe mais uma vez aos candidatos aprenderem essas novas estratégias para saber procurar as vagas. "Achar uma boa posição no mercado está cada vez mais na mão de quem a procura, porque o processo de recrutamento das empresas mudou." E, assim, o postulante a um emprego descobre que precisa aplicar uma dose maior de esforço para fazer amigos e agradar. Como se enfatiza na reportagem, é importante dedicar tempo a melhorar relacionamentos e, uma regra de ouro: "Nunca romper com o chefe por causa da demissão", uma vez que os mais "eficientes indicadores" são antigos chefes e/ou ex-empregadores.

Observações sistemáticas e seguidoras de uma linha de tempo vão indicando que as novidades no *front* da busca por um emprego não param de aparecer e de surpreender, caso não sejam compreendidas como manifestações fenomênicas de uma realidade bem mais ampla e dramática para os desempregados. E estas mudanças ficam evidentes na terminologia e na metodologia de trabalho das empresas ou agências que fazem a mediação entre o candidato e a vaga pretendida. Sobre a terminologia: as antigas "agências de emprego", passam a denominar-se "agências de talentos", "empresas de consultoria" e uma série de outras denominações para englobar as "empresas especializadas em recolocação profissional[201]". Ao observar a palavra "recolocação", ocorre-nos o alerta de Eric Hobsbawm[202] quando afirma que "as palavras são testemunhas que muitas vezes falam mais alto que os documentos". Particularmente esta não aparece por acaso, especialmente quando sairmos da terminologia para entendermos a metodologia que possibilita a visualização daquilo que dá materialidade a ela, como veremos.

---

[201] Cf. relação destas na Internet ou na Revista *Tudo que eu quero*. São Paulo, Abril, n° 73, p. 32-3, 21 de junho de 2002.
[202] Cf. HOBSBAWM, E. *A era as revoluções*. 1789-1848. *Op. Cit.*, p. 17.

Avancemos um pouco procurando apreender as profundas metamorfoses pelas quais vêm passando a antiga "agência de empregos" até constituir-se na "empresa de consultoria". A agência era procurada pelos candidatos e pelas empresas e o seu trabalho era mediar contatos. Um pequeno, mas significativo detalhe, mostra a distância entre os procedimentos de uma e outra. A agência, pelos seus serviços, cobrava 50% ou o valor total do primeiro salário que o futuro trabalhador viria a receber. E assim procedia, pois tinha segurança de que a maior parte dos contatos entre empregador e empregado redundava em contratos de trabalho. Pesquisa junto às empresas de consultoria mostra que algumas cobram taxa única, no momento da intermediação, que varia entre 1.500,00 a 2.000,00 reais pelos serviços prestados. Mas o que chama a atenção é o fato de duas das maiores empresas de consultoria terem inovado, passando a cobrar, antecipadamente, em duas parcelas, o valor entre 40 e 60% "do salário pretendido".

Aqui, entre outras questões, duas sobressaem à guisa de conclusão: o termo "recolocação" indica que a maioria daqueles que procuram estas empresas são ex-empregados que dispõem de condições financeiras para investir em um leque de serviços prestados por estas empresas que nada lembra a tradicional agência de empregos. Neste leque estão incluídos, entre outros: estratégias para organizar o currículo de uma forma adequada às exigências dos consultores e dos *headhunters*, dinâmicas de grupo, simulações de entrevistas; treinamento sobre maneiras (in)adequadas de vestir-se e apresentar-se para as entrevistas, análise de perfil, aconselhamento para melhorar a auto-estima etc. Quanto à estratégia de cobrar, antecipadamente, sobre o salário pretendido, duas observações: a) da parte da empresa de consultoria: a certeza sobre a futura contratação é tão pequena que não é possível adiar o pagamento pelos serviços prestados, aguardando o recebimento do primeiro salário; b) da parte do candidato: seria necessário um artigo exclusivo para tratar do drama que se desenrola no nível psíquico e interpessoal do candidato no momento que vai informar o salário. Pretender mais significa ser visto como confiante, arrojado, portador de uma alta auto-estima e tudo o mais que os gurus dos manuais de auto-ajuda ululam, mas o preço disso é pagar mais pela consultoria. Pretender menos significa trabalhar com a opinião negativa sobre si e sobre o que o candidato pensa que pensarão dele. A "recompensa", contudo, é manter as reservas de subsistência que poderão demorar um bom tempo para serem repostas.

As últimas novidades no *front* da organização e do conteúdo do *curriculum*

Para aqueles que se dedicam a pesquisar e analisar as transformações no mundo do trabalho e as exigências qualificacionais impostas aos trabalhadores para ingressar, manter-se ou reinserir-se no mercado de trabalho, os primeiros meses do ano de 2003 mostraram-se pródigos em "novidades[203]", particularmente no que se refere às novas estratégias das empresas de intermediação ou recolocação profissional. E cabe antecipar que também essas "novidades" mais recentes são pouco alvissareiras para os trabalhadores.

Sumariamente, apresentaremos três delas:

a) Com a disseminação da Internet, o currículo em papel entra em refluxo, tendendo a desaparecer.

b) Com a tentativa frustrada por parte de uma empresa de recolocação de impedir a publicação de uma reportagem sobre as suas estratégias de realocação de profissionais, alguns fachos de luz foram lançados nessa verdadeira caixa preta que é a "indústria da recolocação".

c) Com o aprofundamento do fosso entre a pouca oferta de postos de trabalho e a grande procura por parte de candidatos, as empresas passam a adotar a "estratégia DaVinciana" para selecionar candidatos.

---

[203] Colocamos a palavra entre aspas para evidenciar que apreendemos aquilo que é apresentado como novo no interior do contexto explicitado pela frase de Lampedusa: uma novidade que se reduz à forma de apresentação, mas que mantém inalterada a questão central.

Curriculum e internet

Nas páginas anteriores viemos constatando as inúmeras metamorfoses pelas quais vêm passando a forma e o conteúdo de organizar e apresentar o *curriculum*. Porém, nenhuma das transformações apresenta o caráter de radicalidade quanto aquilo que está se convencionando chamar de "currículo *online*". Em extensa reportagem sobre o assunto, a *Revista Você S.A.* informa que "a internet não mudou apenas a forma como as empresas contratam, ela inaugurou o fenômeno da proliferação de currículos[204]".

Depois de afirmar que "o currículo *on-line* já virou o feijão-com-arroz de quem busca uma oportunidade no mercado de trabalho" (p. 26), são apresentados dados que evidenciam o decréscimo do número de anúncios nos classificados dos principais jornais de São Paulo e o aumento astronômico de currículos veiculados pela Internet[205]. No primeiro caso foram 2.605 no ano de 2000; 1.915 em 2001 e 1.488 em 2002. Já em relação à estratégia de disponibilizar os currículos *online*, os dados mostram, por exemplo, que só no "*site* brasileiro Curriculum.com.br são inscritos, em média, 500 novos currículos por dia". Informa-se, ainda, que o *BankBoston* recebe em torno de 100 currículos por dia e que a Multibrás recebeu 13.000 currículos no decorrer do ano de 2002.

A convergência entre os analistas é que a Internet e a possibilidade de armazenar dados estão modificando as estratégias de recrutamento. Não é mais necessário divulgar vagas: basta consultar os dados disponíveis sobre candidatos. Os bancos de dados das próprias empresas ou aqueles administrados por empresas especializadas em organizar e gerenciar bancos de dados, juntamente com os programas de estágios (*trainee*), são as searas mais utilizadas pelos profissionais da (re)colocação profissional para "caçar talentos".

---

[204] Cf. *Você S.A*. São Paulo. Editora Abril. Edição n° 57, p. 26 a 29, março de 2003.

[205] Como está sendo comum acontecer nesta área, neste assunto também são elaborados "mandamentos-receitas" para aproveitar-se desta nova forma de candidatar-se a um posto de trabalho. Neste caso são sete "receitas", sendo que a primeira é: "Esqueça o currículo de papel. Ele não é mais bem-vindo pelo mercado. A não ser que tenha um encontro ou uma entrevista e o entregue pessoalmente" (p. 29).

Ainda segundo os especialistas da área, a utilização dessa estratégia é vantajosa para a empresa e para os candidatos. O argumento é quantificado com os seguintes dados: "Um processo de contratação tradicional, com anúncio em jornal, leva cerca de 35 dias. Já o que usa o banco de dados da Internet leva, em média sete" (p. 28).

No entanto, assim como em outras áreas, na própria reportagem alerta-se para os riscos, de um lado, relacionados à segurança dos dados disponibilizados, e de outro, à estratégia utilizada por empresas: anunciar vagas falsas ou inexistentes a fim de coletar ilegalmente informações de candidatos. Outro problema detectado é a invasão de bancos de dados por parte de empresas concorrentes, buscando copiar currículos[206], incorrendo em problemas legais relacionados à concorrência desleal e à violação de direitos autorais.

De nossa parte cabe apenas levantar alguns questionamentos que não freqüentam as páginas de revistas de RH ou as reportagens como a mencionada acima e que diz respeito às possibilidades e às condições de acesso à rede por parte dos milhões de desempregados ou daqueles que lutam por manter-se empregados.

Embora apologeticamente se fale que estamos em pleno domínio da sociedade do conhecimento ou da informação, documento da CEPAL dá conta de que apenas 3,5% das perto de 600 milhões de pessoas conectadas no mundo estão na América Latina[207]. De outra parte, recente reportagem da *Folha de S. Paulo* a respeito do "Mapa da exclusão digital" dá conta de que apenas 8,14% dos quase 170 milhões de brasileiros estão conectados à Internet. Em outras palavras, não é porque supostamente estamos vivendo em uma socieda-

---

[206] De acordo com a reportagem, a empresa Curriculum "move ação contra a *Catho*, acusando-a de acessar ilegalmente mais de 100.000 currículos do seu banco de dados. Funcionários da *Catho* usaram a empresa *2Minds4Art* e desenvolveram um programa com a finalidade de copiar currículos" (p. 28). Em outra reportagem informa-se sobre a instauração de processos entre empresas de consultoria por "roubo de currículos" (Cf. *Revista Você S.A.*, p. 21, maio de 2003).
[207] Cf. CEPAL/UNESCO. A América Latina e o Caribe na sociedade do conhecimento. Documento apresentado por ocasião da Cúpula das Américas, realizada em Florianópolis/SC, no lançamento da Internet II em junho de 2001.

de pós-industrial[208] ou pós-capitalista ou sociedade do conhecimento[209] que a exclusão deixou de existir.

Alguns lampejos de luz sobre a "indústria da recolocação"

Desde dezembro de 2002, a *Revista Você S.A.* vinha tentando publicar uma reportagem sobre "a indústria da recolocação". Por mais de quatro meses foi impedida, por via judicial – liminar –, de disponibilizar aos leitores "os bastidores de um negócio que não pára de crescer no Brasil à custa da venda de um sonho: o emprego perfeito". Finalmente, em abril de 2003, a Editora Abril conseguiu caçar a liminar e publicar integralmente a reportagem[210], apresentando informações e dados até então pouco ou nada conhecidos pelo grande público.

Acessando ao conteúdo da reportagem, é possível entender o empenho de empresas ou de "indústrias da recolocação" no sentido de impedir a sua publicação. Ocorre que, de um lado, o conteúdo e os dados apresentados esgarçam uma realidade que apenas um número reduzido de desempregados e de outros interessados em mudar de emprego já experimentaram e seus depoimentos são um verdadeiro libelo contra essas empresas e seus métodos. Por outro lado, o meio de veiculação – a *Revista Você S.A.* – não é uma revista de sindicatos de trabalhadores ou de algum partido de esquerda que alardeia "falsas" acusações. Ela é um veículo de comunicação estreitamente vinculada ao mundo patronal e um dos canais privilegiados para a divulgação das novas estratégias empresariais e, principalmente, dos métodos, das receitas, dos mandamentos dos gurus-ideólogos do empreendedorismo e da empregabilidade. Por isso, o empenho e o furor com

---

[208] Cf. BELL, D. *O advento da sociedade pós-industrial.* São Paulo: Cultrix, 1977. Sociedade pós-industrial.

[209] Cf. DRUCKER, P. *Sociedade pós-capitalista.* São Paulo: Pioneira, 1993.

[210] Cf. *Revista Você S.A.* Editora Abril. São Paulo: Edição 58, p. 16-31, abril de 2003.

que se tentou impedir a publicação: é como se uma traição estivesse sendo perpetrada. Afinal, dificilmente se chegaria ao ponto de um assunto como este bater às portas dos tribunais, caso o fornecedor do serviço e o cliente-vítima não pertencessem à elite. Desempregados, analfabetos ou semi-analfabetos, sequer teriam condições de pretender contratar um serviço de intermediação. Saber ler, ter acesso à Internet, possuir telefone e, principalmente, poder pagar pelo serviço de consultoria são pressupostos para esses contatos acontecerem e contratos serem amarrados.

Alguns dados evidenciam a problemática enfocada e o receio da divulgação da reportagem. Há uma estratégia-padrão por parte dessas empresas: telefona-se para uma pessoa informando-a de que há uma vaga disponível para ela. Agregada à informação – que na maior parte das vezes é falsa – vai o preço: "A compra de serviços de consultoria de carreira" (p. 17). Esses serviços englobam (re)organização do *curriculum vitae*; treinamento para entrevistas e submissão a testes psicológicos. Segundo a própria reportagem, trata-se de um "negócio de baixíssima taxa de sucesso" para o candidato, mas certamente de retornos seguros para a empresa de consultoria.

A proliferação dessas indústrias da recolocação está diretamente relacionada ao alto índice de desemprego e à tarefa hercúlea a que se dedicam aqueles que estão tentando ingressar, manter-se ou reinserir-se no mercado de trabalho. O sucesso delas, de outra parte, está relacionado ao fato de as pessoas que se encontram nessa situação estarem bastante vulneráveis. Ou como se afirma na reportagem: "O profissional está emocionalmente frágil, financeiramente apertado e socialmente excluído" (p. 18).

No decorrer deste texto, inúmeras vezes utilizamos palavras do campo da teologia – mandamentos; pregação; crença... – para designar os meios e as estratégias utilizadas pelos gurus do empreendedorismo visando reforçar o voluntarismo das pessoas – elas são responsáveis únicas pelo seu sucesso ou fracasso – bem como a forma de agir dos funcionários da "indústria da recolocação". Uma afirmação dos pesquisadores que elaboraram a reportagem em foco acaba reforçando essa perspectiva. Segundo eles, "a proliferação dessas empresas é muito similar ao crescimento das organizações religiosas. Ambas oferecem amparo à pessoa que está num momento de baixa auto-estima e se sente abandonada" (p. 18).

Percebe-se também que, paralelamente à maneira nem sempre honesta dessas empresas atuarem, evidencia-se muita desinformação por parte dos clientes, embora se possa supor que sejam pessoas com um grau médio ou superior de instrução. Como se afirma na reportagem:

> Os profissionais que buscam ajuda nesse tipo de empresa repetem quase sempre o mesmo roteiro: recebem promessa de vaga que não existe; compram serviços que vão ajudar a obter uma recolocação que nunca acontece. Encontram um serviço padronizado no qual obtém a promessa de tratamento individualizado. Pagam mais de 1.000 reais por um serviço que pode ser feito por menos de 1 real: colocar o próprio currículo no correio.

De acordo com depoimentos de funcionários de algumas dessas empresas, há uma cobrança muito grande sobre os vendedores – chamados de "consultores" – para que consigam clientes. O salário que recebem, além de um valor fixo, está relacionado ao número de clientes que consigam arregimentar. Segundo um dos depoentes, "os que mais faturam são aqueles que vendem geladeira para esquimó" (p. 26).

Quanto aos custos dos serviços de consultoria, variam em uma escala que vai de 1.000 a 7.000 reais, dependendo do cliente. É claro que os preferidos são aqueles que, recém-desempregados, ganharam boas indenizações das empresas de onde saíram. No tocante ao tipo de serviços prestados, vai da "elaboração de uma estrutura curricular completa impressa a laser em papel", passando pela "dinâmica de grupo", "motivação", "técnica de entrevista", "marketing pessoal" e mais uma gama de serviços, a preços cujo valor mais baixo é de 1.500 reais.

Buscando atender a inúmeras reclamações junto aos PROCONS e à entrada de muitos processos na justiça contra as empresas de consultoria que constituíram a "indústria da recolocação", uma promotora pública de São Paulo entrou no Tribunal de Justiça com pedido de liminar, visando a garantir a proibição de que as empresas denunciadas "anunciem vagas falsas na mídia e em seu *site* na *internet*; captem clientes de forma agressiva e desleal e anunciem parcerias inexistentes com empresas potencialmente receptoras de sua clientela" (p. 30). Enfim, vale a pena ler toda a reportagem e acompanhar o desenrolar dos acontecimentos. Certamente novas luzes serão lançadas sobre um negócio que tem se expandido espantosamente nas sombras, ao arrepio da lei e sem o mínimo respeito àqueles que se encontram em situação desesperadora, como é o caso de quem está em dificuldades de produzir dignamente a sua existência por continuar ou ter sido jogado na condição de desempregado.

Quando o futuro está em algum lugar do passado ou a estratégia de Leonardo Da Vinci revisitada

Segundo Márcio Pochmann, secretário de Desenvolvimento, Trabalho e Solidariedade da Prefeitura de São Paulo, destacam-se dois aspectos que acabam complexificando e complicando a situação de quem está em busca de uma vaga no mercado de trabalho: de um lado, a economia em estagnação ou retração, que acaba provocando a manutenção de elevados índices de desemprego e, de outro, a baixa qualificação dos trabalhadores que os obriga a depositar suas esperanças nos serviços de consultoria disponibilizados pelas empresas de recolocação. Mas, como muito bem se alerta no decorrer da reportagem: "saiba que há muitas promessas, mas não há milagres[211]".

Estes e outros aspectos anteriormente apontados estão obrigando as empresas a inovar em termos de garantir contratações que lhe sejam adequadas e lhe proporcionem vantagens competitivas. Depois de as empresas superarem diversas fases e modalidades de contratação, como vimos no decorrer deste trabalho; depois de os candidatos a um posto de trabalho se apresentarem com o seu *curriculum* elaborado,

---

[211] Cf. UTIYMA, C. e JACOMINO, D. Muitas vagas, poucos empregos. *Revista Você S.A*. São Paulo, Abril, Edição nº 59, p. 20-4, maio de 2003.

justificado e comprovado das mais diversas formas, estes estão tendo que se defrontar com a maneira mais recente, inovadora e radical de as empresas desencadearem o processo seletivo para o preenchimento de vagas: simplesmente a dispensa do *curriculum vitae!* Em uma perspectiva de cumulatividade, isto é, sem abandonar as exigências anteriormente impostas ou interpostas entre a formação escolar/universitária, o perfil profissional (autonomia, criatividade, capacidade de trabalhar em grupo etc.) do candidato e a sonhada vaga, acrescenta-se mais uma exigência: "O que o profissional tem a oferecer para a empresa." Com o subtítulo "Currículo tradicional perde o valor", a reportagem do *Diário Catarinense* dá conta de que, para gerentes de RH, mais importante do que saber o que o candidato "fez de hoje para trás, interessa o que ele tem a oferecer para frente[212]". Uma vez que a qualificação formal dos candidatos é muito semelhante, o diferencial será garantido pela melhor proposta em termos daquilo que o candidato poderá propiciar à empresa assim que for contratado. De acordo com uma gerente de RH, "quando alguém liga para mandar um currículo, eu explico que queremos uma proposta de trabalho, com as habilidades e competências que a pessoa possui e que ela pode agregar à empresa[213]".

"Proposta de trabalho" ao invés do tradicional ou do moderno *curriculum vitae*: eis a mais recente inovação no campo da (re)colocação profissional. De acordo com consultores, isto representa uma quebra paradigmática em relação a tudo o que se vinha fazendo anteriormente. Do nosso ponto de vista, no entanto, o que percebemos nesse processo é uma retomada, fora de lugar e do tempo, da estratégia utilizada ou do paradigma inaugurado por Leonardo Da Vinci, ao enviar a sua "proposta de trabalho" a Ludovico Sforza, imperador de Milão. A distância entre a época e a genialidade de Da Vinci em relação aos milhares e até milhões de Betos, Josés e Antônios que estão em busca do seu espaço no mundo do trabalho para produzir dignamente sua existência já foi evidenciada em itens anteriores. Fica apenas a interrogação

---

[212] Cf. ARAÚJO, V. Empresa quer novo perfil profissional. *Diário Catarinense*. Caderno Economia. Florianópolis, p. 13, dia 23/04/2003.
[213] Idem, p. 13.

a respeito de qual será a próxima novidade com a qual os trabalhadores terão que se defrontar, uma vez que na perspectiva do empreendedorismo e da empregabilidade, a (in)adequação é um problema do trabalhador e a ele cabe a responsabilidade de resolvê-la.

Conclusão?

Como uma síntese do período de pré-automatização e do predomínio da automatização no processo de trabalho, Marx[214] assim se manifesta:

> O que caracteriza a divisão do trabalho no interior da sociedade moderna é que ela cria as especialidades, as espécies e com elas o idiotismo da profissão (...). O que caracteriza a divisão do trabalho na oficina automática é que o trabalho perdeu aí todo o caráter de especialidade. Mas a partir do momento que cessa qualquer desenvolvimento especial, a necessidade de universalidade, a tendência para um desenvolvimento integral do indivíduo começa a fazer-se sentir. A oficina automática faz desaparecer as espécies e o idiotismo da profissão.

Certamente não ocorreu a ele imaginar que, passado mais de um século da sua afirmação e a implementação do processo de automatização tendo alcançado o patamar de disseminação dos dias atuais, acabaria, junto com o "idiotismo da profissão", fazendo desaparecer muitas profissões e naquelas em menor número criadas continuaria reproduzindo-se ou até amplificando-se os aspectos atentatórios à dignidade e à realização de homens e mulheres. Nestas circunstâncias, cabe a nós, recolocar com mais e contundentes argumentos que o problema não é a automatização e nem as profissões que morrem ou as novas que são criadas. A questão central é que a relação entre os donos dos meios de produção e os donos da força de trabalho ou a lógica interna do modo de produção capitalista permanece inalterada.

A realidade do dia-a-dia de quem precisa lutar para manter-se incluído no número dos empregados e daqueles que lutam para fa-

---

[214] Cf. MARX, K. *Miséria da filosofia*. São Paulo: Edições Manacaru, 1990, p. 158.

zer parte dessa estatística, pouco se aproxima dos relatos da "realidade" apontada nas palestras dos novos e efêmeros gurus e nos seus fugazes *best sellers*. As exigências qualificacionais (cognição e atitudes) não param de expandir-se; os laços de solidariedade entre trabalhadores esgarçam-se perigosamente, uma vez que cada colega é um potencial usurpador do seu posto de trabalho (sindicalismo em veloz e violento refluxo); a nova divisão internacional do trabalho reimprime uma espécie de taylorismo-fordismo fora de lugar-tempo no que se refere à divisão entre trabalho de concepção e execução (Primeiro e Terceiro Mundos respectivamente); a supremacia do capital financeiro pouco espaço sugere para a manutenção ou ampliação do número de postos de trabalho. E, por fim, ao invés de se falar em qualificação, fala-se em competências; ao invés de emprego (responsabilidade de governantes e empresários) fala-se de empregabilidade, laboriosidade (transferência de responsabilidade exclusiva ao trabalhador para construir suas condições de ingressar no mercado de trabalho e manter-se empregado).

Enquanto estas condições persistirem, aqueles que pretendem ingressar no chamado mercado de trabalho, aqueles que gostariam de reingressar e aqueles que, mesmo incluídos, têm outras pretensões em termos de outras possibilidades de realização e vierem a se utilizar o expediente de organizar o documento chamado "carreira de vida", continuarão se defrontando com novas exigências, sempre tendo a sensação de que, por mais que sejam ordeiros, por mais que sejam cordatos, por mais que procurem se adequar, por mais que sejam rápidos[215], por mais que se julguem qualificados, nunca será o suficiente.

Por fim, é de recolocar-se a questão: Afinal, qual ou quais são as mudanças que estão a demandar novas formas de organizar e de apresentar o *curriculum vitae*? Qual é a extensão, a profundidade, a abrangência dessas mudanças? Penso que, em termos de base material, de novos e sofisticados equipamentos e processos (*hardware* e

---

[215] Frank Parsons, no livro *Escolhendo uma vocação*, escrito em 1908, quando ele organizou o primeiro gabinete de orientação vocacional em Detroit, EUA, para agenciar trabalhadores para a florescente indústria automobilística, fez da divisa "a pessoa certa no lugar certo", a principal propaganda para os seus serviços. Ora, hoje, além do desafio de o trabalhador ser "a pessoa certa para o lugar certo", ele ainda precisa acrescer: "e no momento certo"!

software) inseridos no mundo da produção e de novas formas de organização e gerenciamento das empresas, dificilmente alguém discordaria da afirmação de que profundas e velozes transformações estão em processo. No entanto, quando passamos a focalizar as mudanças, as conquistas no tocante à apropriação e usufruto, por todos, daquilo que resulta dessas mudanças e do trabalho coletivo, somos obrigados a encarar de frente a lampedusiana afirmação relacionada à mudança para garantir a manutenção do *status quo*.

E, particularmente, o que pensar das tão alardeadas mudanças que vieram sendo implementadas na forma de organização e de apresentação dos *curricula*? Frente a isto, penso não ser difícil concordar com David Harvey[216], quando afirma que ao invés de falar em mudanças radicais deve-se concluir que se está frente a "transformações da aparência superficial". Na concretude o que está ocorrendo ou continuando a ocorrer é uma radicalização do *modus faciendi* da burguesia, com todas as suas decorrências em termos de inclusão de poucos e exclusão da maioria, apesar de todas as condições dadas para a superação dessa situação conspiratória à dignidade de cada homem e de cada mulher e da humanidade em geral. É bom ter presente que o impedimento para que o outro seja em direção a uma vida mais plena não torna aquele que impede mais ou melhor que o impedido. Ambos – e isto é extensivo a classes – perdem!

Muito mais do que uma análise pessimista da nossa época está colocada a questão de não abrir mão, no plano ético-político, do projeto de todas as pessoas poderem ter as condições dignas de produzir a sua existência. Impõe-se a necessidade de recolocar o *utopos*, o não-lugar, aquilo que ainda não está concretizado, embora as condições técnicas já estejam dadas para a realização das utopias projetadas. Isto é decisivo e urgente, pois já estamos convivendo com os resultados daquilo que, conforme palavras de. Habermas, era para ser apenas um alerta: "Quando secam os oásis utópicos estende-se um deserto de banalidade e perplexidade[217]."

---

[216] Cf. HARVEY, D. *Condição pós-moderna*. São Paulo: Loyola, 1993.
[217] HABERMAS, J. Uma nova intransparência: a crise do estado de bem-estar social e o esgotamento das energias utópicas. *Novos Estudos CEBRAP*. São Paulo, n° 18, p. 103-114, set. 1987.

Capítulo 6

SAÚDE, TRABALHO E PSICOPATOLOGIAS

Roberto Moraes Cruz

Abordar as relações entre os conceitos saúde e trabalho significa demonstrar o quanto os campos disciplinares que se ocupam em analisar as questões da saúde humana no trabalho expressam, além das determinações sócio-históricas, políticas e econômicas que lhe são inerentes, um amplo espectro de análise do trabalho coletivo e individual, seja em sua dimensão macrossocial, seja na dimensão do posto de trabalho no interior das organizações. A discussão sobre as implicações entre saúde e trabalho não é, porém, um assunto novo. Estudos epidemiológicos recentes apontam verdadeiras epidemias das chamadas doenças profissionais ou doenças relacionadas ao trabalho. Do ponto de vista das patologias atribuídas à organização e ao processo de trabalho, é possível verificar nos estudos especializados o modo como progridem os efeitos somáticos e psicológicos relacionados ao barulho, às vibrações, ao ritmo, à densidade e à intensidade de trabalho, denominados genericamente de afecções periarticulares, alergias, estresse e descompensações psicológicas. Um dos aspectos importantes a ser considerado sobre as relações entre o processo produtivo e as doenças no trabalho diz respeito à maneira como se representa quantitativamente o trabalho na vida das pessoas. Um tipo de análise baseado nessa resposta, se não nos informa sobre o valor atribuído à determinada atividade profissional, não nos dirá nada sobre os efeitos, eventualmente nocivos, da atividade de trabalho sobre os trabalhadores. É válido, também, inquirir sobre a evolução quantitativa dos fatores de risco à saúde do trabalhador dentro das categorias profissionais. O desemprego, os acidentes e a duração do trabalho são determinantes importantes na análise dos processos de trabalho, mas as doenças relacionadas à atividade de trabalho são uma manifestação mais direta da penalidade do trabalho. Este trabalho pretende caracterizar que o que denominamos historicamente de condições de trabalho representa o código por meio do qual as disciplinas que estudam a saúde no trabalho direcionam seus esforços de pesquisa e avanços metodológicos, buscando descrever e demonstrar a existência de um nexo fundamental entre o processo de produção e a saúde das pessoas.

Palavras-chave: saúde, trabalho, psicopatologias.

Introdução

O *status* do trabalho comporta contradições e ambigüidades. Os gregos davam um *status* inferior àqueles que trabalhavam. Aristóteles elaborou toda uma ética para explicar porque competia aos escravos o trabalho, enquanto para aos atenienses estaria reservada a arte mais nobre da filosofia. Rousseau considerava o trabalho como uma "atividade contra a natureza". Para Nietsche, o trabalho, "dura tarefa", seria o melhor dos policiamentos para refrear nossas potencialidades de sonhar, imaginar, e o que chamamos hoje de criatividade. Macunaíma, o pretenso arquétipo do brasileiro, teria nascido já com a capacidade de falar e suas primeiras palavras teriam sido: "Que preguiça. Que o diabo leve quem me falar em trabalho!"

Em contraste a esta dimensão desvalorizadora, é possível identificar a idéia de que o trabalho é um meio de realização, dado que o mundo do trabalho é também um mundo de possibilidades de construção do projeto civilizatório, pelo fato da atividade de trabalho, em si mesma, representar uma necessidade humana de transformação da realidade em direção aos objetivos planejados. Nesta perspectiva, avalia-se que trabalhar supõe uma mobilização e uma extensão das capacidades de imaginação, de memória e de linguagem, tornando cada pessoa, pelo trabalho, um candidato à humanização *lato sensu*. Evidentemente que se analisarmos as condições de trabalho existentes em nossa sociedade e as atividades exigidas para a sua realização, verificaremos o quanto é difícil realizar e realizar-se no e pelo trabalho.

No senso comum, representações negativas do trabalho opõem-se às concepções que valorizam o trabalho. O aumento do desemprego e a eliminação de postos de trabalho, por exemplo, fazem da atividade de trabalho algo fortemente demandado socialmente, da mesma forma que serve como valor de referência de inserção social para aqueles que buscam ingresso no mercado de trabalho. Para os que sentem excluídos do mundo do trabalho e para aqueles que buscam ampliar seus horizontes de realização, o trabalho representa necessidade de sobrevivência, mas, ao mesmo tempo, suporte psicológico às trajetórias profissionais. Essas contradições podem ser percebidas também nos contratos de trabalho que surgem flexibilizados, em tempo parcial, que podem revelar um *status* relativamente atrativo aos trabalhadores, mas que sinaliza, também, graus de precarização do trabalho.

A diminuição global das condições insalubres e das taxas de freqüências e de gravidade dos acidentes de trabalho traduz uma melhoria incontestável das condições de trabalho. Em contrapartida, a aparição de fatores de riscos relacionados a produtos novos (biotecnológicos, químicos) e aos novos arranjos competitivos têm acentuado o desenvolvimento de estresse e de outras psicopatologias relacionadas ao trabalho. A diminuição da duração do trabalho, ela mesma, não está isenta de ambigüidades: se a duração da jornada prevista em lei diminui ao longo do século XX, o tempo consagrado ao trabalho no decorrer do dia, no caso dos deslocamentos para o trabalho, por exemplo, não diminuiu nas mesmas proporções.

A evolução técnica dos meios de produção também acentua esta ambigüidade do trabalho. O desenvolvimento de sistemas informatizados cada vez mais aperfeiçoados tende a reduzir a carga física de trabalho, mas as conseqüências desses novos meios de produção sobre o significado do trabalho para o trabalhador são contraditórias. A automatização pode fazer desaparecer ocupações e até profissões. Por outro lado, a concepção, o funcionamento e a manutenção de sistemas automatizados necessitam de pessoas cada vez mais qualificadas.

O trabalho, portanto, é uma atividade complexa, fortemente ligada às evoluções sócio-tecnológicas, mas onde um grande número de fatores de natureza social, econômica, organizacional e individual pode se constituir em objeto de estudo e de intervenção para as ciências humanas e sociais. Interessa-nos, neste estudo, analisar os processos de saúde no trabalho, especialmente os agravos ou distúrbios psicopatológicos relacionados às condições ocupacionais, às exigências do processo produtivo e às suas respectivas cargas funcionais.

Trabalhamos e adoecemos cada vez mais?

Mudança na natureza do emprego e das ocupações, em particular as incertezas e a insegurança delas decorrentes, apresentam conseqüências sobre o plano somático e psicológico. As conseqüências fisicas e psicológicas do desemprego são uma evidência. Mostrar, porém, as implicações do trabalho temporário na produção de acidentes de trabalho ou da organização do trabalho sobre a incidência de distúrbios psicopatológicos talvez não seja tão evidente assim. Vejamos.

Se nos detivermos na produção científica da era do industrialismo do século XIX, identificamos, em 1828, uma menção de Halliday ao papel das condições de trabalho e o adoecimento mental dos trabalhadores: "a loucura ocorre pelo superesforço da mente que faz trabalhar em excesso seus instrumentos até debilitá-los... e também pelo esforço das faculdades corporais e o transtorno das funções vitais que provocam uma reação no cérebro e desequilibra suas atividades" (SANTANA, 1989[218]; CRUZ, 2001[219]).

Chardwick, em 1842, procurava sensibilizar as autoridades e o mundo científico para as condições de trabalho nas fábricas, que deveriam ser investigadas suspeitando de sua influência nas deploráveis condições de saúde da população da Grã-Bretanha (PITTA, 1992[220]). Hawkes, em 1857, chegou a propor medidas preventivas para a proteção da saúde mental da classe trabalhadora, através da permissão de períodos adequados de descanso e diversão, sem os quais os homens se converteriam numa máquina (SANTANA, 1989[221]). Atribui-se a Virchow, e a seus seguidores, na primeira metade do século XIX, a construção de uma teoria sócio-política sobre as enfermidades, marcada por um forte conteúdo reformista e idéias de transformação da sociedade, uma espécie de crítica social sobre a doença e sobre a prática médica higienista de então. Sua análise acerca das "epidemias psíquicas", resultantes do processo de produção civilizatório e industrial, desencadeou o que atualmente poderia-

---

[218] SANTANA, V. *Condições de trabalho assalariado e transtornos psíquicos em Salvador/BA*. PEES-UFBA, 1989, (mimeo), 35p.

[219] CRUZ, R. M. *Psicodiagnóstico de síndromes dolorosas crônicas relacionadas ao trabalho*. Tese (Doutorado em Engenharia de Produção), Universidade Federal de Santa Catarina, Florianópolis, 2001.

[220] PITTA, A. M. F. Saúde mental e trabalho: a saúde de quem trabalha em saúde. *Jornal Brasileiro de Psiquiatria*. Vol. 41(1), jan./fev., 1992, p. 43-50.

[221] *Op. Cit.*

mos caracterizar como o campo da psiquiatria social. Mesmo aquelas enfermidades tidas como de natureza biológica, como a paralisia geral e progressiva, teriam, entre outros fatores, o "esgotamento em conseqüência do trabalho" como elemento complicador do diagnóstico clínico. (PITTA, 1992[222]; CRUZ, 2001[223]). Porém, com o surgimento da teoria da multicausalidade, como resposta à etiologia das enfermidades, desenvolvida a partir dos fins do século XIX, o interesse pelas questões "sociais", suscitados até então, foi paulatinamente perdendo terreno pela busca do agente patogênico único, independente das múltiplas determinações oriundas da estrutura das condições sociais de vida e trabalho.

As inquietações dos pesquisadores em torno do binômio saúde/doença irão perpassar todo o século XX, época do desenvolvimento de um conjunto de abordagens voltadas ao exame das condições epidemiológicas, através das quais as doenças do trabalho são derivadas. Em termos de saúde no trabalho, com o considerável desenvolvimento do setor de serviços nas décadas de 40 e 60, e as conquistas dos trabalhadores no plano sindical, o foco das reivindicações sobre a "exploração do corpo" pouco a pouco se deslocam para os problemas nem sempre percebidos entre os trabalhadores das atividades administrativas e de escritório. A esse respeito, afirma Dejours (1987)[224] que, reputadas como isentas de exigências físicas graves, as tarefas de escritório tornam-se cada vez mais numerosas, na medida do desenvolvimento do setor terciário. A sensibilidade às cargas intelectuais e psicossensoriais de trabalho preparam terreno para as preocupações com a saúde mental. O mesmo se dá com os operários que têm uma fraca carga física, que são operadores de indústrias de processo (petroquímica, nuclear, cimenteiras etc.). O desenvolvimento destas indústrias confronta os operários a novas condições de trabalho, fazendo-os experimentar sofrimentos insuspeitos.

---

[222] *Op. Cit.*

[223] *Op. Cit.*

[224] DEJOURS, C. *A loucura do trabalho*: estudo sobre a psicopatologia do trabalho. São Paulo: Cortez, 1987.

Durante as décadas de 60 e 70, um novo fôlego de pesquisas sobre a saúde mental dos trabalhadores é revelado através do conceito de estresse, que nasce sob um espectro conceitual diversificado, com ênfase, ora nos eventos ambientais estressores (conforto sonoro, lumínico etc.), ora sobre o estado orgânico das pessoas (predomínio anátomo-funcional), ora na interação do indivíduo com o meio ambiente (predomínio psicológico). Neste último caso, no chamado estresse psicológico, a interação indivíduo-meio ambiente é avaliada através dos excessos de mecanismos ou recursos pessoais usados para se proteger ou evitar o mal-estar[225].

Uma contribuição inegável pode ser atribuída ao estudo feito por Asa Cristina Laurell e Mariano Noriega, na década de 70, intitulado *Processo de produção e saúde*, publicado no Brasil, em 1978, através da *Revista Saúde e Debate*. Laurell e Noriega elaboram uma proposta teórico-metodológica da abordagem das condições de saúde e doença no âmbito do que eles próprios ajudam a definir como "epidemiologia social". Ancorados num estudo empírico realizado com mais de 4.000 trabalhadores, distribuídos em 16 áreas de trabalho de uma siderúrgica estatal mexicana, Laurell e Noriega fazem uma descrição detalhada das estratégias de enfrentamento das questões, que vão do individual ao coletivo, do biopsíquico ao social, da investigação acadêmica ao envolvimento sindical. Para tanto, lançam mão de múltiplas estratégias metodológicas de investigação do *processo de desgaste do trabalhador*: a enquete coletiva fora do ambiente de trabalho, a análise dos arquivos médicos (exames periódicos e acidentes de trabalho), as visitas de inspeção à fabrica, baseadas no *Método Lest* (da ergonomia francesa), e no conceito de *carga de trabalho* do Modelo Operário Italiano.

---

[225] Para maiores detalhes sobre o conceito de estresse e suas formas de controle: LAZARUS, R. S., FOLKMAN, S. *Stress, appraisal and coping*. New York: Springer Publishing Co., 1984. GOLEMBIEWSKI, R. T., MUNZENRIDER, R., STEVENSON, J., *Stress in Organisations*. New York: Praguer, 1985.

As estratégias defensivas contra o mal-estar do trabalho

No estudo das relações entre saúde mental e trabalho cabe, certamente, reconhecer as contribuições das pesquisas produzidas pela Psicodinâmica do Trabalho, que vem se impondo pela qualidade e inovação em suas produções teórico-metodológicas, reunidas em torno de seu principal expoente, o psiquiatra e psicanalista Christophe Dejours, pesquisador do Laboratório de Psicologia do Trabalho, do CNAM, na França. Originada a partir dos estudos da escola da Psicopatologia do Trabalho, fundada por um grupo de pesquisadores reunidos em torno de Louis de Le Guillant, ao final da Segunda Guerra Mundial, a Psicodinâmica do Trabalho tem se constituído numa resposta significativa às grandes questões situadas na análise do sofrimento humano no trabalho, ou de acordo com a compreensão de Dejours (1999)[226], "nos possíveis destinos do sofrimento no trabalho" (p. 16).

A produção teórica da Psicodinâmica do Trabalho articula saberes originários de diversos campos do conhecimento humano, com ênfase especial nas reflexões alicerçadas em epistemologia do conhecimento sobre saúde e normalidade. Crítico das abordagens tradicionais da medicina do trabalho e da clínica psicanalítica, Dejours desafia os modelos centrados no sofrimento mental a oxigenarem sua práticas clínicas na direção aos problemas humanos no trabalho e suas implicações sobre a dinâmica psíquica. O objeto da Psicodinâmica do Trabalho, segundo Dejours (1994)[227], deve ser construído em torno daquilo que os trabalhadores têm a dizer sobre o seu próprio sofrimento no trabalho. Do ponto de vista metodológico, suas preocupações estão centradas na gênese e nas transformações do sofrimento vinculados à racionalidade técnica do trabalho.

---

[226] DEJOURS, C. *A banalização da injustiça social*. Rio de Janeiro: FGV, 1999.
[227] DEJOURS, C. A carga psíquica do trabalho. In: DEJOURS, C.; ABDOUCHELI, E. e JAYET, C. *Psicodinâmica do trabalho*. São Paulo: Atlas, 1994.

Dejours (1994)[228] alega que o sofrimento mental se inicia quando as pessoas já não conseguem transformar seu trabalho, no sentido de buscar uma maior adequação do mesmo às suas necessidades psíquicas e fisiológicas. E sugere que apenas uma flexibilidade na organização do trabalho é capaz de possibilitar a economia psicossomática a fim de evitar adoecimentos – reações externalizadas, resultantes da agressão sofrida no contexto organizacional. E comenta: "A livre organização do trabalho é apenas uma estruturação do modo operatório que leva em consideração as atitudes individuais, as necessidades da personalidade, onde cada gesto harmoniza-se espontaneamente com as defesas comportamentais e caricaturais (...) a mesma torna-se uma peça essencial do equilíbrio psicossomático e da satisfação" (p. 127-128).

Em torno dessas preocupações é erigido o que podemos chamar da pedra angular dos conceitos básicos implicados na análise do sofrimento humano no trabalho, o conceito de *estratégia de defesa*, mecanismo psicológico, ao mesmo tempo individual e coletivo, "graças aos quais os homens e mulheres podem lutar contra os efeitos patogênicos dos riscos do trabalho" (p. 8).

Os trabalhadores não somente padecem fisicamente o desgaste do trabalho, também manifestam sofrimento mental. Este último é decorrente da *organização do trabalho*, que consiste na "divisão do trabalho, o conteúdo da tarefa (na medida que ele dela deriva), o sistema hierárquico, as modalidades de comando, as relações de poder, as questões de responsabilidade etc." (DEJOURS, 1987, p. 25[229]). Do enfrentamento entre o sujeito, detentor de uma história personalizada, com a organização do trabalho, que possui uma "injunção despersonalizante", emerge o sofrimento mental, que se constrói como um intermediário necessário à submissão do corpo (DEJOURS, 1987, p. 42[230]).

A organização do trabalho, enquanto uma atividade de risco, induz a uma atitude regulatória e compensatória por parte dos indivíduos frente

---

[228] *Op. Cit.*
[229] *Op. Cit.*
[230] *Op. Cit.*

à carga de trabalho, suscetibilizando-os somática e psicologicamente. Geralmente, sobrecarga física e psicológica sinalizam dano que compromete a capacidade de controlar a intensidade do sofrimento, seja esse dano percebido como uma inabilidade para lidar com a frustração no trabalho, seja percebido como uma fadiga ou uma lesão.

Há que se considerar que todo trabalho é investido de afetividade por parte do indivíduo que o realiza. A afetividade é a base do psiquismo, elemento fundamental na conduta e reações individuais. Leontiev (1978)[231] considera as emoções e os sentimentos de extrema importância, pois estão presentes no sistema motivacional que, levando à ação e atividade, irão constituir as características próprias que identificam a individualidade. Ao penetrar nos demais aspectos da vida psíquica, a afetividade influenciará e será influenciada pela percepção, a memória, o pensamento, a vontade e a inteligência, caracterizando-se, como componente essencial do equilíbrio da personalidade.

Segundo Codo (1999)[232], a palavra afeto deriva do latim *affectu*, que significa afetar, tocar. O afeto é, portanto, o elemento primordial da afetividade, a qual é definida nos termos de um "conjunto de fenômenos psíquicos que se manifestam sob a forma de emoções, sentimentos e paixões, acompanhados sempre da impressão de dor ou prazer, de satisfação ou insatisfação, de agrado ou desagrado, de alegria ou tristeza" (p. 51). Enfatiza que na lógica capitalista, em que o trabalho está permeado por mediadores como salário, normas, hierarquia, cronograma e burocracia, a objetivação da atividade se torna imprescindível.

A organização científica do trabalho expulsou o afeto das relações de trabalho para que a objetividade no trabalho prevaleça. O campo de ação permitido pela sociedade atual produz comportamentos individualistas, perpetua e reproduz a alienação dos sentimentos, a restrição dos afetos, a expressão cognitiva. De acordo com Dejours (1987)[233], a organização do trabalho, que anula os comportamentos livres e criativos, empobrece a atividade mental e expõe o corpo a conversões somáticas e a sofrimento psíquico. Estes decor-

---

[231] LEONTIEV, A. *O desenvolvimento do psiquismo*. Horizonte Universitário: Lisboa, 1978.
[232] CODO, W. (Org.). *Educação, carinho e trabalho*. Petrópolis: Vozes, 1999.
[233] *Op. Cit.*

rem da ausência de proteção da atividade mental, que media as necessidades internas e as exigências do meio. Dessa forma, percebe-se que a execução de uma tarefa prescrita, isto é, sem investimento material ou afetivo, exige a produção de esforço e vontade, as quais sobrecarregam a atividade psíquica do trabalhador. A prática organizacional evidencia, ainda, que, diante do avanço tecnológico, cada vez mais o suporte afetivo aparece como fator decisivo no processo de trabalho, uma vez que possibilita a criação de vínculo. O conceito de vínculo pressupõe a noção de relação. No que tange aos aspectos presentes na relação homem-trabalho, uma vez que este último é investido de afeto, há que se ter presente que o trabalhador necessita de um retorno desse investimento. Codo (1988[234], 1999[235]) afirma que os mediadores desse investimento impedem o retorno do afeto direcionado à atividade na proporção investida. Sendo assim, o ciclo afetivo se quebra, uma vez que estratégias defensivas são necessárias para manter a integridade psíquica do trabalhador. O uso de alguns mecanismos é utilizado com sucesso, garantindo a saúde mental. Contrariamente, outros não são suficientes para garantir o equilíbrio psíquico, no qual o conflito vincular-se X não se vincular afetivamente atingiu uma dimensão incapaz de disponibilizar alternativas ao trabalhador, levando-o ao adoecimento.

Mas por que algumas pessoas adoecem e outras não, estando elas submetidas a uma mesma organização do trabalho? Estudos como os apresentados por Martins (2002)[236], Codo (1999)[237], Mendes (1995)[238] e Dejours (1986)[239] mostram que os indivíduos reagem de

---

[234] CODO, W. Saúde mental e trabalho: uma urgência prática. In: *Psicologia, Ciência e Profissão.* Ano 8, n° 2, 1988, p. 20-24.

[235] *Op. Cit.*

[236] MARTINS, S. R. *A histeria e os DORTs: expressões do sofrimento psíquico de uma época.* Dissertação (Mestrado em Psicologia), Universidade Federal de Santa Catarina, Florianópolis, 2002.

[237] *Op. Cit.*

[238] MENDES, A. M. B. Aspectos psicodinâmicos da relação homem-trabalho: as contribuições de C. Dejours. *Psicologia ciência e profissão*, n° 1-2, 1995.

[239] DEJOURS, C. Comment formuler une problematique de la santé en ergonomie et en médicine du travail? *Le Travail Humain,* tome 58, n° 1, 1995.

forma diferente às dificuldades das situações de trabalho e chegam ao mesmo com a sua história de vida. E é nesse contexto que se instalam as relações conflituosas. De um lado, encontra-se a pessoa e a sua necessidade de bem-estar e prazer, e do outro, a organização que tende a buscar o modelo ideal de trabalhador e de trabalho, prescrito em suas expectativas de retorno de investimento.

Freud (1976)[240], em "O Mal Estar da Civilização", já lançava a teoria de que a atividade do homem caminha em duas direções: busca de ausência de sofrimento e desprazer, e de experiência intensa de prazer. O sofrimento apareceria como decorrência das sensações desagradáveis provenientes da não-satisfação de necessidades. E acrescentou: "(...) o sofrimento ameaça o sujeito em três direções: a do próprio corpo, do mundo externo e dos relacionamentos com os outros homens. Assim sendo, o sofrimento não é originado na realidade exterior, mas, sim, nas relações que o sujeito estabelece com esta realidade" (p. 125).

Os trabalhadores, individual ou coletivamente, elaboram ou constroem *defesas* para evitar ou tornar suportável o sofrimento, numa atitude de não provocar transformações. Já quando eles se enfrentam às condições ou situações determinantes do sofrimento, com atitudes conscientes de mudança das situações que originam o sofrimento pode-se dizer que constroem *resistências* relacionadas à organização do trabalho (DEJOURS, 1987[241]; 1994[242]). Assim, "as estratégias defensivas podem contribuir para tornar aceitável aquilo que não deveria sê-lo" (DEJOURS, 1999, p. 37)[243]. Refere-se, também, ao papel paradoxal desempenhado pelas mesmas, pois ao permitirem suportar o sofrimento do trabalho, ao mesmo tempo fazem com que seja suportado e não enfrentado.

As *estratégias individuais de defesa* no trabalho perigoso servem para neutralizar o medo, enquanto em outras situações servem

---

[240] FREUD, S. *Edição standard brasileira das obras psicológicas completas de Sigmund Freud*. Rio de Janeiro: Imago, 1976 (or. 1930).

[241] *Op. Cit.*

[242] *Op. Cit.*

[243] *Op. Cit.*

para tornar suportável o trabalho tedioso. Dejours (1987)[244] observa que as *estratégias coletivas de defesa* funcionam inteiramente desvinculadas de qualquer perspectiva libertadora e respondem unicamente à necessidade de suportar a penosidade do trabalho e, acima de tudo, o medo e a ansiedade. Estas estratégias coletivas defensivas estão voltadas para a negação coletiva dos riscos, favorecendo a continuidade da dominação e a exploração.

Por estratégias coletivas defensivas entendemos os mecanismos socialmente construídos ativados para enfrentar o sofrimento no trabalho dominado, com a possibilidade iminente de instalação de doenças psicossociais e de psicopatologias (SELIGMANN-SILVA, 1994[245]). Estas operam principalmente através de dois mecanismos: inversão e eufemização. O primeiro consiste no desafio ao perigo ao invés de se sentir ameaçado por ele. A eufemização percebe-se através da diminuição e/ou ridicularização do perigo presente no trabalho. (SELIGMANN-SILVA, 1994[246]; DEJOURS, 1994[247]).

Perante a necessidade efetiva de enfrentar a organização do trabalho, os trabalhadores constroem socialmente uma série de idéias e fórmulas como corolário das estratégias defensivas, às quais Dejours (1987)[248] chama de *ideologias defensivas* e que têm por objetivo mascarar, conter e ocultar uma ansiedade particularmente grave para lutar contra um perigo e riscos reais. Esse conjunto de sentenças, conformadas como ideologias defensivas, torna-se uma defesa coletiva que amortece os efeitos nocivos sobre a saúde mental dos trabalhadores, permitindo diminuir e exorcizar o sofrimento.

As condutas perigosas aparecem como desafio ao risco e também como uma tentativa de domínio simbólico do medo ou ao trabalho tedioso. Elas também, provavelmente, funcionam como um

---

[244] *Op. Cit.*
[245] SELIGMANN-SILVA, E. *Desgaste mental no trabalho dominado*. Rio de Janeiro: Cortez, 1994.
[246] *Op. Cit.*
[247] *Op. Cit.*
[248] *Op. Cit.*

sistema de seleção pela exclusão dos vacilantes. Em contrapartida, para todos os outros que delas participam, cria uma intensa coesão, um clima de cumplicidade protetora.

As estratégias de defesa sinalizam a maneira pela qual se desenvolvem condutas particulares e coletivas de resistência e, ao mesmo tempo, de alienação do sofrimento no trabalho. A natureza subjetiva do sofrimento, contudo, implica em sua representação concreta na vida dos trabalhadores, ainda que a vivência do sofrimento não se mostre totalmente consciente. Dejours (1994[249]; 1999[250]) afirma que o sofrimento é uma experiência vivenciada, indissolúvel da corporeidade e é sempre, antes de tudo, um sofrimento do corpo, engajado no mundo e nas relações com os outros.

As estratégias de defesa utilizadas pelos indivíduos tornam o sofrimento mais dissimulado, embora caracterize uma sintomatologia própria a algumas profissões. Vale ressaltar, segundo Dejours (1987; 1993; 1994)[251], que a vida psíquica é um patamar de integração do funcionamento do organismo; logo, a dissociação entre as exigências do trabalho e as necessidades psicofisiológicas do indivíduo gera eventos psicossomáticos. As chamadas psicopatologias do trabalho sinalizam, portanto, a vivência de um drama pessoal; registra a luta daquilo que foi, ao mesmo tempo, estruturante e patogênico para as pessoas. Um drama que apesar de singularidade, se estrutura em torno das experiências da situação de trabalho. O que está implicado no sofrimento humano no trabalho é antes de tudo o corpo, lugar da percepção do sofrimento e de restrição de condutas; é por meio dele que identificamos, talvez, a medida do sofrimento, seja na lesão, na dor, na incapacitação de movimentos, na auto-agressão, na vivência do estresse e da fadiga.

---

[249] *Op. Cit.*

[250] DEJOURS, C. *Conferências brasileiras*. Trad. Ana Carla Fonseca dos Reis. São Paulo: Fundap/Eaesp/FGV, 1999.

[251] *Op. Cit.*

Cargas de trabalho, síndromes dolorosas e distúrbios músculo-esqueléticos

A relação estabelecida entre trabalho e saúde possui uma extensa gama, que pode tanto fortalecer esta última, como favorecer a constituição de distúrbios que se expressam coletivamente em termos psicossociais e/ou individuais, assim como em manifestações de dor contínua, de descompensações psicológicas e de transtornos psiquiátricos.

As doenças psicossociais inscrevem-se num espaço no qual "o objeto central da análise, neste campo interdisciplinar, é a inter-relação entre o trabalho e os processos Saúde/Doença cuja dinâmica se inscreve mais marcadamente nos fenômenos mentais, mesmo quando sua natureza seja eminentemente social" (SELIGMANN-SILVA, 1994, p. 51[252]).

A ocorrência de síndromes dolorosas associadas às condições ocupacionais, em grande medida, está relacionada a determinadas formas de organização da produção e do trabalho, especialmente quando verificadas as condições físicas e objetivas em que este trabalho é executado, indicadores de estresse e descompensações emocionais mediadores (CRUZ, 2001[253]; MORAES, MARQUES, KILIMNIK e LADEIRA, 1995[254]).

As atuais transformações no mundo do trabalho e os impactos da reestruturação produtiva parecem ter aumentado as proporções destas implicações sobre a saúde dos trabalhadores, ampliando e tornando mais complexa a avaliação dos sintomas de dor e desconforto físico e psicológico. Para Wisner (1994, p. 28)[255], "dentre as doenças ligadas ao trabalho, uma das mais graves é a lombociática dos condutores de máquinas da construção civil. Essa doença pode, entretanto, atingir qualquer pessoa, qualquer que seja seu emprego".

---

[252] *Op. Cit.*
[253] *Op. Cit.*
[254] MORAES, L. F. R., MARQUES A. L., KILIMNIK, Z. M. e LADEIRA, M. B., O trabalho e a saúde humana: uma reflexão sobre as abordagens do "stress" ocupacional e a psicopatologia de trabalho. *Cadernos de Psicologia*, vol. 3, n° 4, 1995, p. 11-18.
[255] WISNER, A. *A Inteligência no trabalho*: textos selecionados de ergonomia. São Paulo: Fundacentro, 1994.

Estudos epidemiológicos recentes apontam verdadeiras epidemias das chamadas doenças profissionais e as doenças relacionadas ao trabalho[256]. Para Mendes e Dias (1994, p. 391[257]), diferenciam-se as doenças profissionais das doenças relacionadas ao trabalho por aquelas não serem consideradas "específicas" do trabalho, ou seja, são doenças cuja incidência ou prevalência ocorre em determinadas categorias de trabalhadores. Já as doenças relacionadas ao trabalho são definidas a partir de estudos epidemiológicos e, geralmente, são aquelas onde as condições de trabalho constituem um *fator de risco adicional*.

As doenças relacionadas ao trabalho vêm se tornando cada vez mais incidentes num mundo cada vez mais industrializado. Nos EUA, o *National Institute of Occupational Safety and Health* – NIOSH, prevê que para o ano 2000, as doenças relacionadas ao trabalho atinjam 50% da população trabalhadora daquele país (LACAZ e RIBEIRO, 1984[258]).

A investigação sobre as doenças relacionadas ao trabalho, porém, não são recentes. No século XVI, George Bauer apresenta um estudo sobre doenças e acidentes de trabalho em mineiros. Foram descritas, também, no início do século XVII, pelo médico Bernardino Ramazzini, em seu livro intitulado *As Doenças dos Trabalhadores*. Nesta obra, o autor descreve com minuciosidade cerca de 50 doenças de origem ocupacional, provenientes de movimentos repetitivos e irregulares e posturas inadequadas nas atividades laborais, inclusive aquelas denominadas "doenças dos Escribas". Considerado o Pai da Medicina do Trabalho, foi ele quem introduziu na consulta médi-

---

[256] Um exame dos dados disponíveis desses estudos podem ser vistos na coletânea "De que adoecem e morrem os trabalhadores", organizada por RIBEIRO e LACAZ e publicada pelo Departamento Inter-sindical de Estudos e Pesquisas de Saúde e dos Ambientes de Trabalho (DIESAT) em 1994.

[257] MENDES, R., DIAS, E.C. Saúde do trabalhador. In: ROUQUARYOL, M. Z. *Epidemiologia e saúde*. 4ª ed., São Paulo: Medsi, 1994.

[258] LACAZ, F. A., RIBEIRO, H. P. *De que adoecem e morrem os trabalhadores*. São Paulo: DIESAT, 1984.

ca a pergunta: Qual a sua ocupação? (LEMOS, 2001[259]; CHEREN, 1998[260]).

Nos países europeus industrializados, as chamadas doenças ocupacionais concentraram-se no final do século XIX até a metade do século XX, quer pela gravidade real do problema, quer pelas necessidades de criação de sistemas de seguro (MENDES e DIAS, 1994[261]). Em 1891, Fritz De Quervain descreve a tenossinovite do polegar como a "entorse da lavadeira", até hoje conhecida como tenossinovite estenosante ou síndrome de Quervain (CRUZ, 2001[262]; LEMOS, 2001[263]).

Durante o século XX, entre as décadas de 50 e 60, no Japão, começam a surgir epidemias de doenças relacionadas aos esforços repetitivos em perfuradores de cartão, operadores de caixa registradora e em datilógrafos. Na década de 70, a Austrália é marcada por um acentuado aumento nos benefícios pagos por doenças do trabalho a digitadores, operadores de linhas de montagem e embaladores. Na década de 80, entre 1984/1985, começam a ser descritos, no Brasil, os primeiros casos deste tipo de adoecimento, com maior incidência entre os digitadores, devido à alta velocidade do trabalho e dos incentivos à produção, com pagamentos adicionais de produtividade (LACAZ e RIBEIRO, 1984[264]).

Facchini (1993)[265] chama atenção para as formulações teóricas da epidemiologia que estão ancoradas no modelo de determinação social da doença. Nessas, a questão da saúde do trabalhador tem

---

[259] LEMOS, J. C. *Avaliação da carga psíquica nos distúrbios osteomusculares relacionados ao trabalho (DORT) em trabalhadores de enfermagem do Hospital Universitário de Santa Maria*. Dissertação (Mestrado em Psicologia), Universidade Federal de Santa Catarina, Florianópolis, 2001.

[260] CHEREN, A. J. *A prevenção do pathos: uma proposta de protocolo para diagnóstico dos DORT*. Dissertação (Mestrado em Engenharia de Produção), Universidade Federal de Santa Catarina, Florianópolis, 1998.

[261] *Op. Cit.*
[262] *Op. Cit.*
[263] *Op. Cit.*
[264] *Op. Cit.*

[265] FACCHINI, L. A. Uma contribuição da epidemiologia: o modelo da determinação social aplicado à saúde do trabalhador. In: ROCHAS, L. R., RIGOTO, R. M., BUSCHINELLI, J. T. P. (Orgs.) *Isto é trabalho de gente? Vida doença e trabalho no Brasil*. São Paulo: Vozes, 1993.

permitido evidenciar a potencialidade de categorias de análise como processo de produção. O estudo das cargas de trabalho, como categorias intermediárias, objetiva analisar o impacto dos componentes do processo de trabalho, agindo sobre a saúde do trabalhador. As cargas de trabalho, vistas como fator de exposição próprio do trabalho, são classificadas segundo sua natureza em cargas físicas, químicas, orgânicas, mecânicas, fisiológicas e psicológicas.

No universo da Medicina do Trabalho, o estudo das agressões pelo trabalho (cargas) é visto a partir das suas condições, identificadas em agentes de risco físicos, químicos e biológicos que estão presentes no ambiente profissional. Quando não são tomadas medidas de controle, esses fatores de risco podem levar, dentre outros transtornos, a comprometimentos orgânicos para o trabalhador, como as doenças ocupacionais próprias a cada agente de exposição. Enquanto, no âmbito da Psicologia do Trabalho, Psicodinâmica do Trabalho e Ergonomia, a carga de trabalho é analisada a partir da especificidade da exigência que a atividade de trabalho requer do trabalhador.

O conceito de carga de trabalho, desenvolvido pela Psicologia do Trabalho, vem sendo retomado pela Ergonomia. Para Wisner (1994)[266], a carga de trabalho está presente em todas as atividades, inclusive no trabalho, e pode ser analisada sob os aspectos físicos, cognitivos e psíquicos. Seligmann-Silva (1994)[267] situa a carga de trabalho entre os esforços físicos, cognitivos e psicoafetivos. Para Cruz (2002)[268], os fatores que dimensionam a carga de trabalho emergem da relação com as tarefas: o que o trabalhador sente com relação ao seu desempenho, quanto esforço foi colocado na tarefa, os sentimentos envolvidos e os mecanismos de regulação e adaptação às exigências da tarefa.

---

[266] *Op. Cit.*
[267] *Op. Cit.*
[268] CRUZ, R. M. Medidas da carga mental de trabalho. In: CRUZ, R. M.; ALCHIERI, J. C.; SARDÁ, J. J. *Avaliação e medidas psicológicas*. São Paulo: Casa do Psicólogo, 2002.

Podemos afirmar que a carga de trabalho representa a diferença ou o produto, regulado pelo trabalhador, entre as exigências sócio-técnicas do trabalho e a condição de execução ou de desempenho das tarefas. Do ponto de vista didático e, de acordo com o tipo de análise, cada tipo de carga de trabalho pode ser caracterizado, conforme as condições de trabalho, da seguinte forma:

a) A carga física compreende a atividade muscular (gestos), postura corporal e deslocamento na atividade, além dos impactos das variáveis ambientais, tais como os níveis de ruído, vibração, temperatura, iluminação;

b) A carga cognitiva refere-se ao uso das funções cognitivas e mentais, tais como a percepção e a atenção consciente, a concentração, a memória, o processo de tomada de decisão;

c) A carga psíquica sinaliza o grau de sofrimento vivenciado pelos trabalhadores na forma de um vazio existencial, de perda de significado da ação, de interesse e de aumento no nível de frustração. Invariavelmente configuram problemas de ordem afetiva e relacional (insatisfação, monotonia, desprazer) e se acentuam em atividades que primam pela competição entre os pares e pela realização do trabalho sob pressão (de tempo ou de quantidade).

A carga física é o primeiro problema tratado pela Fisiologia do Trabalho e, para medi-la, utilizam-se métodos laboratoriais de avaliação da freqüência cardíaca, a mais usada, ou do consumo de oxigênio e de avaliação da carga física local (na musculatura), através da eletromiografia, por exemplo. Segundo Pheasant (1994)[269], muitas lesões que as pessoas experimentam, ou as condições em que desenvolvem, provêm de padrões de carga músculo-esquelética – tais como a postura para a realização da tarefa, como a exigência de

---

[269] PHEASANT, S. Musculoskeletal injury at work: natural history and risk factors. In: RICHARDSON, B., EASTLAKE, A. (Orgs.). *Physioterapy in occupational health:* management, prevention and health promotion in work place. England: Butterworth-Heinemann ltd, 1994, cap.10, p. 146-170.

força e movimentos corporais – vinculado à tarefa do trabalho. Uma lesão ergonômica (*injury ergonomic*), por exemplo, é o resultado de uma desproporção entre a demanda física, e, às vezes, mental, das tarefas do trabalho e a capacidade do trabalhador em satisfazer esta demanda. Tal situação ocorre como resultado de um simples episódio de sobrecarga ou pode ocorrer insidiosamente como resultado de um trauma cumulativo.

Do ponto de vista do diagnóstico das doenças músculo-esqueléticas, podemos dizer que elas se apresentam através de um quadro doloroso inespecífico, com dificuldade de diagnóstico devido à subjetividade do sintoma da dor. Faz parte de sua etiopatologia: a sobrecarga músculo-esquelética (dinâmica e estática) e a sobrecarga mental. Seus fatores de risco ocupacionais são: ergonômicos, organizacionais e psicossociais, e os fatores de risco individuais estão associados aos antecedentes mórbidos, traços de personalidade, aspectos afetivos-emocionais e hábitos de conduta no trabalho e em casa (HELFENSTEIN, 1998[270]; LECH, 1998[271]).

No estágio de esgotamento da capacidade do indivíduo em responder ao trabalho de forma saudável, é que surgem as enfermidades. De acordo com os indicadores apresentados por Mendes e Dias (1994)[272], as doenças músculo-esqueléticas estão ao lado das doenças classificadas como "nervosas", tais como o estresse e afecções do trato digestivos, além de serem mais referidas e freqüentes junto a Previdência Social, reflexo cada vez mais atual dos conflitos entre a força de trabalho e a realidade do processo produtivo.

As chamadas dores lombares, muito freqüentes em trabalhadores de diferentes ocupações, podem estar relacionadas ao trabalho, quando este gera uma sobrecarga. As dores lombares são o segundo sintoma de maior incidência nos Estados Unidos, superados apenas

---

[270] HELFENSTEIN Jr., M, *Lesões por repetitivo (LER/DORT): conceitos básicos*. Vol. 1 e 3. São Paulo: Schering- Plough, 1998.

[271] LECH, O. *Aspectos clínicos dos distúrbios osteomusculares relacionados ao trabalho*. São Paulo: Rhodia Farma, 1998.

[272] *Op. Cit.*

por problemas respiratórios. Segundo estimativa recente, os custos da remuneração de inválidos e da perda de produtividade podem chegar a 100 bilhões de dólares anuais (BOORSOOK, LE BEL, Mc PEEK, 1996[273]). No Brasil, apesar de não termos dados precisos, percebe-se, entre os profissionais de saúde, particularmente os neurologistas e fisioterapeutas, a avaliação de um quadro endêmico de pessoas que apresentam queixas de lombalgia e lombociática (SARDÁ Jr., CRUZ e KUPEK, 2000[274]).

Pode-se conceituar lombalgia como dor muscular manifestada na região lombar da coluna vertebral e lombociática como uma dor lombar com irradiação para o nervo ciático, podendo causar dores ou desconforto nos membros inferiores. Freqüentemente, essas dores apresentam-se associadas. Intervenções medicamentosas, cirurgias e microintervenções são os procedimentos mais freqüentemente utilizados; todavia, existe um consenso de que é necessário produzir mais conhecimento sobre a etiologia das dores lombares para que intervenções mais efetivas possam ser realizadas. A própria Comissão de Avaliação de Instituições de Reabilitação dos Estados Unidos, a Sociedade Americana de Dor e a Agência para Políticas de Saúde têm sugerido avaliações psicológicas como parte, não somente do diagnóstico, mas também do tratamento de síndromes dolorosas.

As chamadas Lesões por Esforço Repetitivo (LER) foram reconhecidas como doença do trabalho no Brasil, em 1987. Em julho de 1997, o Instituto Nacional de Seguridade Social – INSS, publicou no Diário Oficial da União, uma minuta para a atualização das Normas Técnicas sobre estas lesões que, a partir de então, passaram a ser denominadas Distúrbios Osteomusculares Relacionados ao Trabalho – DORT.

De uma forma geral, os DORTs possuem um quadro doloroso inespecífico, com dificuldade de diagnóstico devido à subjetividade

---

[273] BOORSOOK, D., LE BEL, A., M. C. PEEL, B. *The Massachusets general hospital handbook of pain management*. USA: A Little Brown Company, 1996.

[274] SARDÁ Jr, J., CRUZ, R. M., KUPEK, E. Aspectos psicológicos associados à lombalgia e à lombociática. *Revista de Ciências Humanas*. Florianópolis: EDUFSC, n° 28, p. 51-60, out./2000.

do sintoma da dor. Faz parte de sua etiopatologia: a sobrecarga músculo-esquelética (dinâmica e estática) e a sobrecarga mental. Seus fatores de risco ocupacionais são: ergonômicos, organizacionais e psicossociais e os fatores de risco individuais estão associados às características biológicas (maior índice nas mulheres), antecedentes mórbidos, traços de personalidade, aspectos psicoafetivos/emocionais e hábitos de conduta no trabalho e em casa (HELFENSTEIN, 1998[275]; LECH, 1998[276]).

A sigla DORT engloba os problemas de coluna como as lombalgias ou dorsalgias, popularmente conhecidas como "dor nas costas"; as dores e queixas crônicas relacionadas com a coluna vertebral constituem um complexo desafio para a saúde ocupacional e são importantes em virtude de sua freqüência e dos efeitos incapacitantes.

Atualmente, observam-se problemas de coluna em determinadas categorias profissionais como motoristas de ônibus, operadores de máquinas pesadas na construção civil, estando associadas especialmente a fatores traumáticos e ergonômicos. Organizações internacionais e grupos de pesquisa destacam os trabalhadores da enfermagem como grupo de risco e de maior incidência das DORTs, ao lado dos operadores de computador e dos caixas de banco (LACAZ e RIBEIRO, 1984[277]).

A adoção dos postos ergonômicos por parte da direção da empresa tende a melhorar as condições de trabalho dos trabalhadores. Entretanto, nos estudos sobre os DORTs é comum atribuir uma multicausalidade ao aparecimento da doença. Nesse sentido, Souza (1997: 163[278]) aconselha considerar o aspecto psicossomático e subjetivo do portador de LER; entre estes últimos detecta "a existência sempre, de uma história familiar e/ou pessoal de muitos conflitos e frustrações profissionais e pessoais" e a "falta de responsabilização individual da doença".

---

[275] *Op. Cit.*

[276] *Op. Cit.*

[277] *Op. Cit.*

[278] SOUZA, N. I. de. Lesões por esforços repetitivos – abordagem psicossomática em uma empresa de informática. *Revista Brasileira de Medicina Preventiva*, vol. 1, n° 3, 1997, p. 161-163.

Para Seligmann-Silva (1994)[279], de uma forma ou de outra, o estudo da saúde psicossocial, quando abordado em relação ao trabalho, tende a enfocar aspectos que dizem respeito à constituição do desgaste mental[280] e à construção de defesas e resistências perante os fenômenos de dominação, tal como percebido por Dejours. A concepção de sujeito subjacente a esta abordagem é a de que não existe um homem que trabalhe separado de um homem que vive socialmente, condicionado pelo comportamento produtivo. As manifestações do desgaste mental são marcadas por cansaço, dor, alta irritabilidade, desânimo e sono perturbado, caracterizando a fadiga patológica e podendo levar a crises mentais agudas. É também possível observar como extensas jornadas e o trabalho em turnos alternados provocam irritabilidade e desânimo, determinando o convívio familiar (DEJOURS, 1987, 1994[281]).

As dimensões psicossocial e psicopatológica nos processos de trabalho

Nas duas últimas décadas do século XX, o aumento acentuado de pesquisas sobre os chamados fatores psicossociais do trabalho produziu um revigoramento das investigações de corte transversais, ou *survey*, acerca dos fatores de risco individuais, sociais, ambientais e ocupacionais que estão associados à incidência e prevalência de dor e de distúrbios músculo-esqueléticos na população trabalhadora em geral.

---

[279] *Op. Cit.*

[280] Segundo Seligmann-Silva, "o desgaste pode ser entendido a partir das experiências que se constroem, diacronicamente, ao longo das experiências da vida laboral e extralaboral dos indivíduos" (1994: 80).

[281] *Op. Cit.*

As revisões de literatura realizada por Bongers, Winter, Kompier e Hildebrandt (1993)[282], Andersson (1999)[283] e Cruz (2001)[284] apontam vários estudos transversais que indicam uma associação direta entre fatores psicológicos, tais como a ansiedade, a depressão, a tensão afetiva e os incrementos de responsabilidade no trabalho à manifestação de síndromes dolorosas e suas manifestações músculoesqueléticas. Destacam-se, entre os principais fatores estudados, o trabalho monótono, a pressão por rendimento, a insatisfação com o conteúdo do trabalho e a elevada demanda de trabalho.

Até meados da década de 70, grande parte dos estudos voltados à dimensão psicossocial e psicopatológica do trabalho concentravam-se, tradicionalmente, em duas linhas preferenciais de investigação: a) macrossocial, que procura correlacionar aspectos como: classe social, migração, industrialização, etnia, sistema político com processos de adoecimento mental e variação na distribuição dos distúrbios psicológicos na população; b) microssocial, que busca compreender as influências dos fatores individuais, eventos estressantes e dinâmica do grupo familiar.

Esse quadro de pesquisas, delineado a partir da década de 70 até o momento, fez, literalmente, "ressurgir das cinzas" duas orientações de investigação produzidas no final do século XIX, no auge da discussão sobre a "epidemia" de enfermidades físicas e mentais associadas ao trabalho industrial: a) a orientação pela qual não há uma teoria específica sobre a etiologia das enfermidades, mas fatores multicausais de largo espectro relacionados às condições sociais de vida e trabalho; b) da necessidade de desenvolver abordagens que produzam estudos epidemiológicos e métodos mais precisos que auxiliem a investigação de fatores psicossociais do trabalho e suas repercussões sobre a saúde mental dos trabalhadores.

---

[282] BONGERS, P. M., WINTER, C. R., KOMPIER, M., HILDEBRANDT, V. H. Psychosocial factors at work and musculoskeletal disease. *Scandandinavian Journal of Work Emvironment Health*, 1993, 19, 297-312.

[283] ANDERSOON, B. J. G. Epidemiological features of chronic low-back pain. *The Lancet*. (14), 354, 1999, p.581-585.

[284] *Op. Cit.*

Sob variadas denominações tem-se procurado investigar os problemas psicossociais e psicopatológicos associados ao trabalho: estresse laboral, tensão decorrente da vida laboral, fadiga mental, fadiga patológica, *burnout*, síndrome neurótica do trabalho, neurose do trabalho. Se forem variadas as denominações e contribuições teóricas, o problema principal consiste em dimensionar o papel histórico que o trabalho tem desempenhado no processo saúde-doença mental. É assim que, por exemplo, Le Guillant e Begoin (1957)[285] postularam uma neurose específica de trabalho (neurose das telefonistas), Lurell e Noriega (1989)[286] consideram o processo de trabalho uma produção do desgaste físico e psíquico dos trabalhadores e Wisner (1994)[287], Dejours (1987)[288], Selligman-Silva (1994)[289], Codo e Sampaio (1995)[290] situam o trabalho e sua sobrecarga como fator desencadeante do sofrimento mental, embora através de perspectivas diferentes de análise.

Bergenudd e Nilsson (1988)[291] e Helfenstein (1998)[292] chegam a uma conclusão comum: a sucessão de traumas físicos, provocados pelas exigências posturais, de desempenho e produtividade, estariam na gênese do adoecimento físico e mental. Seligmann-Silva (1994)[293] e Pitta (1992)[294], diferentemente, identificam que as pesquisas no campo da saúde mental apontam sistematicamente para

---

[285] LE GUILLANT, L., BEGOIN, J. La névrose des mecanographes. *Bulletin de Pshychologie*, vol. 10, 1957, p. 500.
[286] LAURELL, A. C., NORIEGA, M. *Processo de produção e saúde* – trabalho e desgaste operário. São Paulo: Hucitec, 1989.
[287] *Op. Cit.*
[288] *Op. Cit.*
[289] *Op. Cit.*
[290] CODO, W., SAMPAIO, J. J. C. *Sofrimento psíquico nas organizações:* saúde mental e trabalho. Petrópolis: Vozes, 1995.
[291] BERGENUDD H., NILSSON B. Back pain in miudle age occupational workload and psychologic factors: na epidemiologic survey. *Spine*, 1988, 13(1): 58-60.
[292] *Op. Cit.*
[293] *Op. Cit.*
[294] *Op. Cit.*

uma mesma direção: os fatores ligados à organização do trabalho atingem mais diretamente o funcionamento psíquico, enquanto os fatores ligados ao processo de trabalho têm essencialmente o corpo como alvo.

Para Dejours (1987)[295], de certa forma, corroborando os estudos de Laurel e Noriega (1989)[296], as síndromes dolorosas crônicas representam o efeito mais visível e marcante do sofrimento físico e psicológico no trabalho. A grande dificuldade reside, porém, em recorrer a delineamentos de pesquisa que, ao mesmo tempo, descrevam e avaliem a dimensão, a intensidade e prevalência dos distúrbios músculo-esqueléticos. Este empreendimento tem sido objeto de trabalho dos pesquisadores que têm se concentrado nos estudos epidemiológicos e nas pesquisas interseccionais, fazendo cruzamento de dados entre subconjuntos populacionais com as mesmas características normativas e sintomatológicas.

Os estudos epidemiológicos sobre a relação entre variáveis psicossociais e doenças músculo-esqueléticas são heterogêneos, tanto do ponto de vista da natureza do estudo, quanto das medidas utilizadas e das variáveis psicossociais consideradas (BONGERS, WINTER, KOMPIER e HILDEBRANDT, 1993[297]; BERGENUDD e NILSSON, 1988[298]). Estes estudos traduzem, originalmente, três diferentes tradições de pesquisa: a) estudos sobre a relação entre estresse/fatores estressores relacionados ao trabalho (*work-related*); b) estudos epidemiológicos sobre os determinantes fisiológicos e ocupacionais das doenças músculo-esqueléticas; c) estudos sobre transtornos psicológicos e psiquiátricos em pacientes portadores de dores crônicas.

A primeira tradição de pesquisa tende a considerar o estresse ou os fatores estressantes como inibidores, eliciadores ou moduladores do estado geral de saúde das pessoas. Características pessoais como

---

[295] *Op. Cit.*
[296] *Op. Cit.*
[297] *Op. Cit.*
[298] *Op. Cit.*

idade, gênero, experiência, nível de ambição, necessidades e estilo de personalidade influenciam na capacidade de enfrentamento e gerenciamento do estresse. De acordo com Karaseck, Gardel e Lindel (1987)[299], pressões e conflitos estão entre as mais relevantes características do processo de adoecimento no trabalho, juntamente com o estresse. Os efeitos dessas variáveis tendem a ser controlados pela redução do grau de perspectivas no trabalho, pelo incremento de cargas cognitivas e responsabilidades e pelos frágeis suportes sociais (vínculos sociais e afetivos empobrecidos).

Na segunda tradição de pesquisas epidemiológicas sobre distúrbios músculo-esqueléticos, os fatores individuais têm sido interpretados como fatores físicos (*physical capacity*), tais como, por exemplo, tônus muscular e limites de movimentos, com pouca atenção dada aos fatores psicológicos, à capacidade de controle do estresse (*coping capacity*) ou à interação entre carga de trabalho e estresse. Nesse tipo de tradição de pesquisa, os fatores mecânicos do trabalho (postura) são os principais aspectos a serem investigados.

A terceira tradição de pesquisa busca estabelecer correlações entre personalidade, problemas psicológicos e síndromes dolorosas músculo-esqueléticas. Segundo Bongers, Winter, Kompier e Hildebrandt (1993)[300], essas correlações normalmente são avaliadas a partir de situações clínicas, onde o controle das variáveis envolvidas nem sempre é estabelecido de forma apropriada. Uma das áreas mais promissoras e em pleno desenvolvimento é a pesquisa sobre as características psicológicas ou fatores individuais associados aos quadros de dor crônica, particularmente aqueles que podem ser considerados exarcerbadores ou mantenedores dos sintomas e que, portanto, podem contribuir no desenvolvimento do quadro diagnóstico.

Quando estas três tradições de pesquisas são avaliadas do ponto de vista de suas características de investigação, podemos deduzir

---

[299] KARASEK R., GARDELL B., LINDELL J., Work and non-work correlates of illness and behaviour in male and female Swedish white collar workers. *Journal of Occupational Behavior* 1987, 8,187-207.

[300] *Op. Cit.*

uma associação entre fatores psicossociais, estresse, características individuais e distúrbios músculo-esqueléticos, tal como demonstrado na Figura 1.

Figura 1 – Possíveis associações entre características da organização e do processo de trabalho, cargas físicas, fatores psicossociais no trabalho e características individuais, com estresse, indicadores de saúde e distúrbios músculo-esqueléticos, com base nas contribuições de Bongers, Winter, Kompier e Hildebrandt (1993), Pheasant (1994) e Cruz (2001).

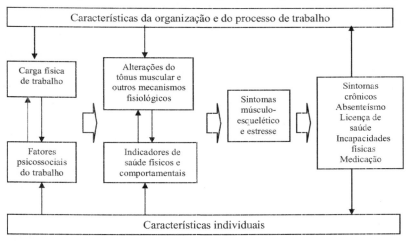

A associação entre os fatores psicossociais do trabalho, cargas físicas e sintomas no aparelho músculo esquelético pode ser compreendida, através da Figura 1, como um resultado relativamente conhecido do processo de trabalho. Uma das grandes dificuldades na pesquisa sobre as psicopatologias relacionadas ao trabalho reside, entretanto, na compreensão das influências das características individuais e dos fatores psicológicos (estados emocionais, transtornos neuróticos) na modulação da intensidade e da exacerbação das síndromes dolorosas de origem músculo-esquelética. De uma forma ou de outra, prevalece a noção de que a análise da situação de trabalho, assim como uma avaliação crítica dos mecanismos de enfrentamento das exigências e das condições através das quais o trabalho é exercido, é o caminho necessário para a compreensão da manifestação das psicopatologias relacionadas ao trabalho.

No Brasil, podemos afirmar que, atualmente, há inúmeras iniciativas de pesquisadores voltadas à análise das implicações das condições de trabalho e seus efeitos sobre a saúde mental, apesar de só termos avançado nesta área a partir dos anos 1980-1983, com o estudo exploratório realizado por Edith Seligmann-Silva, Rosa Maria Gouveia e Agda Aparecida Delía sobre a repercussão das condições de trabalho na saúde mental dos trabalhadores industriais de Cubatão e dos metalúrgicos em São Paulo/SP. Este estudo, referência para os trabalhos posteriores, investigou os afastamentos do trabalho por problemas de saúde (denominados de "nervosismos"), identificando mecanismos de *desgaste mental* e da utilização, por parte dos trabalhadores, de *defesas* contra o sofrimento, provavelmente já influenciado pela obra de Christophe Dejours – "A loucura do trabalho – estudo de psicopatologia do trabalho", editado na França em 1980, mas só traduzido para o português em 1987.

Entre 1984-1986, alguns estudos também serviram de referência à produção teórica sobre o assunto: a) os estudos realizados pelo DIESAT-SP, coordenados por Edith Seligmann-Silva e Leni Sato, sobre o adoecimento ocupacional entre bancários e sobre os problemas de saúde entre funcionários da área operativa do Metrô de São Paulo/SP; b) o estudo sobre a prevalência de desordens mentais entre trabalhadores de uma área industrial da região metropolitana de Salvador/BA, realizado por Naomar de Almeida Filho. A partir de então, surgiram novos estudos sobre o adoecimento físico e psicológico em diversas categorias profissionais, destacando-se os bancários, enfermeiros e professores.

Desde então, o desenvolvimento das pesquisas no campo da Psicologia do Trabalho e da Ergonomia no Brasil proporcionou uma crescente produção de informações sobre a avaliação dos fatores de riscos ocupacionais e ambientais, sobre as exigências das tarefas e da atividade, sobre as cargas mentais e as variáveis prevalecentes na incidência das doenças relacionadas ao trabalho. Entretanto, e avaliando de forma similar a Pitta (1992)[301], carecemos neste momento de aprofundar testes de hipóteses, medidas de associação entre as exigências do trabalho e da vida social e o desenvolvimento de transtornos psicológicos entre os trabalhadores de uma forma geral. A questão mais difícil, normalmente, é definir por qual estratégia começar, estratégia que sinalize para o pesquisador a melhor maneira de investigar (variáveis e instrumentais escolhidos), porque ajuda a organizar e a sistematizar o conhecimento, no sentido de avançar as condições teóricas e metodológicas. Ao mesmo tempo, ter condições de disponibilizar aos sujeitos da investigação e aos profissionais envolvidos na temática (supostamente os mais interessados) um volume de informações atualizadas que possam contribuir nas lutas específicas por melhorias nas condições de saúde e trabalho.

A necessidade da análise do trabalho a partir da compreensão das formas de gestão e organização do trabalho é compartilhada por numerosos estudos com uma variedade significativa de abordagens teórico-metodológicas, tanto em termos de concepção de trabalho quanto ao entendimento dos impactos dos processos de bem-estar e mal-estar vivido pelas pessoas sobre o seu próprio comportamento e, portanto, sobre a produção. Existem estudos que relacionam formas de trabalho com os modos de produção e a produtividade (ZARIFIAN, 2001[302]), a competitividade das empresas e a qualidade de seus produtos com a forma de gestão do trabalho e da aprendizagem (FLEURY, 1990[303]), o resultado do trabalho em equipes ou em grupos como forma de gestão de pessoas (SALERNO, 1991[304]), o sofrimento gerado pelo trabalho e suas formas de gestão (DEJOURS, 1987 e 1999[305]).

---

[301] *Op. Cit.*

[302] ZARIFIAN, P. *L'emergence de l'organisation par processus: à la recherche d'une difficile cohérence*. Paris: Latts, 1994.

[303] FLEURY, M. T. L. *Novas Formas de Gestão de Força de Trabalho no Brasil*. São Paulo: USP, 1990. 16p. (Mimeo.).

[304] SALERNO, M. S. *Flexibilidade, organização e trabalho operatório: elementos para análise da produção na indústria*. São Paulo: 1991. Tese (Doutorado em Engenharia) Escola Politécnica, Universidade de São Paulo.

[305] *Op. Cit.*

Uma análise social e econômica da parcela e dos incrementos de trabalho gerados pelas formas de gestão e organização do trabalho encontra na teoria marxista um nível de problematização mais acentuado, embora tenham se sobressaído as pesquisas que utilizam as teorias neoclássicas, de natureza liberal, que tende a analisar o trabalho como um fator de produção, como um recurso que pressupõe um rendimento, de tal forma que a análise do trabalho só é possível através de análises comparativas com os seus resultados. Na chamada *lean production*, gestão de produção que combate o desperdício, os recursos, notadamente os recursos humanos, são absorvidos, mas não criam valor. Os "níveis de serviços" e "qualidade" acrescidos aos produtos, "fidelizam o cliente" e/ou "incrementam a competitividade", mas não se transformam subseqüentemente em ganhos reais (objetivados através de valor monetário).

Sob a ótica do indivíduo e dos meios técnicos disponíveis, o desenvolvimento da Ergonomia e da Psicologia do Trabalho tem permitido a análise do trabalho através das condições de trabalho e seus efeitos. Segundo Leplat (1985[306]; 1986)[307], a análise do trabalho só tem sentido se partir ou buscar o próprio conceito de trabalho e suas formas de expressão nas condutas de trabalho. Antologicamente debatido, especialmente no campo das ciências humanas e sociais, o estudo sobre o trabalho e suas formas de expressão social é um tema invariavelmente atual, dado a sua condição ao mesmo tempo universal e particular em termos de experiência humana.

Os estudos recentes tendem a abordar as formas de organização do trabalho relacionando-as a novas formas de produção e analisando os seus efeitos sobre a qualidade de vida (ZARIFIAN, 2001 [308]). Esses estudos, mesmo quando consideram o indivíduo como integrado a um contexto maior (macroergonomia ou macrossistema organizacional), ou como parte do sistema que o afeta (ecossistemas),

---

[306] LEPLAT, J. *Erreur humaine, fiabilité humaine dans le travail*, Paris: A. Colin, 1985.

[307] LEPLAT, J. L'analyse psychologique du travail. *Revue de Psychologie appliquée*, 3 (1), 9-27, 1986.

[308] *Op. Cit.*

tendem a analisar a dinâmica do trabalho também pelas conseqüências, com vistas a aferir modos sistêmicos do comportamento humanos nas organizações, mais pelos impactos no processo de trabalho e menos pelas condições pelas quais esses impactos explicam o significado de haver maior ou menor percepção e sentimento acerca da qualidade de vida no trabalho.

Todas essas facetas da análise do trabalho estão relacionadas à atividade do indivíduo e ao sistema de valores por meio do qual o trabalho se firma: pelas condições que o determinam, pelos efeitos sobre a saúde, por seus resultados na produção; na economia de recursos, nas análises de desperdícios e da qualidade dos produtos. Cabe, entretanto, reconhecer o trabalho de Sperandio (1980[309]) que ao tratar as cargas de trabalho como reveladoras de mudanças no processo de trabalho, acaba por abordar a dinâmica das organizações em seus estudos.

A análise do trabalho é, também, uma análise das conseqüências da atividade para o trabalhador: fadiga, satisfação, conforto e aquelas consideradas ônus da atividade listados comumente pelo nome de "carga de trabalho" ou "carga mental". Muitos estudos mostram que devido ao acréscimo das exigências do trabalho, o operador é levado a mudar seus procedimentos de trabalho. Sperandio (1981)[310] deu inúmeros exemplos particularmente claros. De modo que é possível utilizar estas mudanças como indicadores da variação das exigências e as interpretar como reveladoras dos excessos da carga de trabalho nos processos em análise. Sem as mudanças no processo, a carga pode atingir um nível intolerável devido ao crescimento das exigências. O analista interessado em descobrir as mudanças do processo de trabalho – ou do modo operatório – deve indicar em cada caso o método que permitira indicar o momento tal que as exigências de produção e a falibilidade (ou segurança) não será mais tolerável a partir de certo nível de exigência.

---

[309] SPERANDIO, J. C. La psychologie en ergonomie. Paris: PUF, 1980

[310] SPERANDIO, J. C. L'ergonomie du travail mental. Paris: Masson, 1988

As conseqüências do trabalho para o indivíduo podem também ser sentidas depois de longo período, as chamadas "marcas do trabalho" (Teiger, 1980[311]; Wisner, 1984[312]), impressões que em certos casos permanecem por longo tempo no corpo e no pensamento. Manifestações designadas como "incompetências", "perda da capacidade inventiva", "restrições das habilidades", "dificuldades para aquisição de novos conhecimentos", "dificuldade para comprometer-se", "tendência a adoecer" têm conseqüências diretas sobre a atividade no trabalho e nas demais dimensões da vida fora do trabalho, criando condutas contingentes às exigências da organização do trabalho (LEPLAT, 1986[313]; TEIGER, 1980[314]).

Os chamados métodos subjetivos de análise do trabalho, dentre os quais o proposto por Dejours (1987, 1999)[315], embora intensifique a compreensão do trabalho pelo seu negativo (o sofrimento), recoloca em cena a necessidade de abordar a centralidade do trabalho não somente vida da sociedade, mas o lugar existencial pelo qual o trabalho e seus determinantes constroem um projeto civilizatório de bem-estar e mal-estar. De outro modo, a análise de erros e falhas de Rasmussen (1985)[316], que de fato é uma analise psicológica do trabalho, embora procure se aproximar da idéia de uma análise dos processos e dos significados da ação humana construída no trabalho tende a se firmar com um modelo de características prescritivas da ação humana em processos de cadeias de clientes, de suprimentos ou de serviços, persistindo a vocação do diagnóstico de procedimentos.

A enfática valorização da chamada qualidade dos produtos e serviços é uma realidade. Na "conquista" do consumidor, o qual é capaz de

---

[311] MANACORDA, M. A. *História da educação: da Antigüidade aos nossos dias*. São Paulo: Cortez, Autores Associados, 1989 (Coleção: Educação Contemporânea). Série: Memória da educação.
[312] *Op. Cit.*
[313] *Op. Cit.*
[314] *Op. Cit.*
[315] *Op. Cit.*
[316] RASMUSSEN, J. The human as a systems component. In: SMITH, H. T.; GREEN, T. R. G. (Ed.). *Human Interaction with Computers*. London: Academic Press, 1980.

distinguir mínimos diferenciais nos níveis de serviço, cada um que participa da cadeia produtiva assume o seu papel como "agregador" de valores ao produto/serviço final, de modo que para este fim as inter-relações são cooperativas e os processos são flexíveis.

Geralmente, as empresas configuradas em função da qualidade e competitividade são regidas por novas formas de gestão da produção e de organização do trabalho que enfocam a responsabilidade do trabalhador (como ator) na consecução do produto. Como co-responsável pelos produtos e serviços gerados, cada trabalhador passa a ser considerado como um recurso estratégico para as empresas e a sua valorização como indivíduo permeia a "melhoria contínua" das organizações "flexíveis" adaptadas ao "mercado global". Este princípio requer um vínculo do trabalhador aos objetivos da empresa e, ao mesmo tempo, uma autonomia para executá-los. Nessa nova ótica, há que se reportar à identificação com o trabalho e à construção social das habilidades no próprio ambiente de trabalho, fomentando a polivalência nas funções e a organização do trabalho em sistemas sócio-técnicos integrados.

As situações de trabalho são complexas e sua análise requer uma combinação de diversas contribuições científicas. Uma análise com ênfases nos processos cognitivos, nos sistemas técnicos especialistas, nas condições de salubridade, ambientais e sociais de trabalho, nos meios de aprendizagem e desenvolvimento de competências profissionais redundam, necessariamente, uma combinação pertinente à melhoria do diagnóstico das situações de trabalho e ao tratamento de diferentes sistemas de variáveis ou mecanismos articuladamente.

Capítulo 7

MUDANÇAS NAS FORMAS DE APRENDIZAGEM DO TRABALHADOR

Edna Garcia Maciel Fiod

Não são poucas as considerações sobre a falência da escola pública estatal brasileira. Para muitos, o ensino nela ministrado tem dificuldades de se renovar face às metamorfoses do mundo do trabalho. A aprendizagem constituída no bojo da Revolução Industrial parece não mais corresponder à realidade atual. As máquinas eletrônicas substituem o trabalho manual e o intelectual. Parece que existe necessidade de um tipo de trabalhador polivalente do qual são exigidas habilidades para além do ler, do escrever ou de simplesmente digitar textos no computador. O analfabetismo, o semianalfabetismo e o chamado analfabeto tecnológico ou digital parecem ser obstáculos à adaptação dos indivíduos às relações sociais. Hoje, não basta à escola alfabetizar e socializar. O mundo do trabalho está exigindo dos trabalhadores iniciativa, criatividade, raciocínio crítico e competência para tomar decisões e para trabalhar em equipes, ainda que o emprego seja para poucos. Entretanto, o problema da escola não é apenas metodológico. Dificuldades vividas pelas instituições educacionais parecem refletir o grande movimento da sociedade. Atualmente, elas vivem um dilema que a história lhes impôs: preparam cidadãos para o trabalho em uma sociedade onde o desemprego aumenta sem cessar. Diante dessa contradição, busca-se compreender o que significa *uma nova educação*.

Palavras-chave: escola e trabalho; mudanças na aprendizagem; qualificação.

Introdução

A escola prepara para o mundo do trabalho, o que coloca a indagação: Qual trabalho? Como ela o faz? O que significa ser trabalhador nesta sociedade? Que tipo de aprendizagem é necessária para aqueles que ainda vivem do trabalho? Estas e tantas outras questões que envolvem a articulação trabalho-educação têm sido objeto de variadas reflexões. Neste texto, discute-se a escola e o trabalho como determinações históricas, isto é, como pressuposto e resultado do que os indivíduos fazem para manter sua existência.

Sendo o ser humano o criador de sua própria vida, ele se faz como tal, pelo trabalho, único meio de criar riquezas, de satisfazer suas necessidades. No entanto, os indivíduos não trabalham segundo seu desejo ou sua vontade, mas a partir de condições dadas. Por conseguinte, a aprendizagem realizada na escola é fruto de certas relações humanas, como o trabalho.

Para Figueira (1985)[317], toda a dificuldade para compreender a sociedade contemporânea provém do fato de que, ainda hoje, *nós pensamos o trabalho como algo distinto do homem*, como se existisse de um lado o trabalho, de outro, o trabalhador e, de outro ainda, a necessidade de trabalhar[318]. Mas o modo de criação da vida depende das condições materiais herdadas e das relações que os indivíduos estabelecem entre si. O que distingue as diferentes épocas históricas não é o que se faz, mas o como, de quais instrumentos de trabalho os seres humanos se servem para se perpetuarem como tais.

Aprender na escola, portanto, é profundamente distinto da aprendizagem artesanal realizada nas oficinas, no local do trabalho. A escola não prepara para esta ou aquela operação específica. Nesse

---

[317] FIGUEIRA, F. G. *Diálogos de um novo tempo*. São Paulo, Universidade de São Paulo, 1989. Tese de doutorado em Sociologia.

[318] Ao definir – pela primeira vez na história – o que é o homem, Marx subverte toda e qualquer anterior interpretação da questão. Tal subversão não consistiu em demonstrar que até então essa mesma história fora movida pelos antagonismos de classe. Infinitamente maior é o seu radicalismo que consiste em "ir às raízes", isto é, em explicar o que é o homem. Marx subverte todo o pensamento humano que lhe antecede porque torna patente que o homem é produto de seu próprio trabalho. A grande revolução que Marx provocou consistiu em demonstrar que o homem é um ser que se faz – pelo trabalho – um ser humano. Faz-se humano, porém, não segundo seus próprios desejos, mas fá-lo, a partir de dadas condições, um ser humano histórico. "Tal como se faz" – diz Marx –, "assim o homem é" (FIGUEIRA, 1989, p. 23 – grifos da autora).

sentido, essa forma educativa emerge em oposição à aprendizagem especializada e individual contida na unidade técnica entre o trabalhador e sua ferramenta. Vale a pena lembrar que a educação, centrada em conteúdos gerais desenvolvidos fora da esfera dos processos produtivos, é uma criação humana e, nesta qualidade, pressupõe ruptura com a formação do trabalhador parcial, um virtuoso mutilado, como a ele se refere Marx (1982)[319]. A escola, não importando as formas que assume, prepara os alunos para o trabalho social (coletivo), fundamento de sua existência e da vida contemporânea.

Assim, o trabalho, não se confunde com a execução de uma ou de outra atividade para atender a esta ou àquela necessidade individual. Nesta forma de vida humana, não basta trabalhar para si, produzir coisas úteis. Os artesãos modernos, artistas, costureiros, professores autônomos, donas de casa, constituem bons exemplos. Eles apenas sobrevivem de suas ocupações, quando sobrevivem.

Na sociedade capitalista, o produto deixa de ser resultado imediato da atividade de um trabalhador individual e torna-se produto

---

[319] ...a indústria moderna, com suas próprias catástrofes, torna questão de vida ou morte reconhecer como lei geral e social da produção a variação dos trabalhos e, em conseqüência, a maior versatilidade possível do trabalhador, e adaptar as condições à efetivação normal dessa lei. Torna questão de vida ou morte substituir a monstruosidade de uma população operária miserável, disponível, mantida em reserva para as necessidades flutuantes da exploração capitalista, pela disponibilidade absoluta do ser humano para as necessidades variáveis do trabalho; substituir o indivíduo parcial, mero fragmento humano que repete uma operação parcial, pelo indivíduo integralmente desenvolvido, para o qual as diferentes funções sociais não passariam de formas diferentes e sucessivas de sua atividade. As escolas politécnicas e agronômicas são fatores desse processo de transformação, que se desenvolveram espontaneamente na base da indústria moderna; constituem também fatores dessa metamorfose as escolas de ensino profissional, onde os filhos dos operários recebem algum ensino tecnológico e são iniciados no manejo prático dos diferentes instrumentos de produção (MARX, K. *O capital*: crítica da economia política. 8ª ed., São Paulo; DIFEL, 1982. Livro Primeiro, vol. I. e vol. II. Pág. 558-559.).

social[320], fruto do trabalho comum, resultante da combinação de trabalhadores, uns diretamente envolvidos na produção da riqueza e outros, indiretamente, em diversas esferas. Os marginalizados dessa condição, constituem, em sua maioria, os degredados das relações sociais existentes.

Assim, cabe à escola, dentre outras instituições educativas, desenvolver uma espécie de cultura geral, de princípios éticos, de ritmo, de disciplina, algum tipo de treinamento profissional, enfim, habilidades e conhecimentos intelectuais, condição imposta pelo trabalho comum (social)[321] que exige dos que trabalham flexibilidade, versatilidade e disponibilidade para desempenhar diferentes funções no mesmo processo de trabalho, ou em diferentes fábricas, escritórios e serviços.

Para fazer parte do trabalho coletivo, não é necessário desenvolver aptidões especiais: basta ao indivíduo sua capacidade de trabalhar, de desprender a energia geral que qualquer um possui em condições normais. Nas fábricas, por exemplo, da composição social dos operários participavam crianças (antes da proibição do trabalho infantil já existente no século XIX, na Inglaterra) mulheres, jovens e adultos, do mesmo processo comum de trabalho, independente da

---

[320] A produção capitalista não é apenas produção de mercadorias: ela é, essencialmente, produção de mais valia. O trabalhador não produz para si, mas para o capital. Por isso, não é mais suficiente que ele apenas produza: ele tem de produzir mais valia. Só é produtivo o trabalhador que produz mais valia para o capitalista, servindo assim à auto-expansão do capital. Utilizando um exemplo fora da esfera da produção material: um mestre-escola é um trabalhador produtivo quando trabalha não só para desenvolver a mente das crianças, mas também para enriquecer o dono da escola. Que este invista seu capital numa fábrica de ensinar, em vez de em uma de fazer salsicha, em nada modifica a situação (idem, página 584).

[321] ...o instrumental de trabalho, ao converter-se em maquinaria, exige a substituição da força humana por forças naturais e da rotina empírica pela aplicação consciente da ciência. Na manufatura, a organização do processo de trabalho social é puramente subjetiva, uma combinação de trabalhadores parciais. No sistema de máquinas, tem a indústria moderna o organismo de produção inteiramente objetivo que o trabalhador encontra pronto e acabado como condição material da produção. Na cooperação e mesmo na cooperação fundada na divisão do trabalho, a supressão do trabalhador individualizado pelo trabalhador coletivizado parece ainda ser algo contingente. A maquinaria, com exceções a mencionar mais tarde, só funciona por meio de trabalho diretamente coletivizado ou comum. O caráter cooperativo do processo de trabalho torna-se uma necessidade técnica do próprio instrumental de trabalho (ibidem, pág. 440).

forma de produzir as mercadorias. A participação de todos os membros da família no mesmo processo de trabalho, só se tornou possível por meio de muitas revoluções ocorridas no trabalho, quando os indivíduos puderam se libertar dos limites que a natureza lhes impunha e, em conseqüência, da habilidade, força e destreza individuais na criação das coisas necessárias.

Nesta sociedade, indivíduos podem trocar de tarefas, de emprego, como trocam de camisa[322]. Embora a atividade específica de um marceneiro, por exemplo, seja diferente da atividade de um operário fabril, elas se igualam como trabalho social (comum e assalariado), como substância homogênea, condição de reprodução de ambos, ainda que realizados em diferentes espaços físicos. Já vai longe o tempo em que o marceneiro, por meio de trabalho individual, realizado de modo autônomo na sua marcenaria, sustentava a si e a sua família.

Tendo o trabalho social (coletivo) como princípio educativo, a escola apresenta novas dimensões para a discussão dessa relação que se tornou um problema nos dias atuais: o desemprego cresce assustadoramente e atinge cifras de milhões de pessoas no mundo todo.

A perplexidade vem tomando conta daqueles que se preocupam em explicar o fato inconteste de que os indivíduos, subitamente separados do que lhes parecia natural - reproduzir-se pelo trabalho – são compelidos a suportar a miséria, a indigência, a fome que os transformam em seres esfarrapados em meio à produção de riquezas incomensuráveis. O trabalho parece ter perdido o sentido para grande parte da humanidade.

A articulação trabalho-educação, portanto, traz à reflexão uma das questões mais complexas que a humanidade precisa enfrentar: a

---

[322] ...a produção mecanizada elimina a necessidade que havia na manufatura, a de cristalizar essa distribuição anexando permanentemente o mesmo trabalhador à mesma função. Não partindo do trabalhador o movimento global da fábrica, mas da máquina, pode-se mudar o pessoal a qualquer hora sem interromper o processo de trabalho. A prova mais contundente disso é o sistema de turnos múltiplos (*relay systems*) posto em prática na Inglaterra, durante a revolta patronal de 1848 a 1850. Finalmente, a velocidade com que os menores aprendem a trabalhar elimina a necessidade de se preparar uma classe especial de trabalhadores para operar exclusivamente com as máquinas (*ibidem*).

de saber o que fará com as pessoas escolarizadas e, também, com as não-escolarizadas que estão sendo expulsas do mundo do trabalho. A escola, por conseguinte, se move em meio a essa contradição histórica: as máquinas cada vez mais velozes e modernizadas dispensam trabalhadores manuais e intelectuais em toda parte, sem que eles possam ser outra coisa. A sociedade burguesa parece ter evidenciado seus limites históricos: ela tem dificuldade para fazer cumprir sua própria lei, a de perpetuar o trabalho.

Para Kurz[323], o que hoje faz sofrerem as massas não é a exploração capitalista, mas a ausência dela, o que vem transformando o mundo em um enorme leprosário social. O capital não consegue explorar produtivamente a maior parte do operariado. Dispensar trabalho humano significa destruir o fundamento que organiza personagens sociais.

A escola, considerada à margem dessa contradição, é vista como instituição obsoleta e, por isto, incapaz de oferecer uma educação básica geral de qualidade e, portanto, de preparar cidadãos eficazes. Essa formulação vem se tornando constante, por exemplo, entre o empresariado. Alguns deles advertem que o desenvolvimento econômico supõe uma política de formação de recursos humanos compatíveis com a competitividade e a qualidade da produção global.

Atualmente, são comuns afirmações sobre a necessidade de elaboração de novos paradigmas educacionais. Na área educacional, certos estudos apontam para o esgotamento do trabalhador que exercia uma única função, conforme herança dos tempos do *taylorismo* e do *fordismo*. Com o advento da produção flexível, alguns exaltam a necessidade de formar um novo trabalhador que seja capaz de desempenhar múltiplas operações.

As mudanças ocorridas nos processos produtivos, trazidas pela eletrônica, têm provocado a sensação de que é preciso alterar a educação para que ela possa cumprir um dos seus objetivos: formar o homem polivalente, integralmente desenvolvido, em oposição às especializações – como se isso fosse algo novo na história.

---

[323] KURZ. R. *O colapso da modernização:* da derrocada do socialismo de caserna à crise da economia mundial. Rio de Janeiro: Editora Paz e Terra S. A., 1992.

Sob o impacto das novas tecnologias, são discutidas no mundo todo soluções para a crise do emprego, que atinge cerca de 800 milhões de pessoas. Não importa o lugar, a realidade é a mesma, com maior ou menor intensidade neste novo século. O fenômeno do desemprego parece não ter solução à vista. A contínua diminuição do número de postos de trabalho, aliada à extinção de profissões[324], provoca reações e têm despertado debate internacional sobre como reverter essa tendência. Na Europa, há propostas de redução da jornada de trabalho para empregar mais trabalhadores. No Brasil, emergem leis e acordos para estimular o trabalho temporário, face ao desemprego geral.

Rifkin[325] diz que, nos próximos 50 anos, o mercado de trabalho mundial estará de tal forma alterado que será impossível evitar taxas elevadíssimas de desemprego. Para ele, profissões como recepcionistas, secretárias, gerentes de nível médio, irão desaparecer. Afirma que mesmo que fosse possível treinar todas as pessoas desempregadas na indústria e nos serviços, o que lhe parece duvidoso, o setor de informação não conseguiria absorvê-las. Para Rifkin, a atual revolução tecnológica não necessita mais de trabalho em massa.

Ao desemprego tecnológico são somados a pobreza e o subemprego crônico dos grupos sociais expulsos dos benefícios da produção de riquezas incomensuráveis. As conseqüências advindas do avanço tecnológico sobre os que ainda conseguem viver do trabalho são avassaladoras.

Segundo Antunes[326], a qualificação e intelectualização do trabalho será privilégio de alguns, daqueles que constituem o núcleo das empresas; restarão desqualificação, precarização, trabalho informal

---

[324] Para conhecer mais sobre o tema "extinção de profissões nesta sociedade", ver AUED, B. W. *História de profissões em Santa Catarina: ondas largas "civilizadoras"*. Florianópolis, Ed. do Autor, 1999.

[325] RIFKIN, J. *O fim dos empregos: o declínio inevitável dos níveis de empregos e a redução da força global de trabalho*. São Paulo: Makron Books, 1995.

[326] ANTUNES, R. *Adeus ao trabalho? Ensaios sobre as metamorfoses e a centralidade do Mundo do Trabalho*. São Paulo: Cortez Editora/Editora da Universidade Estadual de Campinas, 1995, 155 p.

para os muitos outros que compõem o subproletariado fabril e de serviços. O autor alerta para que não se tenha ilusão alguma contra essa lógica destrutiva que elimina a força humana de trabalho. As forças produtivas chegaram a tal ponto de desenvolvimento que, no quadro das relações existentes, parecem apenas causar danos. Nesse sentido, elas se transmutam em forças destrutivas. Intimamente ligada a esse fato, uma multidão é obrigada a suportar todos os encargos da sociedade, sem poder usufruir seus benefícios. É nesse cenário que se move a educação. O trabalho, seu princípio constitutivo, parece definhar cada vez mais. Entretanto, não são poucas as propostas que ainda atribuem à escola o poder de conquistar, por meio da qualificação, a cidadania, o emprego, a participação na riqueza socialmente produzida.

Ao arrepio do movimento das relações sociais, certas formulações insistem em ignorar que a escola se reproduz no interior dessas mudanças estruturais. Os defensores da reforma da educação, tanto quanto da escola sem paredes ou da escola virtual, esquecem-se do fato inconteste de que o trabalho morto (o trabalho objetivado em máquinas cada vez mais sofisticadas) substitui, em velocidade espantosa, o trabalho humano. Isso traz a questão: que educação precisa ser dada à grande maioria que vive ao largo de quaisquer relações sociais, do mundo do trabalho, uma das condições necessárias à sua sobrevivência.

A escola pública, entretanto, nem sempre foi um problema. Houve um tempo em que ela foi solução histórica, uma necessidade criada pela humanidade quando o saber laico precisou ser produzido e difundido. Se hoje a escola pública se reproduz decadentemente, talvez seja porque ela esteja se esvaindo junto com as condições sociais que a fizeram emergir como tal.

Alterações na qualificação para o trabalho

No século XVIII, é sistematizado definitivamente o novo saber destinado às crianças nas escolas modernizadas. O conteúdo real, científico e técnico voltado às atividades do mundo do trabalho vai se impondo. Mas a escola do saber laico, ao contrário do que muitos imaginam, teve que travar uma longa batalha para se impor como tal. É nesse século que as experiências de modernização do saber são duramente combatidas. Na França, são famosas as perseguições às escolas jansenistas de Port-Royal, nas quais o ensino do latim e demais atividades passam a ser tratados como instrumentos para *aperfeiçoar a razão e a formação do juízo*[327]. O mesmo ocorre com as escolas cristãs lassallistas, onde são ensaiados esboços de um ensino técnico-profissional[328]. A iniciativa de João Batista de La Salle, por volta de 1702, traz uma inovação intrigante: a permissão de leituras *profanas* juntamente com a aprendizagem da oração, dos cânticos, do ensino religioso e das sagradas escrituras.

As ações mais inovadoras provêm das chamadas seitas não oficiais. São elas que ensaiam a grande experiência de organizar escolas para pobres e órfãos. À diminuição do latim, corresponde o aumento das ciências modernas como a matemática, ciências naturais e humanas.

A instrução popular começa a adquirir contornos. Na Alemanha, são criadas escolas de aldeias e escolas para pobres, em 1642.

Em Berlim, emerge o ensino técnico-científico por volta de 1747. A concepção de um sistema de instrução estatal obrigatório começa a se difundir pelos países europeus.

O pensamento iluminista aprofunda a crise do humanismo escolástico. As artes mecânicas, ligadas aos novos modos de produção anunciados pela Revolução Industrial, minimizam o ideal da forma-

---

[327] ...as "pequenas escolas" dos jansenistas de Port-Royal, na França, explica Manacorda, são perseguidas. Nelas, "o latim e toda carreira não são mais um instrumento para adquirir um saber determinado de uma vez por todas, mas "instrumentos para aperfeiçoar a razão" e para a "formação do juízo"; o latim e a gramática nos levam tanto à lógica e à lingüística como à moral. Jean Racine, que quando criança estudou nelas, aí aprendeu a impecável nitidez de estilo e participou depois da campanha dos jesuítas contra eles; mas, no fim, escreve a mais bela defesa dessas escolas, exaltando a vida de seus fundadores" (MANACORDA, M. A. *História da educação:* da Antigüidade aos nossos dias. São Paulo: Cortez, Autores Associados, 1989 (Coleção: Educação Contemporânea). Série: Memória da educação, pág. 227, grifos do autor).

[328] Idem.

ção do *gentleman* no qual o trabalho era apenas algo periférico. O humanismo livresco, gramatical e escolástico é criticado severamente. Educar humanamente todos os homens torna-se o grande objetivo da educação moderna, diz Manacorda[329]. Iluministas, reformadores e revolucionários[330] se misturam na luta contra o velho ensino feudal. A literatura inglesa reflete primorosamente esse momento de transição histórica e educacional. Daniel Defoe, com seu livro *Robinson Crusoé*, escrito por volta de 1725, ilustra as dicotomias próprias do embate que confronta formas opostas de educação. Defoe, por meio de seu famoso personagem Crusoé, isolado em uma ilha, o caracteriza como um ser carregado de ciência que consegue construir sua habitação devido à sua capacidade teórico-prática, de seu domínio da matemática e não por ter exercido uma atividade manual. Para evidenciar a necessidade do conhecimento científico, mostra que seu personagem é capaz de produzir sua existência diferentemente dos homens primitivos, ainda que em condições adversas[331].

As Viagens de Gulliver, escrito por Jonathan Swift[332] em 1730, não é senão um sarcasmo à cultura papista, à vida social e religiosa de sua época. Em sua ilha suspensa no ar, os antigos sábios estão tão concentrados que precisam ser despertados para pensar. Através de suas viagens reais ou imaginárias, o autor mostra a descoberta de novos costumes, inclusive de uma máquina para aprender. Com sua academia de inventores, vislumbra a tendência em que o avanço científico coloca em questão os velhos conhecimentos revelados.

---

[329] *Iibidem*.

[330] Ver LARROYO, F. *Historia general de la pedagogia*. 10ª ed. Editorial, Porrua, S. A., Argentina e México: 1967, p. 347-530.

[331] MANACORDA, M. A. *História da educação: da Antigüidade aos nossos dias*. São Paulo: Cortez, Autores Associados, 1989 (Coleção: Educação Contemporânea). Série: Memória da educação.

[332] SWIFT, J. *Viagens de Gulliver*. Rio de Janeiro: EdiOuro; São Paulo: Publifolha, 1998.Tradução de Otávio Mendes Cajado; texto sobre o autor e a obra por Rui Barbosa. Jonathan Swift (1667-1745) é um dos revoltados com a miséria causada pelo domínio inglês sobre a Irlanda. O autor se imortalizou pelo seu sarcasmo contra os governos, as profissões e a vida religiosa de sua época.

Nesse tempo, enciclopedistas realizam a difícil tarefa de classificar e de atualizar o conhecimento produzido nas artes, nas ciências e nos ofícios. As novas relações entre cultura e trabalho exigem o domínio intelectual dos princípios que regem as atividades humanas. Diderot (1713-1784)[333] visita as oficinas artesanais para compreender a junção das artes liberais com os ofícios, da geometria acadêmica com as oficinas. Turgot (1728-1781)[334], também na França, reivindica um Conselho de Instrução Pública para organizar um ensino cívico e nacional. Para ele, as escolas deviam formar geômetras, físicos, pintores. Como um dos precursores da pedagogia da Revolução Francesa, preocupa-se com os problemas da educação, sobretudo, com seus aspectos políticos e sociais. Seu protesto é contra a exclusão dos leigos do ensino que, a seu ver, precisa ser controlado e administrado somente pelo Estado. Ele apresenta um plano de instituição de escolas com programas em que predominam o ensino de história e das ciências naturais, cujo objetivo era a formação da inteligência. Foi o primeiro a formular um plano de criação de um sistema escolar estatal, no qual deveria predominar conteúdos de história e de ciências naturais.

Rousseau (1712-1728)[335] escreve um verbete sobre educação. Ele revoluciona a pedagogia ao afirmar a necessidade de reconhecer que a criança é um ser em desenvolvimento, com uma natureza diferente daquela dos adultos. Sua concepção educacional confronta-se com a antiga pedagogia que afirma ser a criança nada além de um adulto em miniatura, com deveres e obrigações próprios de gente grande. Contrapondo-se a isso, realça a necessidade de levar em consideração o desenvolvimento da criança. Ao contrário da educação feudal, ele valoriza a educação dos sentidos, do jogo, da experiência infantil, da inteligência e da consciência, contra a memorização e os cas-

---

[333] LARROYO, F. *Historia general de la pedagogía.* 10ª ed., Argentina, Editorial Parrúa, 1967.

[334] *Ibidem.*

[335] MANACORDA, M. A. *História da educação: da Antigüidade aos nossos dias.* São Paulo: Cortez, Autores Associados, 1989 (Coleção: Educação Contemporânea). Série: Memória da educação.

tigos corporais aplicados àqueles que ofendiam a moral e a disciplina cristãs.

Rousseau configura, com seu modo peculiar, os conflitos de uma sociedade de homens livres que está se constituindo a partir das entranhas da sociedade feudal. Suas idéias pedagógicas expressam anseios de uma nova sociedade que precisa experimentar e conhecer o mundo, por meio da ciência. O avanço de certas forças produtivas já não mais coincidia com as velhas relações sociais e educacionais vigentes, fundadas na conservação quase inalterada da vida e na crença das verdades reveladas.

Propostas de atuação do Estado na educação começam a emergir ainda no século XVIII. A solicitação da intervenção inovadora do Estado no campo educacional vem acompanhada do pedido de expulsão dos jesuítas, na França. Lepelletier (1706-1793)[336], um dos pedagogos jacobinos da Revolução Francesa, apresenta um projeto educacional radical. Seu projeto educacional é apresentado em uma convenção por Robespierre, pouco depois de sua morte. A Assembléia aprova seu plano, apesar de saber das dificuldades para colocá-lo em prática neste momento em que ainda precisam ser travadas muitas batalhas contra o ensino escolástico.

Juan Bernardo Basedow (1724-1790)[337], na Alemanha, reivindica a laicidade e a estatalidade do ensino. No clima do despotismo iluminado amadurecem condições e idéias que propiciarão a passagem definitiva da instrução dada pela Igreja, para a instrução estatal. Na França, na Itália e em diferentes países, propostas de uma aprendizagem laica e estatal vão ganhando força.

A atuação dos soberanos iluminados é fato não desprezível nesse cenário. Em 1760, Maria Teresa, rainha da Áustria, convida o abade Juan Felbiger para dar um novo rumo à educação católica nos territórios recém-conquistados por Frederico II. É criado algo parecido com um Ministério da Instrução, após a Guerra dos Sete anos que quase põe fim aos embates educacionais e políticos com o feudalis-

---

[336] LARROYO, F. *Historia general de la pedagogia*. 10ª ed., Argentina: Editorial Parrúa, 1967.
[337] *Ibidem*

mo. Felbiger põe em prática uma idéia inovadora nesta época: ele ordena que os alunos sejam agrupados por classes. Ele institui, definitivamente, com essa medida, a aprendizagem coletiva, algo até então inusitado.

Mas até praticamente 1860, a escola é basicamente um fato privado e eclesiástico, apesar de estar sendo administrada pelo poder público. Após as reformas austríacas, seguem-se outras semelhantes em quase todos os estados europeus. Importa perceber que a educação vai se tornando uma questão estatal e, assim, vai se constituindo em oposição ao ensino escolástico que predominou por séculos.

A supressão de fato e de direito das corporações de artes e de ofícios e ainda da aprendizagem artesanal, únicas formas populares de instrução, chega ao fim. O movimento que traz a morte da produção artesanal faz surgir a produção fabril, uma das condições para o nascimento da moderna instituição escolar pública estatal[338].

O processo de laicização da instrução não se origina das idéias de alguns homens geniais, mas de novas relações sociais que não comportam mais o ensino do mito. A Revolução Francesa e todas as demais condições que a acompanham impõem um outro tipo de conhecimento. O surgimento da grande indústria moderna exige a objetivação da ciência nos processos produtivos e, com isso, torna desnecessárias as habilidades do trabalhador vindo da manufatura.

Nesse tempo, considerações sobre os prejuízos causados pelo trabalho fabril sobre as crianças, adolescentes e adultos são gerais. Adam Smith (1723-1790)[339] chega a propor uma instrução popular a cargo do Estado para os trabalhadores privados de qual-

---

[338] Fábrica e escola nascem juntas: as leis que criam a escola de Estado vêm juntas com as leis que suprimem a aprendizagem corporativa (e também a ordem dos jesuítas). Os filósofos e soberanos iluminados não tiram nenhuma novidade do próprio cérebro, são apenas os intérpretes e os executores dessa realidade que está mudando (MANACORDA, M. A. *História da educação: da Antigüidade aos nossos dias*. São Paulo: Cortez, Autores Associados, 1989 (Coleção: Educação Contemporânea). Série: Memória da educação, p. 249.

[339] Ver SMITH, A. *A riqueza das nações*. São Paulo: Nova Cultural, 1988. Coleção Os Economistas, vol. 3.

quer instrução e para evitar a degeneração do povo em geral, a seu ver, provocados pela divisão do trabalho. Não pode o brilhante cientista da Economia Política, dados os limites históricos de sua época, compreender que a nascente sociedade funda-se no trabalho coletivo que, apesar dos problemas que cria ao povo, cria, igualmente, a base material necessária ao processo de emancipação humana. O poder de objetivar o trabalho em máquinas automáticas, significa a superação dos estreitos limites da mão humana na produção da riqueza material, uma condição importante no processo de emancipação da humanidade então prisioneira do reino das necessidades[340].

Em síntese, o período revolucionário vivido pela Europa, cuja expressão material é a Revolução Industrial, afirma o direito de todos à instrução em que o conhecimento das ciências se impõe em estreita relação com a nova forma produtiva e com a vida em geral.

A reação da Igreja foi tenaz. Após a Revolução Francesa, Pio VI ataca com violência os pensadores iluministas que, soberanamente, defendem a nova concepção de mundo vinda no bojo do movimento revolucionário: o de que o ser humano é livre, não sujeito a qualquer outro. As reações contra o surgimento da nova educação não cessam facilmente. Pio VII reivindica para o clero a educação das crianças e dos adolescentes contra aqueles que, no seu entendimento, tentavam derrubar as instituições públicas e subverter todos os direitos divinos e humanos de seu tempo.

No século XVIII, as lutas pela educação laica e estatal tornam-se gerais. O novo e o velho se misturam, e se confrontam. Em quase todos os países, a nova educação vai conquistando seu lugar ao sol. Teoricamente já estão dados todos os princípios pedagógicos e políticos da nova educação: estatalidade, laicidade, universalidade e gratuidade.

---

[340] MARX, K. *O capital:* crítica da economia política. 8ª ed., São Paulo: DIFEL, 1982. Livro Primeiro, vol. I. e vol. II.

Mudanças nas formas de aprendizagem do trabalhador • 251

Avanços e recuos da nova aprendizagem

Coube ao século XIX a tarefa de pôr em prática as idéias educacionais elaboradas no século anterior. O fato novo é que a instrução fundada em conhecimentos advindos da ciência torna-se prática social, como resultado de um longo processo de transformação da vida humana.

A Revolução Industrial suprime a corporação de artes e ofícios e as manufaturas. Os artesãos, antes dispersos, concentram-se em uma mesma oficina. Definitivamente separados da possibilidade de viverem do trabalho realizado para si mesmos, os antigos trabalhadores e seus familiares são compelidos a satisfazer, como diz Figueira[341], a mais dantesca necessidade criada pelos homens: a de se reproduzirem como força de trabalho no processo de auto-expansão do capital.

A produção fabril, cuja base material é a máquina automática, realiza operações que antes eram dos humanos. Agora, reduzidos a acessórios do instrumental de trabalho, eles não precisam mais de sua antiga instrução. A maquinaria revoluciona o modo de produção e, assim, as condições e qualidades da formação humana. Os homens habilidosos já não são mais personagens sociais predominantes[342].

O desenvolvimento industrial realiza-se às custas de um longo período de expropriação. A utilização das máquinas rompe com a unidade trabalhador e sua ferramenta. O velho artesão vai desaparecendo

---

[341] FIGUEIRA, F. G. *Diálogos de um novo tempo*. São Paulo: Universidade de São Paulo, 1989. Tese de doutorado em Sociologia

[342] Ao entrar na fábrica e ao deixar sua oficina, o ex-artesão está formalmente livre, como o capitalista também, dos velhos laços corporativos; mas, simultaneamente, foi libertado de toda sua propriedade e transformado em um moderno proletário. Não possui mais nada: nem o lugar de trabalho, nem a capacidade de desenvolver sozinho o processo produtivo integral, nem o produto do seu trabalho, nem a possibilidade de vendê-lo no mercado. Ao entrar na fábrica, que tem na ciência moderna sua maior força produtiva, ele foi expropriado também de sua pequena ciência, inerente ao seu trabalho; esta pertence a outros e não lhe serve para mais nada e com ele perdeu, apesar de tê-lo defendido até o fim, aquele treinamento teórico-prático que, anteriormente, o levava ao domínio de todas as suas capacidades produtivas: o aprendizado (MANACORDA, M. A. *História da educação*: da Antigüidade aos nossos dias. São Paulo: Cortez, Autores Associados, 1989 [Coleção: Educação Contemporânea]. Série: Memória da educação, página 271).

à medida que o trabalho adquire caráter social, pela cooperação de muitos, o que muda radicalmente a forma de educar os cidadãos.

O trabalho social, cooperativo, mais ou menos contingente na manufatura e que ainda dependia da subjetividade, da habilidade de alguns artesãos, agora objetivado na maquinaria automática, torna-se independente das habilidades dos trabalhadores. Os operários, os auxiliares das máquinas, não precisam de sua antiga instrução, mas apenas de disposição para a execução de tarefas simples. Para trabalhar na fábrica não é necessário longo tempo de aprendizagem, nenhuma aptidão especial[343].

As utopias socialistas encontram nesse tempo de grandes mudanças um campo fértil à sua manifestação. Saint-simon (1760-1825), Fourrier (1772-1837) e Robert Owen (1771-1858)[344], considerando a divisão do trabalho fabril, a difícil vida dos operários, a miséria, a ignorância, as condições do povo em geral, pensam poder minimizar esses males sociais por meio da educação, das idéias e de reformas comunitárias que serviriam de exemplares para o restante da sociedade.

Fourrier exalta o jogo infantil, a espontaneidade e a liberdade da criança. Supõe que uma educação harmônica dada nos Falanstérios, uma espécie de associação que organiza os homens para viverem e trabalharem, é capaz de fazer coincidir os interesses individuais com os interesses coletivos.

Robert Owen, industrial e autodidata, acredita na onipotência do pensamento e do exemplo. A partir de sua filantropia patronal elabora um projeto de reforma social com base no cooperativismo, para ele, um modo de restituir a dignidade humana. A seu ver, a instrução

---

[343] Antigamente, nas tipografias inglesas, por exemplo, os aprendizes, de acordo com o velho sistema da manufatura e do artesanato, começavam pelas tarefas mais fáceis, evoluindo gradativamente para as mais complexas. Percorriam as etapas de uma aprendizagem, até se tornarem tipógrafos completos. Saber ler e escrever era para todos uma exigência do ofício. Tudo isso mudou com a máquina de imprimir. Esta precisa de duas espécies de trabalhadores, um adulto, o supervisor da máquina, e meninos, na maioria entre 11 e 17 anos, cuja atividade consiste exclusivamente em colocar uma folha de papel na máquina e retirá-la depois de impressa (MARX, 1986, p. 555-556).

[344] Ver TEIXEIRA, A (Org.). *Utópicos, heréticos e malditos: os precursores do pensamento social de nossa época*. Rio de Janeiro: Record, 2002, p. 47-146 (Trad. MAURIEL, A P. O. *et al.*).

e a reorganização do trabalho em comunidades associativas podem livrar os trabalhadores dos sofrimentos advindos da produção fabril. A formação física, moral e cultural dos homens e das mulheres constitui, segundo sua crença, condição para levá-los a pensar e agir racionalmente. Acredita que pode, no seio mesmo da sociedade burguesa, substituir, pela educação (pelas idéias) a figura do operariado andrajoso, por um indivíduo de iniciativas e de conhecimentos úteis superiores aos dos indivíduos dos mais altos graus, formados pelas circunstâncias da sociedade feudal e mesmo da sociedade capitalista em desenvolvimento.

Owen, o mais conhecido dos utopistas do seu tempo, talvez porque tenha financiado e posto em prática seus projetos, constrói uma escola junto à sua fábrica destinada aos filhos dos operários na metade do século XIX, na Inglaterra. A experiência prática, embora falida, não deixa de ter mostrado a necessidade do estabelecimento da educação infantil. A sua crítica à indústria, acaba levando-o à elaboração de uma espécie de socialismo cooperativista e naturalista. Nos Estados Unidos, ele funda uma aldeia com uma espécie de indústria agrária. Owen se diferencia de Fourier e de Saint-Simon, em um aspecto fundamental: ele propõe a produção da vida de forma coletiva, sem propriedade individual. É precisamente essa dimensão que o diferencia de outros pensadores utópicos do seu tempo. As contradições, ainda latentes da sociedade burguesa, são o que o impediram de perceber que não bastava um sistema de instrução qualificado, nem de aldeias associativas exemplares e, muito menos, do pensamento para libertar os indivíduos das relações sociais existentes.

A ilusão pedagógica própria do socialismo utópico, que consiste em condenar o trabalho coletivo vendo nele mera degradação, encontra-se presente no século XIX, mas não apenas nesse. Mas é Marx[345] quem explicita o revolucionarismo do trabalho simples, igual e social, fonte de degradação do povo, mas uma das condições históricas para o processo de emancipação humana. Ao se referir às

---

[345] MARX, K. *O capital:* crítica da economia política, 8ª ed., São Paulo: DIFEL, 1982. Livro Primeiro, vol. I. e vol. II.

conseqüências do trabalho fabril sobre a vida dos operários, ele se reporta ao reverso dessa condição, sínteses de uma mesma realidade[346].

Para o autor, a ruptura com o trabalho familiar, individual, base da produção artesanal, transformado em trabalho social, que supõe a colaboração de todos os membros da antiga família, constitui um movimento precioso na história humana. Apesar dos problemas que cria aos seres humanos, sobretudo aos operários, o trabalho coletivo é, antes de tudo, superação do processo de produzir riqueza limitada pelas mãos, ainda que qualificadas. A possibilidade de a ciência produzir riquezas incomensuráveis materializada no instrumental de trabalho (na maquinaria) demonstra para o inquieto pesquisador que os seres humanos haviam criado as condições materiais para se libertarem dos grilhões do mundo do trabalho.

As ambigüidades e embates sociais e culturais em torno da educação permeiam o século XIX. A batalha pedagógica entre o ensino episcopal e o da ciência repercutirá até a metade do século XIX. Nesse tempo, são ainda comuns afirmações do tipo: *ao sapateiro, bastam o silabário e o catecismo*. Contudo, a laicização e estatização do ensino iniciadas no século XVIII continua com a Revolução Francesa e se completa no século XIX. A batalha econômica entrelaça-se com a batalha pedagógica. Trata-se da luta contra a *educação igrejeira*. Para que se possa avaliar a magnitude desse embate que opõe duas sociedades profundamente distintas, basta lembrar que na Europa Ocidental boa parte das escolas então modernizadas voltam para o domínio da Igreja durante o período da restauração. Na França, até a monarquia orleanista não há um sistema de instrução estatal. Guizot[347], em

---

[346] Por mais terrível e repugnante que pareça ser a decomposição da velha estrutura familiar dentro do sistema capitalista, a indústria moderna cria, apesar disso, com o papel decisivo que reserva às mulheres, aos adolescentes e aos meninos de ambos os sexos nos processos de produção socialmente organizados e fora da esfera familiar, o novo fundamento econômico para uma forma superior de família e das relações entre os sexos. Além disso, é óbvio que a composição do pessoal de trabalho constituído de indivíduos de ambos os sexos e das mais diversas idades, fonte de degradação e escravatura em sua forma espontânea, brutal, capitalista, tem de transformar-se em fonte de desenvolvimento humano, quando surjam as condições adequadas (MARX, 1986, p. 561).

1833, é quem retoma o processo de laicização e estatização do ensino, instituindo escolas públicas e pagamento de professores. Na Inglaterra, muitas escolas voltam para o domínio das paróquias em 1808. Somente a Prússia, sob o absolutismo iluminado, não recua diante da necessidade de uma educação nacional e popular a cargo do Estado. Na Alemanha, a educação é entregue à responsabilidade das autoridades locais. Entretanto, na Itália há progressos e recuos que marcam o período da restauração. A disputa didático-pedagógica atinge todos os níveis da instrução, do elementar à universidade. A questão do método é a expressão mais contundente do empenho de certos personagens que, mesmo se tornando insuficientes para continuar a sua existência histórica, tudo fazem para impedir o estabelecimento de novas relações sociais. O problema da didática assume dimensões não isentas de certa dose de pedanteria por parte dos defensores da nova educação. O *como ensinar* adquire proporções gigantescas mescladas ao progresso da ciência e da possibilidade de sua aplicação prática quando a aprendizagem tende à universalização e laicização.

O aparecimento do ensino mútuo[348] e das escolas infantis constituem fatos importantes na disseminação da escola estatal pública. Antes, as crianças tinham atendimento privado ou assistencial de modo esporádico. A experiência de Robert Owen incentiva o apare-

---

[347] MANACORDA, M. A. *História da educação: da Antigüidade aos nossos dias*. São Paulo: Cortez, Autores Associados, 1989 (Coleção: Educação Contemporânea). Série: Memória da educação.

[348] O ensino mútuo foi implantado na segunda metade do século XVIII, por Lancaster, em Londres. Andrew Bell, ministro anglicano, vai dar a esse tipo de ensino um cunho profissional. Apesar das semelhanças do método nessas escolas, os dois jamais se conheceram ou trocaram ideais. O método Lancaster caracterizou-se pelo grande número de alunos sob a atuação de um só mestre, que poderia ter até mil alunos, como propunha Lancaster, desde que contasse com o auxílio dos monitores e decuriões. A partir da instituição de tal método, dado ao seu baixo custo, (uma vez que não implicava pagamento de salário), amenizava-se a ausência de profissionais habilitados, podendo-se dessa forma instituir a educação escolar, escamoteando-se os dois maiores fatores que implicavam a sua existência: a falta de professores e o descaso do poder público para com a educação popular (MERCADO, E. Busca dos fundamentos teórico-históricos do processo de monitoria. In: *Cadernos de metodologia e técnica de pesquisa*. Maringá, Universidade Estadual de Maringá, 1990, n° 3, p. 99-113.

cimento de uma ação educacional básica em detrimento do assistencialismo. Além do ensino religioso, as atividades espontâneas e ao ar livre são valorizadas. A preparação parar ler, escrever e contar são sistematizadas. Conservação e progresso misturam-se na aprendizagem espelhando forças sociais em luta. Cresce de modo irreversível a aliança entre o saber e a produção científica da riqueza nas fábricas. Institutos de mecânica e de matemática são criados para produzir conhecimentos. A legislação fabril, primeira reação da sociedade capitalista contra os horrores da exploração do trabalho infantil na Inglaterra, faz o Parlamento obrigar as fábricas a liberarem as crianças operárias menores de 14 anos para o ensino escolar[349].

Em todos os países da Europa Ocidental é discutida a necessidade de uma nova educação na medida que vai desaparecendo o tradicional aprendizado artesanal, controlado pelas corporações e criado por lei; a instituição escolar começa a se tornar geral, com conteúdo geral técnico e científico. As Universidades não ficam alheias a esses processos de transformação.

O renascimento da educação física, como elemento de formação humana, é outro dado importante. A educação cavalheiresca e sua sucessora, a educação cortesã, estão chegando ao fim. Os cuidados físicos com o corpo aliados à instrução intelectual e tecnológica constituem elementos da formação geral, revelando uma nova concepção de educação.

Na segunda metade do século XIX, a instrução em todos os níveis, em quase toda a Europa, já é um fato estatal, apesar da resistência da Igreja Católica. De nada adianta a condenação de Pio IX às Sociedades Bíblicas, ao liberalismo e ao socialismo em ascensão desde 1848.

---

[349] Apesar da aparência mesquinha que apresentam em seu conjunto, as disposições da lei fabril relativas à educação fizeram da instrução primária condição indispensável para o emprego de crianças. Seu sucesso demonstrou, antes de tudo, a possibilidade de conjugar educação e ginástica com trabalho manual, e conseqüentemente o trabalho manual com educação e ginástica (...). Do sistema fabril, conforme expõe pormenorizadamente Robert Owen, brotou o germe da educação do futuro que conjugará o trabalho produtivo de todos os meninos além de uma certa idade com o ensino e a ginástica, constituindo-se em método de elevar a produção social e de único meio de produzir seres humanos plenamente desenvolvidos (MARX, 1986, p. 554).

No século XIX, generaliza-se a nova aprendizagem, na forma de instituições escolares. A escola pública, laica e estatal constitui-se em oposição ao ensino escolástico no momento em que as pessoas criam uma outra nova forma histórica de sociedade. Constituída no bojo do movimento revolucionário, que calcou a seus pés formas antigas de relações educacionais, a escola precisou travar o embate contra a educação escolástica. Nesse tempo, todas as suas dificuldades parecem provir dessa batalha gigantesca que ocorre cada vez que os homens criam, pelo trabalho, a necessidade de modificar sua própria vida, rompendo assim com as relações sociais existentes. Neste sentido, o que a escola estatal realizou não foi pouco. Ela cumpriu a tarefa de fazer a laicização do ensino quando, pela primeira vez, a produção da riqueza material se tornou científica. Além disso, enfrentou a tarefa de preparar os indivíduos para o trabalho livre. Desenvolveu neles o hábito, a disciplina e a tradição requeridas pelo trabalho coletivo, pelo novo princípio educativo consubstanciado na sociedade burguesa.

Desemprego e educação

Atualmente, parece não haver um modo adequado de como tratar a educação face ao desemprego. São incontáveis as formulações que propõem solução ao que os homens julgam ser um problema desses tempos: a escola pública, laica e estatal. Críticas sistemáticas são feitas à aprendizagem escolar. Artigos diversos dão idéia da enorme preocupação com uma nova formação e qualificação profissional nesta sociedade. Eles evidenciam um grande esforço humano na tentativa de resolver dificuldades do que as pessoas julgam ser problemas sociais.

Reportagem de Rossetti[350] intitulada "Computador cria sala de aula universal" revela que os americanos estão construindo "escolas sem parede". Assim, prosperam salas de aulas eletrônicas, com

---

[350] ROSSETTI, F. Computador cria "sala de aula universal". In: *Folha de S. Paulo*, 1992, p. 3-5, segunda-feira, 6 de abril.

alunos espalhados em diferentes cidades e países. O mais espantoso é que testes evidenciam que os alunos virtuais estão conseguindo notas mais altas do que aqueles que freqüentam a escola pública[351]. Dúvidas sobre a eficácia da *home-schooling* têm origem na concepção de que o relacionamento pessoal é fonte inesgotável de aprendizado. Apesar dessas preocupações em relação à *escola sem paredes*, a verdade é que a *escola com paredes* parece se tornar cada vez mais algo indefinido, incapaz de resolver problemas desta sociedade. Também há mudanças no que tange ao relacionamento pessoal. A relação professor-aluno, fundamento da educação, pode estar cedendo vez à relação computador-aluno, como meio de prover acesso às informações e formas distintas de relacionamento social. Mas isso não significa a morte da escola tradicional.

Moraes[352] constata que *crianças aprendem a lidar cedo com o computador*[353]. De uma maneira ou de outra, a sociedade já convive com formas que vão além do quadro e do giz, no processo ensino-aprendizagem. Os computadores, percebidos como meios de facilitar a vida dos estudantes, invadem escolas particulares, evidenciando que a aprendizagem ainda supõe a escola que, metamorfoseada, não deixa de ser ela mesma.

---

[351] Os americanos estão descobrindo um novo jeito de ganhar dinheiro: construir escolas *sem paredes*. Prosperam salas de aula eletrônicas, com os alunos espalhados não apenas em diferentes cidades, mas também países – uma sala da Compu-Highm, de Michigan, é freqüentada por adolescentes de 25 cidades dispersas pelos Estados Unidos e Canadá. O aluno não sai de casa, recebe as lições pelo computador, comandado por um professor; tem acesso aos mais sofisticados programas educativos, viaja pelas bibliotecas, museus e ainda por cima troca idéias com colegas que podem estar na África do Sul, Inglaterra ou Jamaica... Os testes mostram que eles conseguem notas mais altas se comparados aos alunos do ensino público e que entram nas melhores faculdades (DIMENSTEIN, G. Lugar de criança é na escola? In: *Folha de São Paulo*, 1996, p. 1- 23).

[352] MORAES, M. Crianças aprendem a lidar com o computador mais cedo nos EUA. In: *Folha de S. Paulo*, 1994, p. 6-2. (Caderno de Informática).

[353] Nos Estado Unidos, a criançada está aprendendo cada vez mais cedo a lidar com a informática. O computador já é tão comum nas escolas como o quadro negro e o giz. Em 1984 havia um computador para 125 estudantes americanos. Hoje, a relação é de 14 alunos por um. A idéia de ter apenas um laboratório de informática já está ficando para trás. O objetivo, agora, é ter também pelo menos um terminal por classe, com as salas interligadas numa central. As grandes companhias investem pesado, porque o estudante de hoje é o consumidor de amanhã. A informática deixou de ser privilégio das escolas privadas. Computador na sala de aula não salva ninguém da ignorância... mas pode facilitar a vida dos estudantes (idem).

Para Dimenstein[354], o que pode salvar a escola é o envolvimento dos pais, cuja participação no processo de fiscalização tem-se refletido na diminuição da repetência e da evasão escolar. Para ele, um dos mais interessantes projetos educacionais está sendo desenvolvido no interior de Minas Gerais e foi considerado pelo UNICEF, em 1995, como o principal projeto de organização não-governamental de educação eficiente e de baixo custo. Refere-se, em seu artigo, a uma outra *escola sem paredes*, onde os alunos estudam debaixo da árvore, criando brinquedos e jogos artesanais que desenvolvem o raciocínio lógico-matemático, além da escrita e expressão verbal.

Como pode ser visto, a educação escolar de distintos modos está sendo questionada. É como se ela tivesse perdido, não se sabe bem porquê, sua capacidade de desenvolver habilidades, qualidades, enfim, uma formação requerida nestes últimos tempos para o trabalho.

Segundo Bonassa[355], a ineficiência do ensino público é responsável pela superlotação de classes e de faltas de vagas[356]. Repetência e evasão equivalem a um atestado de falência do ensino. Para atender à demanda por ensino de 1º e de 2º graus, na Grande São Paulo, quase 2.000 alunos deveriam ter aulas em *containers*; 19 mil, em salas alugadas, e 2.000 teriam de viajar para escolas distantes. Diante do problema, também foram criadas escolas com até cinco turnos na periferia da cidade. Alguns estudiosos acreditam que a solução é a recuperação do papel da escola pública, o que confirma a concepção comumente posta de que a escola deixou de realizar aquilo para o qual foi criada: a socialização do saber, a preparação para a cidadania e para o trabalho.

---

[354] DIMENSTEIN, G. Lugar de criança é na escola? In: *Folha de São Paulo*, 1996, p. 1-23.
[355] BONASSA, E. C. 70% por cento dos alunos repetem de ano no 1º grau. In: *Folha de S. Paulo*, 1993, p. 1-8, segunda-feira.
[356] Apenas três de cada 100 alunos matriculados na 1ª série chegam a concluir a 8ª série sem repetir nenhum ano, segundo relatório do MEC (...). O resultado são 1,5 milhão de alunos sem vagas (...). O alto grau de repetência é compensado, a partir das séries intermediárias, por outro defeito da escola brasileira: a evasão. Se os alunos não abandonassem a escola, a soma de repetentes com novos alunos já teria implodido a escola. A taxa de evasão no 1º grau, considerando um período de oito anos, chega a 61%: de cada 100 alunos que começam a estudar, apenas 39 concluem a 8ª série (idem).

Em artigo intitulado "O Céu é o Limite", a revista *Maxibyte*[357] recupera um velho ditado, o qual afirma que *é de pequenino que se torce o pepino*, para explicar a facilidade com que as crianças lidam com certas coisas, inclusive com o computador. Com essa compreensão, muitos colégios particulares de São Paulo estão criando laboratórios de informática, onde alunos aprendem a utilizar programas e sistemas, além de terem o auxílio do computador no aprendizado de disciplinas curriculares. A avaliação é a de que alunos e professores estão entusiasmados com o trabalho. Ao contrário do ensino de grande parte da escola pública estatal, parece que a informática, além de motivar os alunos, é compreendida como meio importante para desenvolver o pensamento científico, nos dias atuais.

Experiência inédita realizada em Minas Gerais e Vitória pelo Centro Popular de Cultura e Desenvolvimento, uma organização não-governamental, chama especial atenção. Segundo Santiago[358], essa iniciativa constitui exemplo de educação pré-escolar a ser seguido pelos países do Terceiro Mundo. As crianças são preparadas para alfabetização em espaços próprios dos bairros onde elas vivem. O coordenador do projeto diz que a educação precisa é de gente e que a escola, como espaço físico, é irrelevante. O projeto teve início há mais de uma década, sob a sombra de mangueiras, alpendres e quintais das casas de periferia.

A concepção de que lugar para aprendizado de criança não é só na escola parece ganhar força nestes últimos tempos. Reforça, em alguns casos, propostas de que vale qualquer alternativa para os que estão sendo expulsos das relações educacionais, como se a humanidade não tivesse ainda produzido ciência capaz de resolver o problema da construção e de recursos próprios à aprendizagem.

No Ceará, a televisão substitui o professor em escolas públicas. Cerca de 200 mil crianças, da 5ª à 8ª série, não sabem o que é ter professor de matemática, história etc. As crianças vão à escola, mas os conteúdos são transmitidos por *flashes* de 10 a 15 minutos de

---

[357] MAXBITYTE. *Revista*. Ano 1, n° 3. nov./dez., 1994.

[358] SANTIAGO, H. S. Crianças têm aula sob árvore ou em quintal. In: *Folha de São Paulo*, 1997, p. 3-4 (Cotidiano).

duração, através de módulos. Após cada *flash*, os alunos têm 50 minutos para discutir o que viram na TV, ler sobre o assunto em seu caderno e resolver alguns exercícios. Informa Lobato[359] que existe apenas um professor por turma, encarregado de orientar a classe na aprendizagem das disciplinas, ao invés de dar aulas.

O ensino à distância *à brasileira* vem se alastrando no Nordeste, principalmente devido à falta de professores, ainda que pesem as críticas contra o rebaixamento do nível de aprendizagem. A despeito da controvérsia, essa experiência nada mais é do que uma dentre tantas formas de resolver dificuldades vividas pela escola pública.

Pesquisadores debatem o que julgam ser o futuro da educação e do trabalhador. Entrevistas feitas por Gandolfo[360] mostram que há uma polarização a respeito do que se entende sobre o destino da escola. Seu entrevistado, Lewis Peralman, pesquisador do Instituto Discovery, de Washington, diz que a escola vai morrer rapidamente face às mutações que a informática, a multimídia e a realidade virtual estão provocando. A seu ver, o conhecimento vai-se deslocar entre pessoas numa velocidade muito grande, provocando a obsolescência da educação tradicional. A tecnologia permitirá que pessoas de todas idades e condições sociais possam aprender qualquer coisa, em qualquer lugar, a qualquer momento.

Neil Postman, diretor do Departamento de Comunicações, Artes e Ciências da Universidade de Nova York, também entrevistado por Gandolfo, embora não se oponha à introdução de novas tecnologias nas salas de aula, entende que os principais problemas atuais, como fome, criminalidade e desemprego, não se devem à falta de informações ou de conhecimentos. Então, pergunta: para que serve o aprender? Para o pesquisador, as únicas respostas que vêm sido oferecidas a essa questão são aquelas que reafirmam a necessidade de as pessoas irem à escola para arranjar um emprego melhor. Em oposição a Peralman, Postman diz que as escolas não irão simplesmente

---

[359] LOBATO, E. No Ceará, TV substitui professor na sala de aula. In: *Folha de S. Paulo*, 1996, p. 1-13, 26 de maio.

[360] GANDOLFO, R. A escola que você conhece está com os dias contados. In *Folha de S. Paulo*, 1993, p. 21 (Caderno Especial, 6 de junho).

desaparecer, mas serão alojadas em prédios especiais para esse fim e que haverá pessoas que ainda serão chamadas de professores.

O conflito entre os defensores da educação do futuro e os que pensam na continuidade da escola tradicional com outra qualidade tem permeado a discussão em distintos níveis. Importa perceber que, à revelia da história, as reflexões apreendem a escola atual ou modificada pela eletrônica como forma natural e eterna de aprendizagem. Desse modo, a educação atual não passa de expressão imperfeita do futuro. Por isso, alguns pensam que a educação se move por si mesma, como se ela não dependesse das circunstâncias sociais. Para outros, é preciso criar um novo paradigma educacional. Diante da quantidade e da complexidade de informações existentes, muitos pensam que o professor deve deixar de ser o transmissor de informações para se tornar o fornecedor de ferramentas e habilidades em um mundo inundado de conhecimentos contidos em minúsculos aparelhos. Essas formulações reafirmam a obsolescência da escola no que se refere à preparação dos educandos para a sociedade virtual.

Dizem que a sala de aula dos tempos futuros terá uma lousa xerográfica que dispensa os alunos de copiar o quadro de giz. Em anotações, o aluno irá esquecer lápis e papel: através de um terminal de computador, seleciona cores e compõe uma página. Em substituição aos velhos retroprojetores, o professor terá à sua disposição holografias e vídeos. O aluno poderá, ainda, passear pela história, conhecer documentos antigos, cenas de filmes e músicas das épocas, gravadas em disquete de CD-ROM.

Entretanto, os materiais *high-tech* são apenas ferramentas pedagógicas, à semelhança dos livros didáticos, que não devem substituir a interação professor-aluno. Interessante perceber que as discussões têm-se pautado pelos efeitos do uso de tecnologias avançadas na escola. Entre a escola tradicional e a do futuro, educadores não deixam de se preocupar com a educação, sobretudo em reformulações que garantam a cidadania, trabalho, enfim, um lugar nesta sociedade.

O empenho em dar forma e sentido à educação, principalmente nestes últimos tempos, é sintomático. Talvez a escola seja uma instituição social em crise, porque o trabalho humano esteja deixando de ser a condição histórica de apropriação da riqueza social. Enquanto se esvai o trabalho assalariado, amplia-se, neste mundo, o trabalho em distintas formas como o dos artesãos domésticos, dos empreendedores, das indústrias caseiras, do tele-trabalho e de tantos outros que disfarçam o subemprego, o desemprego e o trabalho temporário. Constituída sob a égide do trabalho coletivo, forma de organização social criada pelos homens, a escola parece se desorganizar junto com a condição de sua existência: o trabalho.

Educação e trabalho no século XXI

Às dificuldades da escola pública estatal correspondem iniciativas estreitamente ligadas às forças produtivas. Discussões expressam tentativas de repensar a escola no sentido de adaptá-la à sociedade. Muitos de distintos modos se propõem a repensar a atuação da escola contemporânea.

O artigo "Educação para combater o desemprego" de Grajew[361] ilustra bem o que, para alguns, julga ser o novo sentido da educação. Neste, é defendida a idéia de que o avanço tecnológico acelerado e aliado à globalização perversamente traz o desemprego que ameaça a paz mundial. Nesse cenário, é atribuído à educação o desafio de, em meio ao desemprego, ao terrorismo e ao crime organizado, preparar as próximas gerações para que elas forjem uma sociedade responsável, solidária e com plena cidadania. Tais afirmações trazem à lembrança os pensadores socialistas utópicos do século passado, mas com uma diferença fundamental: sem a grandiosidade deles, porque apenas os limites do tempo em que viveram impediram-nos de compreender que a sociedade produz solução aos problemas que ela própria cria. O pensamento utópico que não pode ver na sociedade capitalista outra coisa a não ser a degradação oriunda da exploração horrenda do trabalho, só podia imaginar que seria por meio das idéias que os homens se libertariam dos grilhões que os acorrentavam às mazelas sociais.

---

[361] GRAJEW, O. Educação para combater o desemprego. In: DIMENSTEIN, G. *Aprendiz do futuro:* cidadania hoje e amanhã. São Paulo: Editora Ática, 1977. p.11

Ferreira[362], um exemplo do pensamento patronal indignado com a educação brasileira, considera-a uma das vergonhas nacionais. Para ele, a competição atual não se funda mais em uma força de trabalho mal qualificada e barata. No seu entendimento, é inadiável uma solução para a educação básica, face aos avanços da tecnologia. Afirma que se o Brasil quiser se manter no mercado mundial é necessário dar aos trabalhadores uma educação básica geral de qualidade face à capacitação tecnológica das indústrias. Como exemplo, lembra que os países da Ásia e do Pacífico só puderam dar um salto tecnológico decisivo devido à elevação dos níveis de instrução. Outra condição para a capacitação tecnológica do parque produtivo brasileiro é, em sua opinião, o estreitamento da articulação escola-empresa. Ele sugere, portanto, que a reformulação da escola leve em consideração o custo e a qualidade presentes nas empresas como orientações fundamentais aos padrões de atendimento e de produtividade do ensino nacional.

À revelia da educação formal, empresas preocupadas com o treinamento de seus empregados estão criando a chamada *universidade corporativa*. Instaladas dentro das empresas, elas têm o objetivo de treinar funcionários, fornecedores e clientes, de acordo com a cultura da empresa. O McDonald's instalou em Alphaville, região da Grande São Paulo, a Universidade do Hamburguer, primeiro centro de treinamento da empresa na América Latina[363]. A Hamburguer University já havia sido criada na década de 60, em Chicago. Nas aulas, são abordados assuntos variados que vão desde relacionamento humano, satisfação dos clientes, motivação dos funcionários e manutenção de equipamentos até a preparação de cardápios.

Portanto, nem sempre o mundo do trabalho solicita à escola a qualificação profissional de que necessita. Empresas, dadas as suas especificidades, elaboram seu próprio processo educacional. Até pa-

---

[362] FERREIRA, C. E. M. A modernização da indústria. In: *Folha de S. Paulo*, 1992. p. 1-3. Segunda-feira, 22 de junho.
[363] MARIN, D. C. Empresa cria "universidade" própria. In: *Folha de S. Paulo*, 1994, p. 1-2 (Empregos, domingo, 31 de julho)

rece que os empresários descobriram antes dos daqueles que condenam a profissionalização que à escola cabe, tão-somente, desenvolver uma formação que os capacite para a variação dos trabalhos, uma característica desta sociedade. Portanto, anos de escolaridade não garantem necessariamente qualificação profissional específica e nem vaga na fábrica. Por outro lado, ainda que houvesse tal correspondência, como ficaria a escola face ao encolhimento dos empregos? Conseqüentemente, iniciativas que têm por objetivo modernizar a aprendizagem pela eletrônica refletem, nestes tempos, mais do que dificuldades da escola herdada da Revolução Industrial. A produção mecânica mescla-se com a tecnologia eletrônica, trazendo a sensação de que o mundo é outro. Entretanto, a produção eletrônica, tanto quanto a mecânica, não passa de uma forma de perpetuar o trabalho excedente. A competitividade global fundada na cibernética, na telemática, na biogenética e na robótica dá a impressão de que a escola não corresponde às exigências dessa realidade, aparentemente nova. A produção acompanhada de massificação personalizada tem alterado a composição social e o comportamento dos trabalhadores vindos dos processos produtivos assentados nos princípios *fordistas* e *tayloristas*.

Não é por outro motivo que a chamada produção flexível tem despertado indagações sobre o destino da escola. Mas, à medida que se afirma a idéia de que a educação geral básica é a forma mais adequada para garantir um emprego ou a cidadania, aumentam o trabalho temporário, a precarização do trabalho e o desemprego, para muitos, inclusive em fábricas modernizadas e nos serviços[364].

---

[364] Observa-se, no universo do mundo do trabalho no capitalismo contemporâneo, uma múltipla processualidade: de um lado verificou-se uma desproletarização do trabalho industrial fabril, nos países de capitalismo avançado, com maior ou menor repercussão em áreas industrializadas do Terceiro Mundo. Em outras palavras, houve uma diminuição da classe operária industrial tradicional. Mas, paralelamente, efetivou-se uma expressiva expansão do trabalho assalariado, a partir da enorme ampliação do assalariamento no setor de serviços; verificou-se uma significativa heterogeinização do trabalho, expressa também, através da crescente incorporação do contingente feminino no mundo operário; vivencia-se também uma subproletarização intensificada, presente na expansão do trabalho parcial, temporário, precário, subcontratado, "terceirizado" (...). O mais brutal dessas transformações é a expansão sem precedentes na era moderna, do desemprego estrutural, que atinge o mundo em escala global (ANTUNES, 1995, 41, grifos do autor).

Parece que nestes tempos, a educação, assim como o trabalho especializado, é para poucos, para o contingente que Antunes[365] denomina de núcleo permanente das fábricas. Sgarioni[366] mostra em seu artigo "Sala de aula no trabalho" como certas empresas resolvem o problema da falta de trabalhadores altamente especializados que as escolas não têm conseguido formar. Ilustra o fato, tomando por exemplar a Embraer, quarta maior empresa fabricante de aeronaves comerciais do mundo, sediada na cidade de São Paulo, que formou em julho do ano de 2002, a primeira turma de engenheiros especializados em aeronáutica.

Para formar novos engenheiros ligados às necessidades da empresa que precisa investir na geração de novas tecnologias para enfrentar a competição mundial, a Embraer criou um programa de especialização em engenharia, um curso de pós-graduação em parceria com o Instituto Tecnológico de Aeronáutica (ITA). Os poucos engenheiros que conseguem ser aprovados para o Curso, ficam 18 meses em regime de dedicação exclusiva, entre as salas de aulas do ITA e as instalações da empresa. Eles recebem bolsa-salário, benefícios como transporte, seguro de vida e convênio médico. Os 164 engenheiros que terminaram o curso profissionalizante obtiveram diploma de mestrado profissionalizante, reconhecido pelo MEC, mais emprego garantido na Embraer. A empresa deseja suprir a falta de 1400 profissionais. Uma segunda turma composta de 240 alunos, selecionados dos 9000 inscritos, já está funcionando.

A interação escola-empresa parece ser alternativa não desprezível quando se trata de qualificar indivíduos para o mundo do trabalho. Entretanto, a eficiência dessa escola não resolve o problema para grande parte da classe trabalhadora que, mesmo qualificada, não encontra trabalho. A sociedade não consegue empregar produtivamente na fábrica ou nos serviços todos, mas apenas pequena parcela.

---

[365] ANTUNES, R. *Adeus ao trabalho?* Ensaios sobre as metamorfoses e a centralidade do Mundo do Trabalho. São Paulo: Cortez Editora/Editora da Universidade Estadual de Campinas, 1995. 155 p.

[366] SGARIONI, M. Sala de aula no trabalho. In Sinapse, *Folha de S. Paulo*, encarte especial. São Paulo, 27 de agosto, 2002.

Dados fornecidos por Meneleu[367] evidenciam que o desemprego vem crescendo em todos os países industrializados. Nos anos 70, a taxa média de desemprego era de 4%. Nos últimos 15 anos, essa taxa elevou-se para 8% nos 24 países que compõem a OCDE. Ao mesmo tempo em que cresce o desemprego, expande-se no mundo todo uma característica que era própria dos países subdesenvolvidos: o trabalho precário. No Brasil, a análise por regiões mostra que o aumento do desemprego teve uma distribuição desigual. Segundo Meneleu[368], o desemprego está mais concentrado nos principais centros industriais como São Paulo. A taxa anual de desemprego em São Paulo era de 12,2% em 1985; em 1993 alcançou 14,6%, representando um aumento de cerca de 19,6%, em menos de uma década. Tomando-se por base o período 89 e 92, o aumento do desemprego entre esses dois anos foi de 74,71%, em São Paulo, de acordo com dados do autor.

As fábricas vêm mostrando um fato inconteste: o trabalho necessário está definhando, o que coloca a educação diante de um dilema: o que fazer com a grande maioria que não consegue se inserir no mundo do trabalho e que são compelidos a sobreviver de distintos modos? De que educação eles precisam?

À primeira vista, pode-se cair na tentação de acusar a escola tradicional pela sua incapacidade de se modernizar. No entanto, o mundo da informática não atinge somente indivíduos privilegiados, os de bom nível educacional. Moraes[369] constata que as empresas automatizadas dispensam os trabalhadores da necessidade de ler e de escrever. Nos Estados Unidos, analfabetos e estrangeiros se beneficiam dessa condição. Nos grandes depósitos, os funcionários que não sabem ler distribuem mercadorias por meio de pequenos

---

[367] MENELEU NETO, J. Desemprego e luta de classes: as novas determinidades do conceito marxista de exército industrial de reserva. In: Teixeira, F. e Oliveira, *Neoliberalismo e reestruturação produtiva:* as novas determinações do mundo do trabalho. São Paulo: Cortez Editora / Universidade Federal do Ceará, 1996. p. 75-108.

[368] *Idem.*

[369] MORAES, M. Micro facilita trabalho braçal. In: *Folha de São Paulo*, 1992. p. 5-2 (Caderno Informática, quarta-feira, 17 de junho).

computadores que falam. As maquininhas, presas à cintura do operário, dão instruções, checam embalagens e anotam a quantidade de produtos de cada marca.

Na construção civil, trabalhadores incumbidos dos relatórios de atividades utilizam computadores portáteis que funcionam com uma caneta especial: basta ir tocando na tela os desenhos relativos ao que se quer relatar e depois guardar na memória da máquina. O computador agiliza o trabalho e diminui a quantidade de erros. Como uma de suas conclusões, a repórter afirma que é mais barato desenvolver tecnologia que se presta à utilização do analfabeto do que solucionar o analfabetismo moderno: o analfabetismo tecnológico.

Os inspetores da Raytheon, que fabrica peças para mísseis *patriot* utilizados pelos americanos em guerras no Oriente Médio, fazem testes com microscópios e ditam suas observações para computadores com sistema de identificação de voz, ao invés de redigir relatórios. Inspetores da Ford trabalham com pequenos computadores também acionados pela voz. O funcionário examina o carro, levando no cinto a maquininha de meio quilo, conectada a um computador central que pode identificar até mil palavras e que são anotadas na memória da máquina.

As conclusões derivadas dos avanços da tecnologia permeiam contraditoriamente o discurso sobre a educação. Certos especialistas em educação acusam os computadores de estimular a ignorância, o analfabetismo e de emburrecer os homens, que passam a somente receber instruções das máquinas ou preencher formulários.

É interessante notar como a sociedade resolve o problema do analfabetismo que ela cria ao expulsar as crianças da escola. Mas o mais surpreendente é a constatação de que ler e escrever não são barreiras à execução de certas atividades. Entretanto, nessa sociedade, não ser alfabetizado parece uma monstruosidade. Mas, houve tempo em que os homens satisfaziam suas necessidades sem precisar dominar conhecimentos dados na escola.

A complexidade do mundo atual, as metamorfoses que agitam incessantemente as relações humanas, vêm desafiando a criatividade dos indivíduos em todas as dimensões. De um lado, o desenvolvimento tecnológico provoca profundas alterações nos processos produtivos considerados aterradores; de outro, têm levado à concepção de que podem livrar a humanidade dos males que atormentam os trabalhadores desde tempos imemoráveis. A visão maniqueísta dos fenômenos sociais tem servido para dissimular uma constatação ímpar na história dos homens: no campo do social, não existem certezas, mas tendências.

Se é razoável a formulação de que os seres humanos não fazem a história segundo seu desejo, por mais justo que seja, mas a partir das condições dadas, pode-se supor que esta sociedade não é pior, ou melhor, do que as que a antecederam. Ela é simplesmente diferente. É o resultado de um longo processo de muitas revoluções, assim como a educação que lhe corresponde. Ao tratar a escola em suas relações com o mundo do trabalho não se teve outro objetivo senão o de tentar demonstrar que tudo é movimento, exatamente como dizia o aflito Galileu[370], no seu tempo, embora isto tenha lhe custado a liberdade.

Considerações finais

Em alguns estudos existentes sobre a educação e a necessidade de uma outra qualificação profissional, tais assuntos são tratados como algo à parte do que as pessoas fazem para se reproduzirem nesta sociedade. Por isto mesmo, pensam que novas formas educativas podem se mover segundo o desejo ou a vontade das pessoas. Neste começo de século, também são exigidas tarefas que a educação escolar não pode mais desenvolver. A ela são atribuídas finalidades que vão desde a formação do cidadão crítico à qualificação para o mundo do trabalho. Esquecidos de que a escola tal qual existe constitui uma dentre o conjunto de relações humanas criadas pelos indivíduos modernos, parte dos educadores teimam em ignorar que a escola se reproduz, hoje, em meio à barbárie social. Se atualmente a escola constitui um problema, isto se deve provavel-

---

[370] BRECHT, B. A vida de Galileu. In: BRECHT, B. *Teatro Completo em 12 volumes*. Rio de Janeiro: Paz e Terra, 1991, (Coleção teatro; vol. 9-14), p. 51-170.

mente ao fato de ela ter-se tornado um obstáculo ao surgimento de novas relações educacionais, como o ensino escolástico.

No mundo todo cresce o desemprego, o que leva à consideração de que a escola parece se desorganizar junto com sociedade que a produz. Informações difundidas à exaustão, mostram, por exemplo, que de cada quatro empregos que a indústria automotiva gerava, há dez anos, um já não existe, apesar de a produção de veículos ter dobrado no período. Em 1981, cada operário fazia sete veículos por ano no Brasil. A especialização era tanta que alguns trabalhadores eram responsáveis por uma única peça do automóvel. Em 1997, com os avanços tecnológicos, os empregados têm multifunções e, no fim de um ano, produzem em média 18 veículos.

Em fábricas totalmente robotizadas, no Japão, um operário produz até 50 veículos por ano. Seria apressado concluir que o metalúrgico é um personagem social em franca extinção?

Em 1980, a Volkswagen do Brasil tinha 46.000 empregados[371]. Sessenta por cento deles não possuíam o primeiro grau completo. Naquele ano, a fábrica criou a primeira versão do modelo *Gol*. O desenvolvimento do *Gol*, desde sua concepção até a chegada à rede de revendedores, consumiu cinco anos. Quinze anos depois, em 1995, a Volkswagen tinha 32.000 operários, todos com primeiro grau completo e, para ser contratado, a empresa exige o segundo grau. A elaboração e produção dos projetos de seus carros diminuiu para dois anos e meio, tendo resultado um carro mais sofisticado, em menos tempo, numa fábrica com menos trabalhadores. O diferencial foi a tecnologia, afirmou um dos seus presidentes: o desenvolvimento do primeiro *Gol* foi inteiramente manual; o posterior foi o primeiro carro nacional inteiramente produzido por computador. O segredo desse sucesso, revela o diretor de tecnologia, é a tecnologia acumulada e a qualificação dos trabalhadores. Mas, curiosamente, uma parcela mínima dos que foram entrevistados pela Revista Veja (1995) acha que o computador expulsa trabalhadores das fábricas e dos escritórios.

---

[371] Correio Brasiliense, 1997.

Diante do horror econômico instalado, FORRESTER[372] adverte que o trabalho já morreu. Segundo a pesquisadora, o capitalismo não é mais aquele da era industrial. A mudança, diz a pesquisadora, está na natureza do capital que, sob o signo da cibernética, da automação das tecnologias revolucionárias, tornam a grande maioria dos trabalhadores supérfluos, condenados à eliminação. O grau de pobreza que atormenta o mundo não resulta de qualquer crise econômica. Para Forrester[373], o que está mudando é a própria civilização que antes supunha o trabalho, ainda que deformado sob a forma perversa de emprego. Os marginalizados não mais ocasionais são fruto de uma lógica planetária que se incumbiu de suprimir aquilo que se chama trabalho. Denuncia a falácia das políticas destinadas a preservar ou a criar empregos em uma sociedade que não se funda mais no trabalho, mas na ausência dele, na eliminação absoluta de quase todos.

FORRESTER[374] traz à memória os horrores que assolaram a Europa quando pessoas, repentinamente expulsas das terras dos senhores feudais na Inglaterra, são compelidas à vagabundagem e, como tais, perseguidas, marcadas a ferro, torturadas e enforcadas.

Morus (1478-1535), no século XVI, em sua "A Utopia", estarrecido no meio desse cenário, pergunta a si mesmo: *que mundo é esse em que os carneiros devoram homens?* Os senhores feudais, preocupados em criar carneiros para fornecer lã às manufaturas em ascensão, acabam produzindo milhares de *vagabundos* que, repentinamente separados do que lhes parecia natural, o poder de se reproduzirem pelo trabalho autônomo, começam a vaguear esfarrapados em busca de sua antiga condição. A humanidade não havia até então presenciado espetáculo mais horrendo de miséria, morte, degradação e de tamanha violência.

Parece que toda vez que uma sociedade começa a viver seu movimento revolucionário, ela mesma se incumbe da própria desarti-

---
[372] FORRESTER, V. *O horror econômico*. São Paulo: Editora da UNESP, 1997, 156 p.
[373] idem.
[374] Ibidem.

culação, seja de suas classes, seja de suas instituições sociais. Os antigos vagabundos iriam constituir os trabalhadores livres da nova sociedade. Por analogia, pode-se pensar que os desempregados, os miseráveis e vagabundos modernos liberados de quaisquer relações sociais constituem a expressão mais contundente da negação do trabalho necessário e, nessa dimensão, o embrião de uma sociedade superior à existente. Não é precisamente a negação do trabalho humano que as máquinas evidenciam cada vez mais? Os poucos operários que têm empregos não são mais necessários à produção da existência humana, mas sim à necessidade de produzir lucro, sinônimo de trabalho excedente, forma de perpetuar o capital[375].

Mais do que elucidativo sobre esse tema, o exemplo da fábrica japonesa totalmente automatizada, citado por Antunes[376], constitui constatação de que a sociedade burguesa já produziu, há muito tempo, forças tão poderosas que elas se encontram em contradição com as relações sociais que supõem o trabalho humano. Se 400 robôs podem substituir 4.000 mil operários, trabalhando 24 horas por dia produzindo robôs, isto significa objetivamente a emancipação das mãos humanas da tarefa milenar de criar sua própria existência, pelo trabalho.

Mas, segundo alerta o pesquisador, a generalização dessa tendência sob o capitalismo seria um enorme despropósito, por acarretar a destruição do processo de acumulação de capital. Os robôs, lembra Antunes[377], não são consumidores nem assalariados e, como

---

[375] O caso da fábrica automatizada japonesa Fujitsu Fanuc, um dos exemplos de avanço tecnológico, é elucidativo. Mais de quatrocentos robôs fabricam, durante as 24 horas do dia, outros robôs. Os operários, quase quatrocentos, trabalham durante o dia. Com métodos tradicionais, seriam necessários cerca de 4 mil operários para se obter a mesma produção. Em média, a cada mês, oito robôs são quebrados, e a tarefa dos operários consiste basicamente em prevenir e reparar aqueles que foram danificados, o que traz um volume de trabalho descontínuo e imprevisível. Existem ainda 1.700 pessoas nos trabalhos de pesquisa, administração e comercialização da empresa. (ANTUNES, R. *Adeus ao trabalho? Ensaios sobre as metamorfoses e a centralidade do Mundo do Trabalho*. São Paulo: Cortez Editora/Editora da Universidade Estadual de Campinas, 1995.)

[376] Idem.
[377] Ibidem.

tais, não se prestam à valorização do capital. O autor, contudo, esquece-se de que a fábrica de robôs automatizada, uma exceção, vem a ser algo que emerge das entranhas desta sociedade e, ainda que não possa se tornar uma generalidade, ela evidencia contradições dessa forma histórica de vida que nega e recria o trabalho de distintos modos.

A educação, embora intimamente ligada à relação ensino-aprendizagem, não deixa de refletir o grande movimento da sociedade. Muitos se esquecem de que a escola, há longo tempo, reproduz-se em meio ao subemprego, ao desemprego e à expulsão de milhares da possibilidade de se perpetuarem pelo trabalho social.

Um Relatório da ONU de 1997 apontava o fracasso no combate à falta de rendimentos que afetava um terço da população mundial. Cerca de 1,3 bilhão de pessoas viviam com menos de um dólar por dia. No Caribe e na América Latina existem 110 milhões que sobreviviam com menos de dois dólares diários. Políticas que visam a combater a pobreza são, de modo geral, um fracasso. Segundo fonte desse Relatório, 40 bilhões de dólares por ano – algo em torno de 0,2% do PIB mundial – seriam suficientes para que todos esses indigentes tivessem acesso aos serviços básicos.

Tudo isso evidencia que a escola, como outras instituições sociais, não consegue resolver os horrores da contradição mais cruel, que consiste ainda hoje, na produção coletiva da riqueza destinada à apropriação individual. Se ela não dá conta de cumprir seu papel (democratizar o saber para todos), isto não se deve a nenhum destino inexorável, mas à impossibilidade real de as pessoas poderem ter acesso a essa forma de aprendizagem. Se para alguns a escola precisa deixar de ser obsoleta e adotar novas tecnologias, isso também não se deve à ausência de um grande esforço humano para resolver o que as pessoas julgam ser um dos problemas que afligem a educação. Sendo o fruto do que os seres humanos realizam para viver neste momento, a escola, à semelhança de outras relações sociais, enfrenta as mesmas dificuldades para se perpetuar. Ela parece se esvair junto com o pressuposto que a fez emergir: o trabalhador coletivo que nesta sociedade é sinônimo de trabalho objetivado, materializado em máquinas que substituem trabalhadores. A escola tradicional, a escola reformulada ou a escola virtual não conseguem resolver problemas que a humanidade cria. Os seus limites configuram limites desta forma histórica de vida.

No século XXI, a forma de ser da escola ainda é a crise. A lei histórica que preside a laicização do saber em um local chamado escola, tal qual a sociedade que lhe deu existência, não consegue mais garantir o seu pressuposto: o trabalho para todos. A ficção parece invadir o mundo onde andarilhos modernos buscam a condição que lhes parecia eterna: o poder de reproduzir sua existência pelo assalariamento.

Capítulo 8

A GERAÇÃO DE EMPREGO E AS COOPERATIVAS ALTERNATIVAS

Bernardete Wrublevski Aued

Neste artigo analisamos algumas exigências metodológicas no estudo sobre cooperativas de trabalhadores e alternativas de desemprego. Da delimitação a propósito do *desemprego e da condição de estar desempregado* decorrem as indagações: Que é estar desempregado? Como definir e pensar o desemprego? Quais as estratégias coletivas adotadas para reverter a condição de desemprego? A pesquisa tem como objetivo subsidiar a implementação de programas de capacitação no sistema cooperativo, voltados para a criação de arranjos e sistemas produtivos entre os desempregados, quais sejam, jovens, mulheres e homens excluídos do mercado de trabalho. A capacitação não se restringe somente aos cursos profissionalizantes que permitem uma maior adequação dos desempregados frente às mudanças tecnológicas e sociais, mas ao desenvolvimento de metodologias que levam ao incentivo da participação social e da busca de inclusão nos direitos sociais. Para tanto, é necessário não só "adequar" os desempregados como "adequar" categorias, indicadores, instrumentos pedagógicos, assim como também recuperar conhecimentos e estratégias que atualmente vêm sendo desenvolvidas pelos desempregados. Nessa perspectiva, analisamos a emergência do desemprego no mundo industrializado e capitalista contemplando três momentos cruciais, os quais coincidem com as grandes transformações, recessões, revoluções tecnológicas e reformas sociais. No primeiro momento, de meados do século XIX até o seu final, focalizamos o desemprego externalizando-se e vinculado à formalização jurídica do contrato de trabalho. No segundo, em torno de 1930, o desemprego é analisado concomitantemente à grande crise mundial que se sucede ao *crash* das bolsas, em Nova York, e às transformações socioeconômicas do trabalho diante do crescimento da grande indústria e da urbanização. No terceiro período, de 1970 a 1990, consideramos o desemprego de longa duração, aumentado em meio à crise do petróleo, ao surgimento das tecnologias da informação e da denominada reestruturação produtiva.

Palavras-chave: desemprego; geração de emprego; cooperativas autogestionáveis.

Introdução

Por meio do questionamento ao desenvolvimento urbano-industrial implantado no país, que gerou impacto social negativo em diversas regiões do Brasil, encontramos a possibilidade de repensar um dos problemas cruciais de aglomerados urbanos e vilas rurais, entre eles o desemprego. Na década de noventa, a maior parte dos artigos e reportagens de jornal mencionam dois temas preponderantes: as mudanças no mercado de trabalho e a revolução "tecnológica", fundamentada no crescimento da tecnologia da informação, do avanço da biotecnologia e das telecomunicações. Esses dois aspectos têm sido apontados como responsáveis pelo surgimento do desemprego e toda ordem de transformações na estrutura de emprego. Sem sombra de dúvidas, as mudanças recentes no mundo do trabalho adentraram quase todos os processos produtivos.

O acesso ao emprego, entretanto, tem se tornado mais difícil; o tempo na condição de desemprego tem aumentado; as formas de ajuda governamentais têm se revelado insuficiente. A seletividade dos trabalhadores torna-se imprevisível, sobretudo quanto à exigência da qualificação necessária para o emprego. A lógica de ação dos desempregados diversifica-se, mas predominam as alternativas individuais e de eficácia pouco comprovada. De maneira contrária à individual, a alternativa das cooperativas de desempregados tem-se mostrado mais eficaz no combate ao desemprego. No cenário político, os atores sociais envolvidos nesses movimentos cooperativos – Trabalhadores Sem Terra e trabalhadores urbanos desempregados – ilustram e dão visibilidade à importância regional de iniciativas cooperativas na formação de lideranças e de arranjos locais.

O problema do desemprego é de difícil apreensão, a começar pela mensuração quantitativa. Longe de ser, apenas, uma questão técnica, confunde e disfarça de muitas maneiras e sob muitas formas o que é estar desempregado: jornada parcial, temporária, sazonal e desregulamentada. Que é então estar desempregado? Como definir e pensar o desemprego? Qual o tempo médio de duração do desemprego? Quais as estratégias coletivas adotadas para solucionar o desemprego? Quais os limites dos programas e das cooperativas de geração de emprego e renda? Quais os elementos facilitadores? Inúmeras outras questões poderiam ser levantadas. A teorização insuficiente impede que as soluções sejam encontradas. A cooperativa é uma solução? A ampliação geral do trabalho, mas não do assalariamento, dificulta a caracterização do desemprego e impede a localização de soluções adequadas.

Para os que estudam e trabalham com os desempregados, o estímulo de pesquisas sobre o combate do desemprego por meio do cooperativismo tem um significado primordial.

A análise das múltiplas tensões e significações do desemprego contribui para elucidar as metamorfoses da sociedade de uma maneira geral e, em particular, o lugar do trabalho como vetor de reconhecimento social e suporte de identidades pessoais e coletivas. As cooperativas de geração de emprego e de renda, ressuscitadas na atualidade, têm encontrado muitas barreiras ao serem implementadas. Na prática, a vida dessas cooperativas é permeada por muitas dificuldades, sendo raros os casos de sua existência por mais de cinco anos. As cooperativas encontram barreiras operacionais por desconhecimento e por dificuldades para operacionalização de inovações tecnológicas. Os obstáculos são também de ordem administrativa e de competitividade. A adoção da estratégia coletiva, na forma de cooperativa, apesar dos impasses práticos, dinamiza as possibilidades e minimiza os custos sociais e econômicos.

Além disso, a ressurreição das cooperativas tem sido realizada em nome do caráter autogestionário, o que em termos de construção de uma nova hegemonia, contém uma grande potencialidade.

Santa Catarina não possui pesquisa sobre a movimentação do emprego/desemprego[378]. A ausência de avaliação dessa movimenta-

---

[378] A fundação SEADE realiza pesquisa sistemática sobre o emprego/desemprego somente em seis regiões metropolitanas no Brasil: Rio de Janeiro, Curitiba, São Paulo, Belo Horizonte, Recife e Porto Alegre. Na região metropolitana de Florianópolis, o SINE/SC realiza acompanhamento somente dos empregos regulamentados, através do sistema CAGED/RAIS, e o DIEESE/SC faz pesquisas pontuais em determinados ramos da atividade econômica no Estado, como, por exemplo, no setor do comércio, têxtil, ou metalúrgico. Essas duas instituições não possuem dados regionais sistemáticos sobre o desemprego, sobre os setores em queda, estagnados ou em ascensão.

ção cria dificuldades de diversas ordens, entre as quais, de ação eficaz no controle do desemprego e direcionamento de políticas e empreendimentos para ajudar a encontrar soluções (no campo de investimentos futuros, como no de qualificação e requalificação). Para a formulação de uma política de educação profissional, é necessário, no mínimo, conhecer os ritmos de crescimento, o aumento absoluto do emprego e a perspectiva quanto ao futuro. Ademais, há outros aspectos relevantes a serem analisados em relação à população empregada na estrutura ocupacional: é fundamental caracterizar setores e grupos ocupacionais quanto ao seu dinamismo tendencial, ou seja, setores que mais crescem, que decrescem e em vias de estagnação. Dentro dessa ótica, situamos a discussão do desemprego, um entre diversos e complexos problemas da estrutura ocupacional.

No século XVIII, inexistem termos como desemprego e desempregado. A literatura da época designa situações semelhantes como pobres, indigentes, vagabundos ao conjunto de pessoas que não podem sobreviver sem o apoio de um seguro, seja privado (caridade) ou público. Essas designações, em geral, fazem referência a uma certa situação de incapacidade pessoal para prover necessidades e não propriamente à privação de trabalho (GEREMECK, 1995[379]; CASTEL, 1995[380]).

O uso do verbo "desempregar" entra em cena no século XIX e passa a denominar uma interrupção de trabalho que implica na perda de salário, independentemente de qualquer motivo. Um dia desempregado é um dia sem trabalho e sem salário.

No final do século XX, o mundo passou a viver com uma enorme quantidade de novos produtos e, sobretudo, novas formas de gerenciamento do trabalho, o que levou os escritores a concluir que as mudanças recentes, de ordem estrutural, são devidas às exigências de um mercado que também é mutante. Ainda que não seja objeto desse artigo, é importante observarmos que idêntica linha de argumentos também tem sido defendida sobre o movimento do capital, que adquire uma nova performance.

---

[379] GEREMECK, *Os filhos de Caim*. São Paulo: Companhia das Letras, 1995.

[380] CASTEL, R. *Les métamophoses de la question sociale*. Paris: Fayard, 1995.

A contra tese defendida nesse artigo argumenta contrariamente ao mito do mercado, evidenciando a imprecisão da formulação para explicar o desemprego e, além disso, evidencia as dificuldades de sustentação da tese que atribui aos novos procedimentos tecnológicos a onda crescente de desemprego.

O surgimento da sociologia e do desemprego

O fenômeno do desemprego tem uma "similaridade" histórica com o surgimento da Sociologia. Ambos são manifestações de um contexto específico e coincidem com a desagregação da sociedade feudal e com a consolidação da "civilização" capitalista. As transformações sociais, econômicas e políticas que ocorrem devido às revoluções francesa e industrial, colocam problemas inéditos e fazem emergir pensadores do mundo social. O termo sociologia surge por volta de 1830, mas são os acontecimentos dessa dupla revolução que forjam o pano de fundo no qual se torna viável uma forma de pensar os problemas como questões sociais. A Sociologia é, de certa maneira, uma resposta dos intelectuais aos problemas sociais nascidos dessa dupla revolução.

O termo desemprego vem ao mundo, também no século XIX, muito depois do fato do desemprego ter-se disseminado no meio dos trabalhadores. O termo advém da caracterização da ausência de emprego assalariado, a expressão mais acabada da forma capitalista insurgente. De certo modo, o desemprego é produto de acontecimentos que asseguram a emergência e o triunfo do burguês capitalista, que vai, pouco a pouco, concentrando máquinas, terras e instrumentos de trabalho. Sob o seu controle, converte massas humanas em trabalhadores assalariados. A implementação da nova relação social resultou, por sua vez, na desintegração de hábitos e de costumes, fazendo desaparecer instituições. Em seu lugar, emergiu uma outra forma de produzir e organizar a vida, que passa a ter como epicentro a máquina. As pessoas, o seu apêndice. Nesse processo, os trabalhadores são submetidos a uma severa disciplina, que por sua vez torna imperativa a aquisição de condutas e relações de trabalho inéditas, muito diferentes daquelas que até então existiram.

A Sociologia, no seu desenvolvimento, desdobra-se em diversas vertentes e especialidades. Entre elas figuram a sociologia do desenvolvimento e do trabalho que privilegiam o objeto das formas do trabalho, a divisão do trabalho, a capacitação para o trabalho e a aprendizagem profissionalizante. Nessa vasta produção teórico-sociológica, entretanto, são raras as abordagens sobre o desemprego. Adentrando um pouco mais na percepção do problema em questão, podemos dizer que, no século XVIII, inexistem termos como desemprego e desempregado. A literatura da época caracteriza desempregados indistintamente de pobres, indigentes, vagabundos e do conjunto de pessoas que não podem sobreviver sem o apoio de um seguro, seja privado, (caridade) ou público. Em geral, essas designações fazem referência a uma certa situação de incapacidade pessoal para prover necessidades e não propriamente à privação de trabalho (GEREMECK, 1995[381]; CASTEL, 1995[382]).

No século XIX, quando o verbo "desempregar" entra em cena, numa linguagem corrente, ele passa a denominar uma interrupção de atividade que resulta na perda de salário, independentemente de qualquer motivo. Nesse momento, opera-se uma inversão radical. Um dia empregado é um dia de trabalho e de salário e não é mais uma degradação. Como sugere Castel, a condição de empregado assalariado nada tinha de dignificante. Assim, cair na condição de assalariado era equivalente a *"cair em desgraça"*, a ser condenado a viver de *"jornada de trabalho"* e sob o domínio da necessidade:

> A condição de assalariado, que hoje ocupa a grande maioria dos ativos e a que está vinculada a maior parte das proteções contra os riscos sociais, foi, durante muito tempo, uma das situações mais incertas e, também, uma das mais indignas e miseráveis. Alguém era um assalariado quando não era nada e nada tinha para trocar, exceto a força de seus braços. Alguém caía na condição de assalariado quando sua situação se degradava: o artesão arruinado, o agricultor que a terra não alimentava mais, o aprendiz que não conseguia chegar a mestre (CASTEL, 1995, p. 21).

---

[381] GEREMECK, *Os filhos de Caim*. São Paulo: Companhia das Letras, 1995.
[382] CASTEL, R. *Les métamophoses de la question sociale*. Paris: Fayard, 1995.

Com o advento da relação capitalista, inverteram-se os termos: o emprego assalariado, sinônimo de degradação, passa, do mais completo descrédito, ao estatuto de principal fonte de renda e de proteções. De maneira idêntica, o trabalho assalariado, de manifestação repugnante, passa a ser a "arte prática da felicidade, o remédio para todas as paixões, ou melhor, uma paixão em si mesmo, que substitui todas as outras[383]". Ao final do século XIX, o trabalho torna-se a única lei, como sugeriu Zola: "o trabalho, senhores, é a única lei do mundo, o regulador que conduz a matéria organizada a seu fim desconhecido. A vida não tem outro sentido, outra razão de ser; nascemos, cada um, para contribuir com nosso trabalho e desaparecer. Um homem que trabalha é sempre bom[384]". De que trabalho esses autores fazem menção? Em grande parte ao trabalho manual que se encontrava em franca desaparição. Ao trabalho alienado, externo ao trabalhador, que não se sente parte do processo, mas fora dele. A alienação do trabalho, o processo no qual o trabalhador se relaciona com o produto de trabalho como um objeto estranho é, para Marx, o resultado da relação capitalista. Em resumo, o "mal" não está no trabalho, mas na relação que funda e sustenta esse trabalho[385].

Paralelamente à tomada de consciência do trabalho, que impõe a pior servidão, a da necessidade, ocorre uma transformação no próprio trabalho. Ainda, segundo Castel (1995), há homologia de posição entre os "inúteis para o mundo", personalizados pelos vagabundos de antes da revolução industrial, e as diferentes categorias de "inempregáveis" de hoje (desfiliados, desqualificados ou invalidados). O termo desempregado não é nada novo, mas os processos que produzem essas situações são homólogos e diferentes, quando relacionados em suas manifestações. O que é exploração de força de trabalho, naturaliza-se. O

---

[383] LEDESMA, M. O trabalho torna as pessoas livres? In: *Encontros Com a Civilização Brasileira*. Rio de Janeiro: Civilização, 1980, n° 24, p. 153.

[384] LEDESMA, M. O trabalho torna as pessoas livres? In: *Encontros Com a Civilização Brasileira*. Rio de Janeiro: Civilização, 1980, n° 24, p. 153.

[385] Ver mais a respeito: MARX, K. Le manifeste du Parti Communiste. In: *Oeuvres choisies*, Paris: ed. Progès, 1970;
_____. Manuscritos Econômico-Filosóficos.

"trabalho parece ser tudo na vida". O caminho seguido pelo trabalho vai das tutelas aos contratos, mas não é, de modo algum, linear, supõe descontinuidades, bifurcações e, mesmo, inovações.

O livre acesso ao trabalho, que se impõe no século XVIII tem uma dimensão revolucionária. A instituição do livre acesso ao trabalho é, sem dúvida, uma revolução jurídica tão importante quanto a revolução industrial, de que, aliás, é sua contrapartida. Na verdade, reveste-se de uma importância fundamental de tudo o que a precede. Quebra as formas seculares de organização dos ofícios e faz do trabalho forçado uma sobrevivência bárbara. A promoção do livre acesso ao trabalho fecha, assim, um longo ciclo de transformações conflitivas, pondo fim aos entraves que impediram o advento de uma condição salarial (CASTEL, 1995, p. 44).

Antes da instituição da força de trabalho livre, por muito tempo, existiram (entre os séculos XIV até o XIX) pobres, desfiliados e supranumerários, ou seja, indivíduos sem lugar social, classes que vivem perigosamente ou simplesmente na vagabundagem[386]. Geremeck (1995) insistia na necessidade de estabelecer diferenças entre os pobres permanentes (mendigos de hábito, delinqüentes, saltimbancos, duendes) e os pobres de ocasião: operários regulares que, temporariamente, apresentam necessidades e que, pouco a pouco, serão qualificados como desempregados. Desta cisão, nasce a categoria desempregado, que vai se construindo à medida que os trabalhadores assalariados estáveis desempregam-se independentemente de sua vontade. Essa autonomização progressiva da categoria desemprego converge com a regularização do mercado de trabalho e advém da sociedade salarial.

Segundo Salais, em 1891, os desempregados não constituíam uma categoria específica dentro dos sem profissão, entre os quais se situavam os saltimbancos, as prostitutas e os boêmios e nem mesmo no interior da "população não classificada" (SALAIS, 1999, p. 34). A primeira vez que surge uma separação entre vagabundos e desempregados é em 1892, em Marselha, na França. Por meio da fundação

---

[386] Geremeck sistematiza categorias de vagabundos que se diferenciam na Itália, Alemanha, França e Espanha. GEREMECK. *Os filhos de Caim*. São Paulo: Companhia das Letras, 1995, p. 308-312.

de uma instituição, cria-se um fundo de assistência e o seu funcionamento faz nascer uma terminologia que diferencia o impostor do desempregado, que procura emprego sem poder encontrá-lo:

> A separação se funda na relação indivíduo e instituição, mediante a alocação de uma espécie de seguro subordinado à procura de um trabalho. O trabalho é considerado uma prova simples, rápida e conclusiva para distinguir o impostor que mendiga por preguiça, do infeliz que procura verdadeiramente trabalho, sem poder encontrá-lo [387].

O mito do mercado de trabalho

> *O estômago do rico (escreve) não está em proporção com os seus de desejos e não contém mais do que o de um tosco aldeão. É forçado a distribuir o que não consome ao homem que prepara da maneira mais delicada a pequena iguaria de que tem necessidade... Só os ricos escolhem, na massa comum, o que há de mais delicioso e mais raro. Quase não consomem mais do que o pobre: e, apesar da sua avidez e do seu egoísmo, partilham com o último trabalhador o produto dos trabalhos que lhes mandam fazer. Mão invisível parece forçá-los concorrer para a mesma distribuição das coisas necessárias à vida que teria lugar se a terra tivesse sido dada em igual porção a cada um dos seus habitantes; e assim, sem ter essa intenção, mesmo saber, o rico serve o interesse social e a multiplicação da espécie humana.*

(SMITH, 1983, p. 340-341)[388]

Nesse momento histórico, os personagens sociais apresentam-se difusos. As silhuetas são imprecisas em meio ao nevoeiro e mal começam a ser decifradas pelo pensamento social. O que significa dizer

---

[387] A separação se funda na relação indivíduo e instituição, mediante a alocação de uma espécie de seguro subordinado à procura de um trabalho. *O trabalho é considerado uma prova simples, rápida e conclusiva para distinguir o impostor que mendiga por preguiça, do infeliz que procura verdadeiramente trabalho, sem poder encontrá-lo.* SALAIS, R. et al. *L'invention du chômage*. Paris: Quadrige/PUF, 1999 p. 34.

[388] SMITH, A. *A riqueza das nações*. São Paulo: Abril Cultural, 1983.

que o desemprego é involuntário? Eis o enigma! As formulações de Smith (1723-1790[389]) convergem no sentido de desvendá-lo e rompem com explicações antecedentes uma vez que as suas explicações situam o trabalho social como fonte de riqueza. Ainda segundo Smith, o mercado regula o trabalho. Esta instituição constitui-se na "mão invisível" e reguladora de interesses individuais e, portanto, da oferta e procura do trabalho[390]. A importância de Smith não se deve apenas a essa formulação, mas, sobretudo, porque revela a *"verdade"* da época histórica: a sociedade não é organizada por seres divinos, mas pelo trabalho, cuja caricatura é a oficina de alfinetes[391]. Por meio do traba-

---

[389] SMITH, A. *Teoria dos Sentimentos Morais*. São Paulo: Abril Cultural, 1983; SMITH, A. *A riqueza das nações*. São Paulo Abril Cultural, 1983.

[390] *O pai da economia política, Adam Smith, afirma ser uma "mão invisível" a reguladora dos interesses individuais na busca de suas satisfações. Esse paradigma norteou a formulação teórica de todos os estudiosos da economia política até a crise de 1929/1933, período que evidenciou a não veracidade desse paradigma.*

[391] A fabricação de alfinetes ilustra a formulação de Smith sobre o aprimoramento das forças produtivas do trabalho que para esse autor são o resultado da divisão do trabalho. Na fábrica de alfinetes "um operário não treinado para essa atividade (que a divisão do trabalho transformou em uma específica) nem familiarizado com a utilização das máquinas ali empregadas (cuja invenção provavelmente também se deveu à mesma divisão do trabalho), dificilmente poderia fabricar um único alfinete em um dia, empenhando o máximo de trabalho; de qualquer forma, certamente não conseguirá fabricar vinte. Entretanto, da forma como essa atividade é hoje executada, não somente o trabalho todo constitui uma indústria específica, mas ele está dividido em uma série de setores, dos quais, por sua vez, a maior parte também constitui provavelmente um ofício especial. Um operário desenrola o arame, um outro o endireita, um terceiro o corta, um quarto faz as pontas, um quinto o afia nas pontas para a colocação da cabeça do alfinete; para fazer uma cabeça de alfinete requerem-se 3 ou 4 operações diferentes; montar a cabeça já é uma atividade diferente e alvejar os alfinetes é outra; a própria embalagem dos alfinetes também constitui uma atividade independente. Assim, a importante atividade de fabricar um alfinete está dividida em aproximadamente 18 operações distintas, as quais, em algumas manufaturas são executadas por pessoas diferentes, ao passo que em outras, o mesmo operário às vezes executa 2 ou 3 delas. Vi uma fábrica (...) com 10 empregados (...) fabricar em torno de 12 libras de alfinetes por dia. Ora, 1 libra contém mais do que 4 mil alfinetes de tamanho médio. Por conseguinte, essas 10 pessoas conseguiam produzir entre elas mais do que 48 mil alfinetes por dia. Assim, já que cada pessoa conseguia fazer 1/10 de 48 mil alfinetes por dia, pode-se considerar que cada uma produzia 4.800 alfinetes, diariamente. Se, porém, tivessem trabalhado independentemente um do outro, e sem que nenhum deles tivesse sido treinado para esse ramo de atividade, certamente cada um deles não teria conseguido fabricar 20 alfinetes por dia, e talvez nem mesmo 1, ou seja: com certeza não conseguiria produzir a 240ª parte e talvez nem mesmo a 4.800ª parte daquilo que hoje são capazes de produzir, em virtude de uma adequada divisão do trabalho e uma combinação de suas diferentes operações". SMITH, A. *A riqueza das nações*. São Paulo: Abril Cultural, 1983, p. 41-2.

lho, aceita-se, pela primeira vez na humanidade, que o destino dos homens esteja em suas próprias mãos. Conforme Smith, se o trabalho é sinônimo de emprego, está diretamente relacionado ao funcionamento do mercado de trabalho. Do funcionamento do mercado surge também o contrário de trabalho, o desemprego. Assim, quando há desemprego a "culpa" é do mercado que está se desaquecendo, ou quando ele se apresenta mais exigente e sofisticado. Se há desemprego, é porque sobram empregados desqualificados e faltam empregados qualificados. Todas essas explicações convergem para o mercado que, por sua vez, estabelece que alguns vivam sob o seu manto, enquanto outros, não tendo a mesma sorte, ficam desempregados. O enigma continua indecifrável. O desemprego é involuntário porque existe a "mão invisível" guiando as pessoas e suas situações de emprego e de desemprego.

Um outro autor, Say (1767-1832), também explica o emprego por meio da lei da oferta e da procura.

> Quando a procura de trabalhadores fica aquém da quantidade de pessoas que se oferecem para trabalhar, os seus ganhos declinam abaixo da taxa necessária para que a classe pobre possa manter-se no mesmo número. As famílias mais sobrecarregadas de filhos e de enfermidades morrem: a partir de então a oferta de trabalho declina e, sendo menos oferecido o trabalho, o seu preço sobe[392].

De conformidade com a *Lei de Say*, a produção cria sua própria demanda. Um momento de criação de emprego impele as populações a trabalharem, sendo o contrário, também verdadeiro. Na base desse argumento está a relação de oferta e procura[393]. Todas as pessoas são, ao mesmo tempo, consumidor e produtor de algo e se encontram no mercado. As pessoas fazem escolhas e tudo se move pelas escolhas, que são infinitas. Se as pessoas não estão no traba-

---

[392] SAY, J. B. In: DENIS, H. *História do pensamento econômico*. Lisboa: Horizonte, 1974, p. 323.

[393] Essa lei, fundamental na teoria neoclássica marginalista explica-se por meio da função que mantém uma relação inversa entre preço e quantidade. Se o preço sobe, as pessoas estão dispostas a comprar menos; se os preços baixam, as pessoas estão dispostas a comprarem mais. Ver mais a respeito: DENIS, H. *História do pensamento econômico*. Lisboa: Horizonte, 1974, p. 323.

lho, é porque elas não estão dispostas a venderem o seu trabalho pelo preço oferecido, logo, permanecer sem trabalho lhe dá maior satisfação do que o trabalho realizado por um determinado salário. Na perspectiva da lei de mercado, que também regula a oferta e a procura de trabalhadores, não existe desemprego, pois o mercado tende a buscar o seu próprio equilíbrio. Mais uma vez, o enigma se apresenta indecifrável. O "ser invisível" continua elegendo algumas pessoas e preterindo outras, que são, simultaneamente, produtoras e consumidoras de algo. Nessa explicação, evidentemente, são as pessoas que realizam escolhas. O desemprego, no limite, seria uma escolha subjetiva ou uma deliberação pessoal. O ócio é preferível à pequena remuneração. O enigma, que parecia revelar-se por inteiro, continua indecifrável, pois inúmeras outras perguntas surgem dessa constatação. Que é o salário? O que determina o preço do salário? Esse texto não tem a pretensão de responder todas as perguntas. Continuemos, pois, com o desemprego. De meados do século XIX até o seu final, em que pesem as dificuldades conceituais, o desemprego externaliza-se, denunciando uma situação social inédita e que moldou a nossa época. Nessa situação, dois fatos ganharam destaque: a generalização do *sistema fabril* e o advento do *proletariado fabril* como força política autônoma.

Quando olhamos esse processo não podemos deixar de registrar a rapidez espantosa com que se processou. Essa foi, na verdade, uma característica do século XIX: a vertiginosa aceleração da transformação social. Para um observador dos dias de hoje, a mudança técnica é parte de seu cotidiano; mas, 150 anos atrás, após milênios de estagnação e conservantismo, não. Certamente o impacto da navegação a vapor, das ferrovias, do telégrafo sem fio e do telefone, encurtando distâncias e criando a possibilidade efetiva de um mercado mundial, terá sido muito maior na vida das pessoas do que o causado pela Internet e a comunicação global, através da fibra ótica ou dos sinais de satélite (DENIS, 1974, p. 323)[394].

---

[394] TEIXEIRA, A. *Utópicos, heréticos e malditos*. São Paulo: Record, 2002, p.19.

De um ponto de vista histórico, os quase cem anos que se situam entre 1785-1875 foram os anos de maior produção de riquezas, de crescimento e de mudanças para a humanidade. Esse processo, no entanto, não contribuiu para a promoção da igualdade entre as pessoas, ao contrário, acentuou a desigualdade social, acarretando condições de vida desumanas em termos de habitação, alimentação, vestuário e condições de trabalho, cujas jornadas duravam 16 a 18 horas diárias.

Diante desse quadro, não causa espanto que o termo emprego passe a ser comumente difundido em todas as regiões. Alguns números atestam a rapidez da difusão desse processo:

> Enquanto, ainda em 1820, existiam (na Inglaterra) cerca de 240 mil tecelões manuais, em 1844 já eram apenas 60 mil e em 1860 já haviam praticamente desaparecido (8 mil); enquanto, em 1820, eram apenas 10 mil os operários empregados em fábricas têxteis, em 1844 já eram 150 mil (TEIXEIRA, 2002, p. 19).

O emprego, na forma assalariada passa, então, a gerar novas indagações, explicações e instituições. Desenvolve-se a necessidade de formalização jurídica do contrato de trabalho. Surgem as primeiras formas de proteção do trabalho. Considerando aquilo que nos interessa, o desemprego, observamos que a legislação trabalhista e as instituições correlatas, em suas inúmeras leis e regulamentações, apenas delimitam aquilo que não é o enigma. O enigma do desemprego continuava presente, aliás, aumenta de tamanho, virando fantasma, tornando-se um problema social.

1929, a grande crise de superprodução e o pensamento social

> *O mundo demorou a perceber que estamos vivendo, este ano, à sombra de uma das maiores catástrofes econômicas da história moderna. Contudo, agora que se tornou consciente do que está ocorrendo, o homem da rua, desconhecendo o porquê e os seus desdobramentos,*

está tão cheio de um medo que pode mostrar-se excessivo quanto, anteriormente, ao iniciarem-se as dificuldades, carecia do que poderia ter sido uma razoável ansiedade. Ele começa a duvidar do futuro. Estará agora despertando de um sonho agradável para enfrentar a escuridão dos fatos? Ou mergulhando num pesadelo que passará?

(KEYNES, 1978, p. 28)[395]

Em torno de 1930, passam a existir grandes crises mundiais que se sucedem ao *crash* das bolsas, em Nova York. Aparecem também transformações socioeconômicas que mudam a feição do trabalho. O enigma do desemprego assume feições assustadoras, multiplica-se veloz e vorazmente. Nesse contexto, as formulações de Keynes (1883-1946) qualificam o desemprego. Num certo sentido, reforçam a existência do desemprego involuntário, admitindo que pode existir a pessoa que quer trabalhar por bem pouco sem conseguir encontrar esse emprego. O autor percebe que essa manifestação é cada vez mais constante. Diz Keynes que é possível existir 5%, 6% ou 10% de pessoas que queiram trabalhar, mas não encontrem lugar para fazê-lo. Dessa situação, o autor conclui que somente o Estado, por meio de adequada política econômica, pode gerar uma situação de pleno emprego. As sucessivas crises (o desemprego britânico dos anos 1921-1929 e o desemprego americano de 1933-1939) impelem o autor a analisar os motivos e as variações da produção e do emprego. Para corrigir problemas surgidos no sistema econômico, como o desemprego, o autor propõe a intervenção do Estado, única instituição que tem capacidade de conferir equilíbrio ao sistema econômico de uma nação. Assim, indica a necessidade de implementação de medidas que incrementem o pleno emprego e desencorajem o entesouramento individual. Keynes já defendeu essas idéias antes da grande crise de 1929, mas ele somente as organizou num corpo teórico em 1936, na obra "Teoria Geral". Uma vez publicado, esse estudo desencadeou grande repercussão, principalmente quanto ao imperativo de incrementar o pleno emprego.

---

[395] KEYNES, A. Keynes/ Kalecki. In: *Os pensadores*. São Paulo: Abril Cultural, 1978.

Mais ou menos nessa mesma linha de explicação, Shumpeter (1882-1950[396]) pretende ampliar a compreensão da categoria desemprego, mas ainda a circunscreve aos limites das formulações que têm como epicentro o mercado. A geração de empregos no mercado é uma situação passageira e é o resultado de um processo permanente de criação-eliminação de empregos. O emprego desenvolve-se em ondas sucessivas e vem, de acordo com tal formulação, acompanhado de incessante elevação do nível de vida. A história do emprego é também a história de um processo em constante superação de si mesmo, no qual certas ocupações tornam-se obsoletas por meio do progresso técnico, que aumenta a produtividade e que possibilita satisfazer uma demanda com menor quantidade de braços.

O produtor econômico é, na verdade, um eterno inovador no sentido de criação de novos mercados. Ele promulga as mudanças econômicas. Nessa mudança, o desemprego não é problema, mas uma solução, uma vez que abre a possibilidade para as figuras dos profissionais obsoletos e desempregados tornarem-se *empreendedores inovadores*.

> Na vida econômica deve-se agir sem resolver todos os detalhes do que deve ser feito. Aqui, o sucesso depende da intuição, da capacidade de ver as coisas de uma maneira que posteriormente se constata ser verdadeira, mesmo que, no momento, isso não possa ser comprovado, e de se perceber o fato essencial, deixando de lado o perfunctório, mesmo que não possa demonstrar os princípios que nortearam a ação (SCHUMPETER, 1983, p. XII).

A inovação constante, a criação de novos mercados e a ação do empreendedor deflagram, portanto, a mudança econômica. Nela, os consumidores são educados. Eles são educados a desejarem novas coisas, ou coisas que diferem de alguma forma daquelas que eles têm o hábito de consumir. Nessa formulação, o desemprego, produto da "destruição criadora", viabiliza a realização do sonho do trabalhador assalariado em ter autonomia.

---
[396] SHUMPETER, J. A. *Teoria do Desenvolvimento Econômico*. São Paulo: Abril Cultural, 1983.

A contra-tese do mercado, sistematizada ainda no século XIX, aponta algumas imprecisões da teoria que a fundamenta. Mas, o que é o mercado? Uma determinada relação, historicamente configurada. Desse modo, se o mercado possui certas características, elas são atribuídas por pessoas da mesma maneira que criaram as trocas, as mercadorias ou o dinheiro. De fato, conhecemos uma "lei de mercado" exemplar, quando chove. Nesse momento, aparecem inúmeros vendedores de sombrinha e de guarda-chuvas e, igualmente, sacipererês, gnomos, duendes, bruxas e outros mais.

A lei, que por certo é produção humana e histórica, diz respeito à maneira como os homens organizam concretamente a vida social. Eis o enigma: não é mais abstrata a "mão invisível" do mercado como sugerem Smith, Say ou Shumpeter que organiza a vida social. Contrariamente ao mito do mercado, o desemprego é engendrado na relação social capitalista: a lei que emprega é a mesma que desemprega, portanto, o desemprego é algo historicamente configurado. Nesse sentido, não é episódico, um mal inevitável ou, ainda, uma decorrência conjuntural passageira.

O desemprego de longa duração

Decifra-me ou devoro-te.

O terceiro momento decisivo na construção da categoria desempregado ocorre recentemente, ou seja, desde o final dos anos setenta e, sobretudo, nos anos noventa do século XX. Em 1987, a Comunidade Econômica Européia contabiliza 4 milhões de pobres. A criação de "Restaurant du Coeur" na França, e a aparição de novos personagens sociais, os *sem domicílio fixo,* por quase toda a Europa, revelam a fisionomia social da época. A crise do petróleo, as novas tecnologias informacionais e a denominada reestruturação produtiva são alguns dos traços que aceleram o desemprego e, principalmente, conformam a nova versão do desempregado, que passa a ser cada vez mais freqüentemente de longa duração. É nesse contexto que surge o terceiro momento relevante na trajetória do desemprego.

Desde 1961, o francês Ledrut faz alusão (pioneira) a uma certa Sociologia do Desemprego, evidenciando a necessidade de ampliar a reflexão sobre esse problema social (LEDRUT, 1966[397]). Entretanto, somente estudos mais recentes vão eleger o desemprego como algo relevante.

No Brasil, o problema em questão não integra as pesquisas da Sociologia com a mesma ênfase que na França, ainda que ele tenha sido secundariamente abordado no corpo de diversas explicações sociológicas[398].

O desemprego também não foi catalogado como uma questão merecedora da análise realizada por mestres e doutores que integram o sistema Urbandata-Brasil[399], o que não significa que não seja um problema para algumas pessoas, no Brasil. Oliveira, em exposição na Conferência magistral do XXI Congresso da Associação Latino-americana de Sociologia (ALAS) lembra que o presidente FHC, em seu governo, faz alusão ao problema, criando o neologismo "inempregáveis" para designar aqueles que não terão chance dentro da nova ordem globalizada (OLIVEIRA, 1997, p. 37[400]).

---

[397] LEDRUT, E. *Sociologie du chômage*. Paris: PUF, 1966.

[398] Entretanto, inúmeras pesquisas que tangenciam a questão do desemprego, como, por exemplo, algumas discussões que marcaram época, nas décadas de setenta e oitenta, ao refletirem questões como subdesenvolvimento, marginalidade social, pobreza urbana, informalidade, mercado de trabalho, quase sempre contempla o desemprego, porém, não se pode dizer que o mesmo tem sido objeto rigoroso da análise sociológica. A questão, quando é analisada, aparece concomitante com outras, que tem centralidade. Lembremos, por exemplo, das discussões empreendidas por: KOWARIC, L. *Capitalismo e marginalidade social na América Latina*. Rio de Janeiro: Paz e Terra, 1979; PEREIRA, L. *Ensaios de Sociologia do desenvolvimento*. São Paulo: Pioneira Editora, 1970; BERLINCK, M. *Marginalidade social e relações de classe em São Paulo*. Petrópolis: Vozes, 1975.

[399] Nesse sistema, que atualmente tem catalogado 10.377 trabalhos entre os quais, teses, dissertações de mestrado e artigos de iniciação científica, 28% deles foram defendidos na área de sociologia. Nenhum desses trabalhos contemplou o desemprego como objeto central de análise. No máximo, ele tem sido considerado uma das manifestações do mercado de trabalho. O sistema Urbandata-Brasil foi analisado por COSTA, L.G. e MEDEIROS, L. *Mercado de trabalho*: uma análise das teses e dissertações (1921-2000). No prelo.

[400] OLIVEIRA, F. Vanguarda do atraso e atraso da vanguarda. In: *Revista Praga*. São Paulo: Hucitec, vol. nº 4, 1997.

Até onde conhecemos, o tema não faz parte dos encontros anuais da ANPOCS (Associação Nacional de Pós-Graduação em Pesquisa em Ciências Sociais), com exceção do ano de 2002, com o trabalho de GUIMARÃES (2002)[401].

Do atestado de pobreza à condição de desempregado

No Brasil, o percurso no qual se engendra a categoria socialmente instituída contém descontinuidades e inovações. É uma "invenção social" e pode ser evidenciada por meio de alguns momentos na história social. Nela, "o ser socialmente reconhecido" expressa-se nos fundamentos abstratos de uma ordem jurídica[402].

Num primeiro momento, temos instituído o emprego, mas não o desemprego. Nesse sentido, uma tese geral, presente no Direito Brasileiro, desde os anos trinta, do século XX, auxilia a compreender e delimitar a instituição desse movimento que cria o personagem social desempregado. Caso o desempregado tivesse que comprovar seu estado de carência, a possibilidade era fazê-lo por meio de um "Atestado de Pobreza", e isso valia para o contingente de pessoas que individualmente recorriam à Justiça do Trabalho, com o objetivo de reaver seus direitos. Assim, podemos dizer que, em tese, o desempregado é uma figura jurídica e socialmente reconhecida[403]. Na prática, porém, inexistia a caracterização precisa da condição de estar desempregado como ser individual, titular de direito. Essa si-

---

[401] GUIMARÃES, N. A. Por uma Sociologia do desemprego. In: *Revista Brasileira de Ciências Sociais,* vol. 17, n° 50, outubro de 2002.

[402] Segundo Castel, ser reconhecido é um velho termo emprestado do direito germânico e que, na sociedade feudal, significava a condição daquele que é "homem" de um suserano a quem jurou fidelidade e obediência; este, em troca o protege. CASTEL, R. *Les métamophoses de la question sociale*. Paris: Fayard, 1995.

[403] Na pior das hipóteses, daquele que, após a demanda de uma questão trabalhista, virá a ser mais um desempregado, com exceção, evidentemente, do trabalhador estável.

tuação perdurou até o momento em que se instituiu a lei sobre o seguro-desemprego temporário, em 1988.

Retrocedendo um pouco no tempo, desde a instituição da Carteira de Trabalho[404], da organização da Justiça do Trabalho, em 1939[405], da criação da Consolidação das leis Trabalhistas (CLT), em 1943[406], e outras medidas jurídicas complementares, ficou assegurada ao trabalhador a possibilidade de empreender uma reclamação trabalhista, que por sua vez era também assegurada pela mediação de um sindicato. Havendo uma reclamação, a lei previa a forma como se devia realizar o pagamento das custas. No caso do desempregado, o conceito tinha uma certa materialidade: havendo um processo trabalhista de um trabalhador assalariado que se encontrasse em situação de carência (leia-se desemprego, por exemplo) poderia ser isentado do pagamento das custas processuais. Essa ocorrência estava prevista na lei 1060/1950, que normatizava a assistência jurídica aos necessitados. Por meio desta norma, surgiu, pela primeira vez, a conceituação da condição de ser desempregado dentro da República Federativa do Brasil. Segundo esta norma, quando o desempregado necessitava comprovar o seu estado de carência, podia fazê-lo valendo-se de um "Atestado de Pobreza", que por sua vez era expedido pela Delegacia de Polícia local. Nesta formulação jurídica, há o reconhecimento da condição estar desempregado, mas apenas como pobre, não propriamente como desempregado. Na prática, e apoiados num procedimento jurídico, os termos tinham equivalência.

Algum tempo depois, essa caracterização é alterada com a instituição da lei n° 5584/1970, artigo 14, parágrafo 1°, que regulamenta o pagamento das custas processuais na Justiça do Trabalho. Por meio dessa alteração, ocorre uma mudança relevante: o "Atestado de Pobreza" é substituído pela apresentação da Carteira de Trabalho, onde consta a ausência do vínculo empregatício. Em termos sociais, ocorre uma diferenciação importante entre ser pobre e ser desemprega-

---

[404] A carteira de Trabalho é instituída em 21/03/1932 através do decreto-lei n° 21.175.

[405] Decreto lei n° 1.237, em 2 de maio de 1939.

[406] A C.L.T. é criada através do Decreto – Lei 5.452 em 1° de junho de 1943.

do. Estar na condição de desempregado ganha, assim, maior visibilidade, todavia ainda sem reconhecimento social.

O seguro desemprego temporário

Em 1988, pelo processo constituinte institui-se uma nova Carta Magna do Brasil e, nela, surge uma novidade em termos da questão do desemprego. De acordo com esta carta, no artigo 7, inciso 2, fica prevista a instituição do seguro-desemprego, em caso involuntário. Portanto, somente nesse momento o desemprego tem o reconhecimento social no país e, por sua vez, gera uma situação de direito, o seguro-desemprego. A situação foi regulamentada dois anos depois, em 11/01/1990, com a lei 7998/90 e, também, com a instituição do FAT (Fundo de Amparo ao Trabalhador). Por meio desta lei, fica, portanto, previsto tanto um auxílio financeiro temporário como um sistema de apoio financeiro para a re-inserção na esfera do emprego[407].

O auxílio desemprego, todavia, não se aplica à categoria dos trabalhadores autônomos: motorista de táxi, costureira, engraxate, lavador de automóvel, vendedor ambulante, corretor de imóvel, cabeleireiro, encanador, eletricista, pintor, estivador de carga e descarga e assemelhados. Eles atuam no mercado de trabalho desregulamentado e, portanto, ficam também à margem dos direitos.

Neste momento, no Brasil, como afirma Castel, tal como uma metamorfose, as certezas tremem e recompõem toda paisagem social. Silhuetas incertas, à margem do trabalho, vagueiam pelas ruas da cidade e do campo. O desemprego em massa e a instabilidade das situações criadas, mesmo para quem permanece no emprego, amedrontam e o futuro é assinalado pelo selo do aleatório. A revolução silenciosa é ainda mais complexa, pois adentra a subjetividade e reconfigura identidades. O desemprego alcança índices altos, e ninguém imagina-

---

[407] A lei 7998 de 11 de janeiro de 1990 é alterada pela lei 8.900, de 30 de junho de 1994, detalhando as condições em que o trabalhador desempregado pode auferir o seguro-desemprego, isto é nunca mais de cinco meses, de forma contínua ou alternada.

va que uma tal elevação seria suportável. A recorrência das palavras *unemployement, arbeisslosigkeit e chômage*, em inglês, alemão ou francês, revela que o desemprego atingira o coração de países habituados com o "pleno emprego" desde a II Guerra Mundial[408].

O emprego na União Européia, nos EUA e no Japão

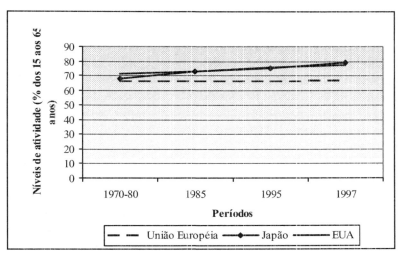

Fonte: D'INTIGNANO, B. M. *A fábrica de desempregados*. São Paulo: Bertrand, 1999.

---

[408] Nos Estados Unidos, grandes empresas, como a General Motors e a IBM, cortaram 2.000.000 de empregos. Na Europa, a fábrica de computadores Bull acaba de anunciar a supressão de 6.500 postos de trabalho, sob o pretexto de tornar a sua produção mais viável. Há, hoje, na empresa 35.000 trabalhadores contra 44.000 em 1990. A Aérospatiale colocou na guilhotina 2.250 postos de trabalho de um total de 9.000. A Wolkswagen alemã anunciou que 12.000 empregos desaparecem até o final de 1994. A montadora tem 114.000 trabalhadores, contra 130.000 em 1985. Esta nota saiu na revista Veja em 15/09/1993, mas muitas outras de igual teor podem ser encontradas na década de noventa.

De um índice de desemprego que passou, na França, de 2,7% em 1973 para 12,4% nos dias de hoje, ou seja, dois pontos a mais do que toda a Europa, abrigar mais de 3,1 milhões de pessoas reconhecidamente sem emprego, deter o recorde do crescimento de desemprego entre os países do G7, tudo contribui para alimentar o pessimismo. Para os intelectos mais rigorosos, que contabilizam também os falsos desempregados – empregos de alguma forma subsidiados, socialmente incapacitados e os pré-aposentados –, o número de desempregados ou semelhantes ultrapassa muito os 5 milhões. Tomando como referência a população empregada no setor comercial, cerca de 17,5 milhões, alguns julgam que cerca de um em cada três franceses não ocupa mais do que um emprego produtivo[409].

As taxas de desemprego permanentemente altas nos países da União Européia, Japão ou Estados Unidos evidenciam que o problema não era recorrente apenas em países que historicamente conviveram com as diversas formas de precarização do emprego.

Os indicadores estatísticos revelam a ponta de um enorme "iceberg". O inferno dantesco desencadeado pelo desemprego (e todas as formas de misérias que ele impõe) desperta a atenção do economista Pochmann (1999)[410], dos sociólogos Demazière e Pignoni (1998)[411] e da jornalista Forrester (1997)[412], mas isto não lhes dá visibilidade suficiente para compreender o problema. Os desempregados continuam obscurecidos pela liturgia das estatísticas. Sob a forma de curvas e estatísticas, o desemprego é mascarado, dissimulado como se ele pertencesse apenas à intimidade da consciência e fosse algo restrito ao âmbito da vida privada. Tal é o paradoxo do desemprego: ele não faz barulho, ele impõe silêncio.

Além do mais, o desemprego adentra a subjetividade do empregado, pressionando-o. Os trabalhadores assalariados perdem, ao mesmo tempo, a empregabilidade de sua força de trabalho, a negociabilidade

---

[409] D'INTIGNANO, B. M. *A fábrica de desempregados*. Rio de Janeiro: BCD, ed. 1999, p. 22.
[410] POCHMANN, M. *O trabalho sob fogo cruzado*. São Paulo: Contexto, 1999.
[411] DEMAZIERE, D. e PIGNONI, M. T. *Chomeurs: Du Silence À La Revolte*. Paris: Hachette, 1998.
[412] FORRESTER, V. *O horror econômico*. São Paulo: Unesp, 1996.

de suas condições de vida e a eficácia das suas formas organizadas de luta. Nesta guerra, nem os sindicatos escapam, e eles são igualmente desconsiderados, pois, como lembra Dubar (2000)[413], eles pertencem à forma identitária da condição de assalariado. Declarado incompetente por sua empresa, como desempregado pelo instituto de pesquisa, desvalorizado por seus próprios filhos e pelo discurso dominante, este assalariado conjuga, freqüentemente, situações outrora impensáveis: a suspensão ascéptica de confiança no sindicato, que não tem conseguido encontrar um meio de protegê-lo do declínio. Neste retrocesso odioso, em que suas certezas esboroam-se, é presa fácil de "pastores evangelistas" ou então sucumbe ao mundo do alcoolismo, da droga e do sexo, procurando, através destes, um meio de esquecer tal situação. (DUBAR e TRIPIER, 1998, p. 230[414]). Paralelamente ao discurso oficial, que o rebatiza de excluído, criam-se novos dispositivos de gestão que se encarregam de justificar a eliminação de postos de trabalho de várias formas:

- envolvendo aqueles que "vestem a camisa" da empresa, convidando-os a dedicarem-se ainda mais, ou seja, os competentes;
- empregando mecanismos de conversão àqueles que podem ser recuperáveis, ou os futuros convertidos (DUBAR e TRIPIER, 1998, p. 231).

Em linguagem toyotista, estes convertidos assumem a identidade de "colaboradores" e não mais de trabalhadores assalariados. O desemprego, portanto, não repercute apenas na subjetividade do desempregado, mas é difícil estabelecer uma ordem de quem mais se redefine no processo que engendra emprego-desemprego. Ambos exercem pressão recíproca. Para o desempregado, especialmente, o fato de não se reconhecer como pertencente à categoria de desempregado, coloca-o numa posição que o impede de associar-se a uma entidade de desempregados. Reconhecer-se enquanto desempregado é condição *sine qua non* para associar-se à associação de desempregados.

---

[413] DUBAR, C. *La crise des identités*. Paris: Puf, 2000.

[414] DUBAR, C., TRIPIER, P. *Sociologie des Professions*. Paris: Armand Collin, 1998.

Esta dificuldade de auto-reconhecimento, que é também de reconhecimento, complexifica-se no caso de países como o Brasil, uma vez que convivemos com fronteiras tênues entre o desemprego aberto, disfarçado, sazonal, oculto, autônomo não-remunerado ou subempregado, melhor seria dizer, trabalho precarizado. Estas pessoas, no limite, encontram-se em condição de desemprego.

A escolha do desemprego e os desempregados como problema de pesquisa, mediante o seu agravamento, ganhou notoriedade somente no final da década de noventa do século XX, quando surgiram algumas análises, mais entre as Ciências Sociais do que propriamente na Sociologia. A Sociologia Francesa lidera o empreendimento (TOPALOV, 1994; DEMAZIÈRE, 1994; DEMAZIÈRE e PIGNONI, 1998[415]). Entre esses autores, Demazière merece destaque na medida que formula a abordagem do desemprego na perspectiva da identidade coletiva e, principalmente, do desemprego de longa duração.

A alusão privilegiada às estratégias coletivas, uma entre as demais possibilidades frente ao desemprego, aponta para a crítica de saídas individuais. Nos dias de hoje, não é raro o desempregado acelerar individualmente a sua busca frenética aos certificados em cursos de curta duração. Na maioria das vezes, eles são autofinanciados. Informática, inglês ou empreendedorismo são algumas das estratégias individuais abraçadas, quase sempre de eficácia duvidosa no sentido de frear a onda de desemprego em ascensão. A adoção da estratégia coletiva frente ao desemprego é sugerida por Demazière (1998) como uma questão qualitativamente distinta uma vez que, desde o início, todos já se autodefinem desempregados. Portanto, esse é um elemento facilitador da caracterização social dos atores.

A estratégia coletiva, na forma de associação ou cooperativa, também é valorizada por Boaventura Souza Santos, pois ambas apontam

---

[415] TOPALOV, C. *Naissance du chômeur (1880-1910)*. Paris: Albin Michel, 1994; DEMAZIÈRE, D. *Le Chômage en crise? La negotiation des identités des chômeurs de longue durée*. Lille: PUL, 1994; DEMAZIERE, D., PIGNONI, M. T. *Chomeurs: Du Silence À La Revolte*. Paris: Hachette, 1998.

para a recorrência do problema do desemprego e, ademais, inserem-se na perspectiva da experimentação produtiva não-capitalista (2002)[416].

Caminhos da produção anticapitalista e as alternativas ao desemprego

A dimensão oculta

Quantos são os desempregados no Brasil? No México? Na Argentina? Em 1997, Oliveira (1997)[417] assim se expressou dando uma noção de quantidade e, sobretudo, apontando para as dificuldades de apreender o desemprego:

> O México já é hoje um caso clássico de rigidez excludente. Ninguém seriamente aposta que qualquer revitalização da economia Mexicana possa repor a imensa massa de subempregados que em qualquer calçada mexicana estão a vender – suprema ironia – garrafinhas da água mineral de elite, a Perrier francesa. Na Argentina, cinco anos de estrondoso sucesso do Cavallo que caiu do cavalo (isto é, do Menem) produziram uma massa de desemprego que teima em permanecer em irredutíveis 17/18%, fenômeno único na história Argentina que sempre se caracterizou por pleno emprego desde os dias da grande entrada do país austral como fornecedor de alimentos no mercado mundial. Em todos os outros o registro é do mesmo tipo. O Brasil apresenta a saudável taxa de desemprego de 6% da PEA, com um incremento de 1,52% entre maio de 96 a maio de 97, mas os resultados para a capital econômica, toda a Grande São Paulo, medidos pelo convênio SEADE/DIEESE elevam-se ao patamar de 15,7% em julho de 97, muito próximo do argentino. Estimativas que levam em conta o desemprego disfarçado nos milhares pontos de venda do

---

[416] BOAVENTURA SOUZA SANTOS (Org.). *Produzir para viver*. São Paulo: Civilização Brasileira, 2002.

[417] *Op. Cit.*

imenso bazar persa em que se transformaram, praticamente, todas as grandes cidades da América Latina autorizam supor que o desemprego aberto, mais o desemprego disfarçado, alcançam entre 30 a 50% da PEA, dependendo do país[418].

As estatísticas atuais prosseguem evidenciando o agravamento do problema dos desempregados que os governantes e a classe dominante pretenderam segregar, reforçando o *apartheid* instituído no Brasil. Entre o total de 2,5 milhões de desempregados, segundo o IBGE, 40% têm *11 ou mais anos de estudo*. Do total, 663 mil desempregados têm *de 8 a 10 anos de estudo*. O grupo de desempregados *com menos de oito anos de escolarização* é de 843 mil. Nas regiões metropolitanas brasileiras, a distribuição do desemprego assemelha-se ao contexto nacional. Em todas as regiões metropolitanas pesquisadas, a faixa com menor número de desempregados é a intermediária, com *entre 8 e 10 anos de estudos;* este grupo *é* integrado por 46 mil pessoas desempregadas. O grupo de desempregados, com *menos de 8 anos de escolarização*, é de 65 mil. O grupo dos desempregados que têm *11 ou mais anos* de escolarização é de 64 mil[419].

Analisando o processo de industrialização em Santa Catarina, observamos que os estabelecimentos industriais, na atualidade, representam 17,7% do total de estabelecimentos, e na indústria catarinense concentram-se 33,1% dos empregos formais do Estado. Os 313 mil empregos industriais, neste estado, correspondem a 7% dos quase 4,5 milhões de empregos formais na indústria nacional.

O Estado de Santa Catarina começa o século XX com uma forte onda industrializante. A mundialização engendra novas configurações econômico-sociais e outros personagens. O estado não é mais entreposto, passagem de tropeiros do sul para o centro do país; não fala, a não ser excepcionalmente, apenas a língua tupi-guarani ou

---

[418] OLIVEIRA, F. Vanguarda do atraso e atraso da vanguarda. In: *Revista Praga*. São Paulo: Hucitec, vol. n° 4, 1997, p. 35.
[419] Fonte IBGE. In: *Jornal Diário Catarinense* de 29 de abril de 2003, p.17.

xokleng, mas alemão, italiano, húngaro e polonês. Novas culturas e identidades surgem e novas categorias analíticas precisam ser incorporadas na descrição do estado catarinense: heterogeneidade de língua, de cultura, de etnia e de formas de assalariamento. O imigrante é assalariado fabril, personagem social operário, agora mensurado aos milhares, agrega o conteúdo social da etnia e torna-se singular. Não é simplesmente trabalhador assalariado, mas de origem alemã, italiana ou brasileira. A mesma singularidade apresenta-se entre os empresários capitalistas.

Nesta trajetória complexa, é importante remarcar que o processo de industrialização consolida-se. Mas, desde a década de 1970 em diante, no Brasil, como em Santa Catarina, os assalariados vivem momentos distintos dos que viveram até então. A opção pela industrialização – fábricas com muitas pessoas trabalhando – começa a apresentar dificuldade para manter-se em funcionamento, isto por problemas externos e internos. Há a crise do petróleo, a extinção da conversão do dólar em ouro (fim do acordo Breton Wood) e o esgotamento do padrão industrial fordista. A crise manifesta-se também no sistema financeiro. Alguns bancos quebram e outros se fundem. Nesse momento, difunde-se a tecnologia informacional, fruto de elevada especialidade. Cresce a produtividade e decrescem as oportunidades de trabalho.

Concomitantemente à destruição de postos de trabalho, no Brasil, surge o desemprego e as suas seqüelas começam a ser conhecidas: mestres, contramestres, soldadores, enfim, como lembra Salm, são ocupações masculinas, sendo basicamente o "chefe de família" aquele que mais perde o emprego[420].

---

[420] Ver a respeito DEMAZIÈRE, D. *La sociologie du chômage*. Paris: La Découverte, 1995; DEMAZIÈRE, D. *Le chômage en crise?* La négotiation des identités des chômeurs de longue durée. Lille: Presses Universitaires, 1992; DEMAZIÈRE, D. *Le chômage de longue durée*. Paris: Presses Universitaires, 1995; DEMAZIERE, D. e PIGNONI, M. T. *Chômeurs: du silence à la révolte*. Paris: Hachette, 1998; DEMAZIERE, D., HELLEBOID, M. e MONDOLONI, J. *Longue Durée*. Vivre en chômage. Paris: Syros, 1994.

Em 1999, por exemplo, o Brasil assumiu a terceira posição no ranking mundial do desemprego, pois possuía, segundo dados da PNAD do IBGE, 7,6 milhões de pessoas sem trabalho. No total do desemprego, o Brasil perdeu apenas para Índia, Indonésia e Rússia. Em 1986, o Brasil ocupava a décima terceira posição no ranking do desemprego mundial. Mas, desde o início da década de 1990, o desemprego ganhou maior dimensão, sendo, a partir de 1994, responsável pelo estabelecimento do país entre os quatro países do mundo com maior número de trabalhadores sem ocupação[421].

Figura 1 – Postos de Trabalho Destruídos, Segundo o Código Brasileiro de Ocupações Brasil Período: 1991 a 1996.

Ocupações	Empregos perdidos	%
Técnicos, desenhistas, tecnólogos.	81.773	14,6%
Mestres e contramestres.	89.628	16,0%
Torneiros, ferramenteiros, usinagem de metais.	104.530	18,6%
Ajustadores, montadores, mecânicos de máquinas.	87.007	15,4%
Soldadores, encanadores, chapeadores, caldeireiros.	51.939	9,2%
Trabalhadores da construção civil.	36.236	6,4%
Operadores de máquinas fixas em indústrias de serviços de utilidade pública.	46.942	8,3%
Condutores de veículos de transporte (marítimos, ferroviários, rodoviários).	63.747	11,4%
Total de postos perdidos nessas ocupações.	**561.802**	**100,0%**

Fonte: SALM, C. *Tecnologia trabalho e emprego*. Rio de Janeiro: 1997, p. 67-72 – CAGED/Mtb.

Em Santa Catarina, mantido o índice de probabilidade, a situação não se diferencia muito da nacional, entre 1990 e 1999, quando os desligamentos são maiores do que as contratações.

---

[421] POCHMANN, M. *O emprego na globalização*. São Paulo: Boitempo, 2001.

Figura 2 – Flutuação anual do emprego formal em todos os setores econômicos
Santa Catarina período: 1990 a 1999.

Ano	Admitidos	Desligados	Saldo	Variação Empre.(%)
1990	340 387	387 655	-47 268	-5,19
1991	295 004	319 746	-24 742	-2,86
1992	236 085	253 695	-17 610	-2,10
1993	304 606	287 759	16 847	2,05
1994	365 911	341 329	24 582	2,93
1995	394 830	416 195	-21 365	-2,48
1996	327 391	344 106	-16 715	-1,99
1997	351 628	348 340	3 288	0,40
1998	327 268	347 095	-19 827	-2,39
1999	378 580	362 891	15 689	1,94
Total	**3 321 690**	**3 408 811**	**-87 121**	**-9,56**

FONTE: MTE – Cadastro Geral de Empregados e Desempregados – Lei 4923/65
Elaboração: Setor de Informação e Análise do Mercado de Trabalho – SINE/SC

A descrição não é, portanto, a meta principal, mas apenas a base sólida e contínua sobre a qual nossas idéias dever-se-iam apoiar.

Movimentos alternativos em Santa Catarina: aproximações

No intuito de remar contra a corrente dos números e da gravidade social do desemprego, no Brasil atual, encontramos diversas alternativas que procuram soluções ao problema.

No âmbito governamental, diferentes iniciativas estão sendo alimentadas. Reconhece-se a capacidade competitiva das cooperativas de geração de emprego e renda. No entanto, o governo ainda elege como "público-alvo" o desempregado individualmente considerado. Eles seriam aqueles que apresentariam condições de serem transformados em "empresários viáveis", por meio da incorporação de tecnologias e do desenvolvimento de uma racionalidade competitiva voltada para as demandas do mercado[422]. A potencialidade adquirida em virtude da somatória de indivíduos, experiências, culturas e conhecimento, é exaltada no Documento do CNPq "Ciência e Tecnologia para o Desenvolvimento Social", que estabelece como 2ª prioridade o incentivo aos "arranjos e sistemas produtivos locais"[423].

Entretanto, a busca de soluções ao desemprego tem sido mais expressiva fora da esfera governamental. Segundo Singer (2002)[424] na atualidade são significativas as ações de ressurreição na contracorrente da ordem capitalista. Essas iniciativas possuem significados distintos e estão designadas por muitos nomes: economia do trabalho (CORAGGIO, 2003[425]) economia social (WAUTIER, 2003[426]) economia popular (MERCEDES, ICAZA e TIRIBA, 2003[427]) ou, ainda, economia solidária (SINGER, 2002)[428]. Apesar dos nomes diversos, essas economias assemelham-se num ponto: são autogestionárias. Além disso, caracterizam-se por um triplo aspecto: são experiências fundadas nos princípios de solidariedade, na adesão livre e na ausência de lucratividade individual.

Os três pilares dessa economia são as cooperativas, inseridas na economia mercantil, as mutualidades, inseridas na economia não mercantil com o aval do Estado-Providência; as associações, caracterizadas pelo trabalho de proximidade (WAUTIER, 2003, p. 110).

---

[422] Boaventura Santos lembra que em outras partes do mundo também estão sendo desenvolvidas experiências similares, como, por exemplo, na Espanha, na Colômbia, na Índia e em Moçambique, entre outros. Ver mais a respeito: BOAVENTURA SOUZA SANTOS (Org.) *Produzir para viver*. São Paulo: Civilização Brasileira, 2002.

[423] Conforme documento "Ciência e Tecnologia para o Desenvolvimento Social", disponível no site www.cnpq.br

[424] SINGER, P. A recente ressurreição da economia solidária. In: BOAVENTURA SOUZA SANTOS (Org.) *Produzir para viver*. São Paulo: Civilização Brasileira, 2002.

[425] CORAGGIO, J. L. *Política social y Economia del trabajo:* alternativas a la política neoliberal para a ciudad. Buenos Aires: Universidad Nacional de General Sarmiento, 2001.

[426] WAUTIER, A. M. Economia Social na França.In: CATTANI, A. *A outra Economia*. São Paulo: Veraz, 2003.

[427] Citados em CATTANI, *Op. Cit.*

[428] *Op. Cit.*

Em termos históricos, essa outra economia que surge, concomitantemente, ao advento dos sindicatos não é um fato recente. As mutualidades datam de 1849[429], as cooperativas desde 1894 (na França e, pouco depois, no Brasil) e as associações, na virada do século XIX. Segundo Massi (2000), as cooperativas, no Brasil, possuem existência desde o início do século XX e são legisladas, pela primeira vez, por meio do Decreto-Lei 979, de 06 de janeiro de 1903. No artigo 10 desse Decreto-Lei abre-se a possibilidade da constituição de Caixas de Crédito, de Cooperativas de Produção e de Consumo. Anos depois, o empreendimento cooperativo adquire feição jurídica e legal por meio da instituição do Decreto-Lei nº 22.239 de 1932, que cria a Primeira Lei Orgânica do Cooperativismo Brasileiro. E em 1988, com a elaboração da Constituição vigente, funda-se o Sistema Cooperativo Brasileiro, sem a tutela governamental e com traços autogestionários[430].

Em território catarinense o movimento cooperativo se faz presente pelo menos desde o final do século XX. Nesse sentido, podemos observar o surgimento do "Falanstério do Saí", em 1842, na região do Saí, em Joinville. A criação tem inspiração em Fourier. Projetado para aglutinar imigrantes numa forma de coletivismo agrícola, teve vida efêmera, mas, na região, ainda restam vestígios da experiência[431].

---

[429] Linhares faz alusão a diversas associações e mutualidades fundadas no final do século XIX como, por exemplo: Associação de Socorros Mútuos em 1873, que depois será denominada Liga Operária; Associação de Auxílio Mútuo dos Empregados da Tipografia Nacional; União Beneficente dos Operários de Construção Naval em 1884; União do Trabalho, na cidade do Rio Grande, em 1892; Liga dos Trabalhadores em Madeira, em São Paulo, em 1906, entre outros. Havia ainda, na época, mais de uma centena de jornais que expressavam organizações e associações anticapitalistas como Jornal do Povo (1879); A Lanterna (1873); O Proletário (1877); La Bataglia (1905); Avante (1904); O Libertário (1904); Ver mais a respeito: H. LINHARES, *Contribuição à história das Lutas Operárias no Brasil*. São Paulo: Alfa e Omega, 1977, p. 34-48.

[430] MASSI, J. Diagnóstico da Cooperação Agrícola na Região Oeste de Santa Catarina. *Trabalho de conclusão de Curso de Agronomia na UNOESC* (Chapecó) 2000, p. 35.

[431] O falanstério do Saí localizado em Joinville/SC foi inspirado nas idéias de Charles Fourier (1772-1837).

Na contracorrente do processo de consolidação da ordem capitalista e no intuito de criar formas imediatas de sobrevivência, destacamos duas grandes vertentes de geração de emprego e renda, ambas engendradas por meio de movimentos coletivos: a primeira envolve um conjunto de organizações Econômicas e Populares (OEPs) e são fundadas sob os auspícios de diversas Pastorais da Igreja Católica (Pastoral da Terra dos Sem Teto, da Pastoral da Comunidade, entre outras). Essas iniciativas datam de 1989. Elas consistem no fortalecimento de ações de grupos de auto-ajuda, de assessoria de pequenas iniciativas comunitárias de geração de emprego e renda. De uma forma mais ou menos similar ao país, no início dos anos 80, o desemprego ou as suas diversas formas (trabalho temporário, parcial sazonal e precário) aumentam em Santa Catarina. Nas áreas de predomínio de atividades agrícolas de cunho "familiar" evidenciam-se dificuldades de manutenção e ou reprodução social e econômica dessas unidades. Nas cidades, tanto na agroindústria como na indústria, adotam-se tecnologias que asseguram o desenvolvimento de produtividade com redução de postos de trabalho, o que contribui para aumentarem as dificuldades de algumas pessoas. O resultado é conhecido: ampliação do trabalho, porém, não do assalariamento[432].

A segunda vertente consiste na forma de cooperativa e elas representam uma força expressiva na geração de emprego e renda no estado. Num esforço de dimensionamento, MASSI (2000[433]) catalogou 346 organizações cooperativas em 77 municípios do Oeste de Santa Catarina. O autor sistematizou as organizações em 5 grupos, a saber: associações sem fins lucrativos, representando 52,6%; grupos de cooperação (36,7%); cooperativas (5,5%); condomínios (4,3%) e clubes de integração e de troca de experiências, perfazendo 0,9% (MASSI, 2000).

---

[432] Essas organizações autogestionárias têm recebido forte ajuda da Cáritas Brasileira, uma instituição da Igreja Católica, segmento da Igreja Internacional. A Cáritas desenvolve seus projetos com os fundos advindos da Campanha de Solidariedade e com fundo oriundos de instituições confessionais dos países do "Primeiro Mundo". Ver mais a respeito: SINGER, P. A recente ressurreição da economia solidária. In: BOAVENTURA SOUZA SANTOS (Org.) *Produzir para viver*. São Paulo: Civilização Brasileira, 2002, p. 116-8.

[433] *Op. Cit.*

A amplitude do movimento engendrou a Associação de Pequenos Agricultores do Oeste de Santa Catarina (APACO) que proporciona assessoria técnica e política aos empreendimentos cooperativos e associativos. Sabemos, entretanto, que há cooperativas e cooperativas. Sem demérito às demais experiências, focalizamos a atenção naquelas que nasceram e estão diretamente relacionadas ao surgimento de movimentos sociais mais amplos, reafirmando o caráter da identidade coletiva como propõe Demazière (1998): o reconhecimento do caminho coletivo, a solidariedade e a autogestão fazem com que essas modalidades de alternativas ao desemprego sejam singulares, re-invenções da emancipação social, como sugere Boaventura Santos (2002). Esse recorte reabre o debate sobre questões universais como sociedade, poder, revolução, mas também aponta para um processo em curso, no Brasil e, fora dele, de construções, não-hegemônicas de produção. Seriam elas não-capitalistas? Anticapitalistas?

O recente aumento dessas experiências evidencia que o sistema social tem sido confrontado como um todo. A venda da força de trabalho vivo, pressuposto da acumulação, está sendo destruída. Por um lado, temos a ampliação do trabalho, mas não necessariamente das formas de assalariamento. O esgarçamento do tecido social abre-se, por outro lado, ao surgimento de formas de organização e de enfrentamento que vários séculos de dominação não conseguiram arrefecer. A manifestação da realidade, no plano prático, não resulta em aceitação, mas em reflexão crítica. Essas experiências são frágeis e muitas delas possuem vida efêmera. A reflexão trazida, antes de diminuir o seu potencial, procura ampliá-lo, à luz tanto da teoria como da prática.

Um exemplo catarinense: a Cooperminas, em Criciúma

Uma experiência marcante de autogestão ocorre em 1987, com a criação da Cooperativa de Trabalhadores Mineiros (Cooperminas), em Criciúma, antiga Companhia Brasileira Carboquímica de Araranguá (CBCA), nascida em 1917. A Cooperminas é o resultado da ação de trabalhadores que assumem uma empresa mineradora de carvão falida.

Três meses sem salários, greve, falência da CBCA e a futura estatização da mineradora de carvão acenderam o estopim para um conflito até então nunca visto em Criciúma: milhares de mineiros – os da CBCA e de outras minas – montam acampamento sobre os trilhos e impedem o escoamento de toda a produção de carvão do município. Enfrentam a polícia e Argemiro Vitorino vê sua mulher sentir as primeiras dores para o nascimento de sua filha Paula, hoje com 10 anos.

– Botamos a polícia para correr, mas fomos surpreendidos à noite por um batalhão de 250 PMs, munidos com bombas de gás lacrimogêneo. Minha filha nasceu no meio do fogo cruzado – lembra Vitorino.

A luta valeu a pena. Os mineiros conquistam a opinião pública, o pagamento de um mês de salário e a autorização para o Sindicato dos Mineiros assumir como síndico da massa falida. Em agosto de 87, os mineiros começam a administrar a empresa.

– Tivemos dinheiro do Governo para começar a explorar outra mina da CBCA, mas durante uns três meses recebemos apenas vale-alimentação e o pagamento das contas de luz e água – conta Vitorino.

Até 1992, os salários voltaram, mas com atraso de 15 dias ou com pagamento parcelado. Problemas internos para administrar as diferenças de 800 mineiros e a falta de alguém para pensar a empresa fazem o sindicato indicar Valério Preis para administrar a mina.

– Percebi que, para pagar os salários, vendíamos um carvão de melhor qualidade por um preço menor e com prejuízo. As dívidas acumulavam. Cortamos tudo foi que foi possível e conseguimos parar com essa produção e abastecer somente a Eletrosul – conta Preis, hoje presidente da Cooperminas.

Mas as dificuldades prosseguiram. Em 1994, a Justiça arrenda a mina para um empresário da região. Novos conflitos. Os mineiros, para impedir a retomada da empresa, abrem trincheiras no caminho, envolvem o corpo com dinamite e ameaçam explodir tudo. A Justiça volta atrás.

Os pedidos da Eletrosul aumentam e uma certa normalidade começa a fazer parte da vida dos 405 mineiros da CBCA. Hoje, a situação continua indefinida, já que para vender para a Eletrosul, usam outra empresa para emitir as notas. Um acordo com o ex-proprietário poderá ser a solução definitiva para o grupo. Eles vão assumir as dívidas trabalhistas, cerca de R$ 1,5 milhão, e as com o INSS, R$ 12 milhões, que eles buscam baixar para R$ 4 milhões. O ex-proprietário fica com as dívidas bancárias.

Como vitórias, eles contabilizam a redução da carga-horária de trabalho de 36 para 30 horas semanais; a substituição dos caminhões caçamba usados para o transporte dos mineiros por ônibus, a montagem de uma clínica; os exames periódicos para verificar os efeitos do trabalho na mina e prevenir as doenças da função como a pneumoconiose (doença do pulmão que ataca o mineiro).

Hoje, eles garantem a aposentadoria após 15 anos de trabalho e o pagamento do salário médio de R$ 600. A produção alcança 20 mil toneladas por mês, o patrimônio é de R$ 10 milhões e o faturamento mensal é de R$ 1 milhão.

Apesar das vitórias, os mineiros ainda convivem com o fantasma do desabamento, a escuridão das galerias 150 metros abaixo da superfície, as caminhadas diárias dentro da mina, que chegam a cinco quilômetros, o barulho ensurdecedor das furadeiras e a poluição a olho nu do carvão, que gruda no pulmão.

Mas as opções em Criciúma são poucas. A cerâmica foi abandonada por Wanderlei Gomes de Mello para se poder aposentar mais cedo. Ricardo de Oliveira dá mais valor ao fato de ser dono:

– Aqui é diferente. Respeitam a opinião da gente – observa Oliveira [434].

---

[434] ALMEIDA,C.Trabalhadoresnocomando, sucessonasempresas. *http://www.sindicato.com.br/artigos/comando.htm* 14/05/2003. 23:55h.

A cooperativa encontra-se atualmente em funcionamento. Produz cerca de 15 mil toneladas de carvão mineral por mês. Tem cerca de 400 trabalhadores, todos associados da cooperativa. O plano de cargos e salários tem sete patamares e o maior salário não pode ser mais que 4,5 vezes superior ao menor. A cooperativa é vinculada à Associação Nacional dos Trabalhadores de Empresas Autogestionárias e de Participação Acionária (ANTEAG), uma iniciativa organizadora do movimento em ascensão nos anos 90. A COOPERMINAS é uma das mais antigas autogestionárias agregadas à ANTEAG[435].

Coopermetal, em Criciúma

Também é oriunda de uma empresa falida nos anos 80. Os trabalhadores assumem a gestão da empresa (e, no início, também as dívidas) e, por meio de uma cooperativa autogestionária, passam a produzir equipamentos como ferramentas e peças metalúrgicas fundidas para outras indústrias, com tecnologia recente. Atualmente, são cooperados 80 trabalhadores.

Bruscor (Cooperativa de Cordas e Cordoamentos), em Brusque

Essa iniciativa foi fundada há 15 anos, após um processo falimentar da empresa, quando um grupo de 20 trabalhadores assume o controle sob a forma de autogestão.

A Bruscor nasceu de um sonho de juventude de cinco amigos que participavam da Pastoral da Juventude na Igreja de Brusque, em Santa Catarina. Depois de uma tentativa frustrada

---

[435] Ver mais a respeito: FANTIN, M. *Os significados da experiência de gestão de uma mina pelos trabalhadores em Criciúma, Santa Catarina*. Dissertação de Mestrado em Antropologia Social/UFSC, 1992.

de fabricar telas para pintura, o grupo, formado por sócios entre 18 a 30 anos, teve uma oportunidade concreta, em 1987. Conseguiram um empréstimo com o pai de um deles para comprar máquinas, construíram um galpão no terreno de outro e o sonho se transformou em realidade: a primeira fábrica sem diretor, chefe, encarregado ou qualquer outro cargo que cheire a chefia.

Dalton Correa, Ana Beatriz e Walmir Ludvig, José e Salete Flor, Idalina e Antonio Mello, Geraldo, Tarcísio e Sueli Venturelli, Renildes e Rosimar Comandolli, Eloi Lyra, Sérgio Luiz Decker e Nilton Eduardo Paloschi são agora os administradores desse sonho.

Na Bruscor, fábrica de cordas e cadarços, o salário de R$ 500 é igual para todos, e de dois em dois anos há um rodízio nas funções. Um galpão é reservado pelo grupo somente para atender à comunidade em torno da fábrica e nele aconteceram velórios e casamentos.

As dificuldades, por causa da crise do setor têxtil na região, foram resolvidas com corte nas retiradas. A prioridade era para as famílias com filhos e de quem tinha dívidas a pagar. Nessa época, assou-se frango, fez-se pão caseiro, reformas de sofás e geladeiras para não desistir do sonho. Passada a crise, investiu-se em cursos de vivência pessoal para ajudar os sócios a encararem o novo papel de dono e empregado ao mesmo tempo. Os problemas físicos são resolvidos com ginástica corretiva.

– Tivemos nossos erros, como não deixar ninguém para pensar a empresa. Por causa disso, vamos entrar com um produto no mercado com dois anos de atraso – afirma Geraldo Venturelli.

Hoje, a empresa está vencendo a crise e tenta investir em outros projetos também na mesma forma de organização: autogestão, nas áreas de informática, agrícola, de costura e uma fábrica de elásticos adotada pelo grupo[436].

---
[436] ALMEIDA, C. *www.sindicato.com.br/artigos/comando.htm*. 14/05/2003. 23:55h.

Apesar de possuir uma existência longa, se comparada aos demais empreendimentos alternativos, os seus associados participam, ativamente, junto ao Movimento dos Trabalhadores em Brusque e também do Partido dos Trabalhadores. No aspecto produtivo possui tecnologia rudimentar para a confecção de cordas e cordoamentos e ainda enfrenta muitas dificuldades na alocação de seus produtos. Encontra-se em funcionamento.

O movimento dos trabalhadores rurais Sem Terra

Nos anos 1970, a história brasileira, na agricultura ou na indústria, havia se transformado. Nesse contexto, não exatamente como uma continuidade das ligas Camponesas, ressurge a luta no campo, na forma do MST. O novo não deixa de surgir, mas ele surge banhado de velho. Quem são *os sem terra*? Regra ou exceção? Munidos com as idéias das Ciências Sociais, para desmistificar o que subjaz às formulações que principiam com o prefixo sem, como Sísifo, precisamos resgatar a pedra do fundo.

Há para isso um exemplo clássico: um indivíduo sueco, de olhos azuis, vem para o Nordeste e institui uma identidade singular (entra numa sociedade estigmatizada e numa sociabilidade marcada pelo conflito). Pela razão antiga, veste-se como classe dominante insurgente, mas, de terno de linho branco irlandês, deita-se com 400 operárias. Seria ele um industrial ou um enorme reprodutor? Signos e traços da velha classe dominante estão relatados por José Sérgio Leite Lopes em "A Tecelagem dos conflitos de classe na cidade das chaminés" (1988).

Essa sociabilidade tem sido objeto de muitas interpretações nas Ciências Sociais. A sua história, no século XX, é a tentativa de romper com os códigos sociais. Essa sociabilidade entra em choque com a Divisão Internacional do Trabalho e, por essa razão, é obrigada a seguir em frente. Adota novos códigos, novas formas de produzir, uma nova subjetividade. Novos valores são misturados e definidos por aquilo que resta dos velhos códigos de dominação. A indústria cultural não é neutra, traz inscrito um novo código de dominação.

Carregada nos braços de uma nova produção material, produz-se a locomotiva e logo a seguir o automóvel. O sistema fabril implantado muda a feição da humanidade e, portanto, muda a forma de se relacionar. À aceleração da história acompanha uma brutal eliminação do trabalho manual. A aceleração do processo não tinha precedentes. Tampouco a emergência da classe proletária seguida da produção de uma desigualdade social desconhecida até então. Recordemos o cenário europeu:

> Alguns números atestam a rapidez desse processo: ainda em 1820, lá existiam cerca de 240 mil tecelões manuais; em 1844 já eram apenas 60 mil e em 1860 já haviam praticamente desaparecido (8 mil); enquanto, em 1820, eram apenas 10 mil os operários empregados em fábricas têxteis, em 1844 já eram 150 mil (TEIXEIRA, 2002, p. 19).

Os dados europeus não espelham exatamente a realidade brasileira. Entretanto, guardadas as devidas proporções, ambos, Europa e Brasil têm que se definir. Um novo código torna-se mais visível: a descartabilidade. Não há repouso, não se coagula em formas pelas quais se produz a previsibilidade. Descartabilidade e rapidez produzem a perplexidade.

Quem é a classe sujeito da história? Onde reside a capacidade de transformação do tecido social? A forma que a transformação assume é imprecisa, é movimento. A forma é a aparência e é o único lugar onde podemos conhecer a realidade. Somente conhecemos a forma, portanto, a aparência. A essência só aparece pela aparência. Desconhecemos a figura do operário, do desempregado. Onde está o sujeito da história? Estamos fazendo menção, não ao sujeito indivíduo, mas ao sujeito coletivo, como lembra Sartre. Não veste mais macacão, veste jeans. Desfazem-se todas as formas conhecidas, mesmo aquilo que parecia reservado aos ilustrados cientistas sociais. Aquilo que tem a forma mais avançada, ali mesmo onde parece que se detém o controle do conhecimento, descarta-se o que é específico do indivíduo. Isso é parte da crise da perda da capacidade de identificar-se. Perde-se Sísifo. Todos viraram descartáveis. É como se estivéssemos reunindo um espelho sem querer um espelho outra vez. O que restou? A exceção em permanente estado.

Retomamos o fio da meada para concluir: O MST é uma exceção. E isso se constata não somente quando confrontado com as formas jurídicas. Elas são insuficientes para explicar aquilo que parece ser a necessidade do Estado de exceção. Os pobres, *os sem emprego*, os *sem teto*, os *sem terra* os reconhecemos de imediato. Eles são sobrantes, agravados por uma enorme aceleração. Eis o enigma: classes sociais são tratadas como exceção. A pobreza, o MST, os desempregados, eles todos devem ser tratados como exceção. A não-forma passou a ser o melhor espaço de reprodução da dominação. Isso é a política moderna que trata a todos como excepcionais e aí reside um perigo. Qual é o maior movimento hoje? O MST, que acolhe a excepcionalidade, usa o álibi da própria fragmentação. Ao estilhaçar a velha identidade de classe, como pretexto para explicar que nenhuma totalidade mais é possível, não há também mais sujeito da história.

Aos excepcionais, políticas de exceção. Ao aceitarmos isso, criamos um consenso passivo para as políticas públicas. Está ausente a política universal.

O recurso da excepcionalidade não é criação do liberalismo, mas do velho nome, o capital. Não há dúvida, em todas as formulações há um único denominador. O movimento contrário, o movimento anticapitalista, antiexceção, na nossa geração se denominava socialismo, lembra o professor Francisco de Oliveira. Que pretendem eles? Acabar com a pobreza no campo e essa é uma guerra perdida.

> "Contudo, se há uma interpretação que merece ser chamada de absurdo total no reino da reforma social, é a possibilidade da guerra à pobreza, tantas vezes anunciada com zelo reformista."
> De uma perspectiva estrutural, de antemão significa uma guerra perdida, uma vez que são os imperativos estruturais de exploração que produzem o MST eles são engendrados na estrutura da relação social do capital[437].

---

[437] Notas da mesa redonda na qual participou o Professor Francisco de Oliveira, realizada no Fórum Social Mundial, em janeiro de 2002.

A tentativa de separar os "efeitos" de suas "causas" anda de mãos dadas com a igualmente falaciosa prática de atribuir o status de *exceção a uma regra*.

Cooperativas no Movimento dos Trabalhadores *Sem Terra*, em Santa Catarina

As respostas do movimento cooperativo autogestionário ganharam maior impulso nos anos 90. Desde então, um conjunto de iniciativas foi registrado na forma de cooperativa dentro do Movimento dos Trabalhadores *Sem Terra*.

> A partir de 1986, começa a discussão de como organizar os assentados, com o I Encontro Nacional de Assentados, em que estiveram representados 76 assentamentos de 11 estados. Apesar da resistência inicial ao cooperativismo "pelas experiências negativas do modelo tradicional do cooperativismo, caracterizado como grandes empresas agroindustriais que desenvolveram uma política de exploração econômica dos agricultores" a discussão evoluiu a favor do cooperativismo, em termos que hoje diríamos serem os da economia solidária.
> Durante a Nova República (1985-1989), multiplicaram-se as associações nos assentamentos, estimuladas pelos órgãos governamentais de extensão rural, especialmente a Emater. A aceitação do cooperativismo se dá gradualmente. Em 1988, foi organizado um "Manual de Cooperação Agrícola" do MST. Em 1989, o MST passa a tentar organizar a produção nos Laboratórios Organizacionais, metodologia desenvolvida por Clodomir de Moraes, a partir da experiência das Ligas Camponesas e que visa a formação de cooperativas de produção autogestionárias. Criam-se, ainda em 1989, as primeiras CPAs (Cooperativas de Produção Agropecuárias) no Rio Grande do Sul: a Coopanor e a Cooptil. Nessa fase, **a motivação para organizar a produção passa a ser econômica (acumular capital) e política (liberar quadros e procurar sustentar o MST)** (SINGER, 2002, p. 103-104[438]). (grifos meus)

---

[438] SINGER, P. A recente ressurreição da economia solidária. In: BOAVENTURA SOUZA SANTOS (Org). *Produzir para viver*. São Paulo: Civilização Brasileira, 2002, p. 103-104.

Em Santa Catarina, o MST possui 12 cooperativas. Algumas delas encontram-se temporariamente desativadas, e, outras, em fase de reestruturação como vemos no quadro a seguir.

Figura 3: referente a situação atual das cooperativas vinculadas ao MST em Santa Catarina

Nome/Empresa	Data de Fund.	Nº de Sócios	Finalidade	Situação Atual
CCA/SC	18/12/1988	8 Cooperativas 3 Associações	Central das Cooperativas da Reforma Agrária de SC (Sócios pessoas jurídicas) Coordena a produção dos assentamentos do MST.	EM FUNCIONAMENTO.
COOPEROESTE	20/07/199	Aprox. 350	Prestação de Serviços a assentados e pequenos agricultores. (atua principalmente na agroindustrialização do leite e produção de semente de milho).	EM FUNCIONAMENTO.
COOPER CONTESTADO	30/10/1997	Aprox. 200	Prestação de Serviços, produção de leite e agroindustrialização e também produção de grãos (empacotamento)	Esteve em dificuldade. Projetos incompletos por falta de recursos. Processo de retomada das atividades.
COOPERJUS	31/07/1994	Aprox. 280	Prestação de Serviço – Produção de leite e grãos	Parada, sem atividade. Iniciou-se uma discussão de parceria com outra cooperativa nossa.
COOPERCOM	Sem informações	Aprox. 180	Prestação de serviços	Sem atividade.
COOPAGRO	25/10/1990	29 famílias	Coop. de Produção agropecuária. (Terra e Trabalho coletivo).	Em atividade.
COOPERCAN	22/08/1997	22 pessoas	Coop. de Produção agropecuária. (Terra e Trabalho coletivo).	Em atividade.
COOPERUNIÃO	Sem informações	60 famílias	Coop. de Produção agropecuária. (Terra e Trabalho coletivo).	Em atividade
COOPRANOVA	26/09/1991	12 famílias	Coop. de Produção agropecuária. (Terra e Trabalho coletivo).	Em atividade
COOPTRASC	Agosto de 1997	Aprox. 80	Cooperativa de Trabalho (Prestação de Serviço).	Em atividade
COOPTAASC	Sem informações	Aprox. 60	Cooperativa de Trabalho (Prestação de Serviço).	Em atividade
COOP. PADRE JOSIMO TAVARES	2002.	Aprox. 60	Cooperativa de Trabalho (Prestação de Serviço).	Em atividade

Fonte: Secretaria Geral do MST/SC, maio de 2003.

As experiências cooperativas no MST têm gerado um arrazoado de polêmicas, dentro e fora do movimento. Internamente ao movimento, surgiram muitas críticas diante do fracasso da estratégia "econômica" que as obrigou a fechar as suas portas.

Se, como vimos, um dos objetivos estratégicos da forma cooperativa proposta pelo MST era assegurar sustentação política, em Santa Catarina o alcance não pode ser questionado. Hoje, encontramos diversas lideranças catarinenses liberadas para atuar dentro e fora do estado. Entretanto, a solução é também um problema, o que tem dado margem à crítica, mais externa do que internamente ao MST.

A iniciativa do MST integra o movimento de busca de soluções fora da esfera governamental, ainda que dela não prescinda inteiramente. No intuito de remar na contracorrente dos números e da gravidade social da desigualdade social, no Brasil atual, encontramos diversas alternativas que procuram soluções ao problema[439]. Entretanto, segundo Singer, a ressurreição do cooperativismo segue na contracorrente da ordem capitalista. Essas iniciativas possuem significados distintos e estão designadas por muitos nomes: economia do trabalho (CORAGGIO, 2003[440]) economia social (WAUTIER, 2003[441]) economia popular (MERCEDES, ICAZA e TIRIBA. 2003[442]) ou ainda, economia solidária.

---

[439] No âmbito governamental, diferentes iniciativas estão sendo alimentadas. Reconhece-se a capacidade competitiva das cooperativas de geração de emprego e renda. No entanto, o governo ainda elege como "público-alvo" o desempregado individualmente considerado. Eles seriam aqueles que apresentariam condições de serem transformados em "empresários viáveis", por meio da incorporação de tecnologias e do desenvolvimento de uma racionalidade competitiva, voltadas para as demandas do mercado. Boaventura Santos lembra que em outras partes do mundo também estão sendo desenvolvidas experiências similares, como, por exemplo, na Espanha, na Colômbia, na Índia e em Moçambique, entre outros. Ver mais a respeito: BOAVENTURA SOUZA SANTOS. (Org.) *Produzir para viver*. São Paulo: Civilização Brasileira, 2002. A potencialidade adquirida em virtude da somatória de indivíduos, experiências, culturas e conhecimento, é exaltada no Documento do CNPq "Ciência e Tecnologia para o Desenvolvimento Social", que estabelece, como 2ª prioridade, o incentivo aos "arranjos e sistemas produtivos locais". Conforme documento "Ciência e Tecnologia para o Desenvolvimento Social", disponível no site www.cnpq.br

[440] CORAGGIO, J.L. *Política social y Economia del trabajo: alternativas a la política neoliberal para a ciudad*. Buenos Aires: Universidad Nacional de General Sarmiento, 2001.

[441] WAUTIER, A. M. Economia Social na França. In: CATTANI, A. *A outra Economia*. São Paulo: Veraz, 2003.

[442] Citados em CATTANI, *Op. Cit.*

Conclusão preliminar:
A solução que se constitui num problema

A pesquisa sobre o desemprego e cooperativismo encontra-se em andamento, portanto, o que apresentamos, a seguir, refletem preliminares tomadas de posição do que propriamente conclusões. Sob uma perspectiva teórico-metodológica podemos perceber que ocorrem importantes mutações na categoria social desempregado. Desde a sua gênese, percebemos tentativas de dissipar certas ilusões sobre o nível e a natureza do desemprego. Contemporâneo da forma social que elege a industrialização como carro chefe, longe de diminuir o desemprego, agudiza-se ao final do século XX. Assim, considerar o desemprego como uma categoria sociológica problemática é um meio de compreender que a crise de emprego é também uma crise de trabalho. Ambos são construções sociais de uma determinada temporalidade. Isto posto, cabem as indagações: qual o limite da tolerância social a respeito desse problema de invalidação social e que não significa apenas exclusão social? O que é possível fazer para re-inserir esse conjunto de população invalidado socialmente, que em algumas cidades, como São Paulo, alcança 20% da população? O que é possível fazer para acabar com o desemprego que ameaça deixar exangue o todo social? Nesse sentido, a análise e o reconhecimento das alternativas representam uma possibilidade, ainda que contraditoriamente contenham problemas de difícil solução imediata.

Com relação ao cooperativismo e associativismo em geral, essas formas, com raras exceções, esbarram em mais dificuldades do que em facilidades. A menção ao cooperativismo, como forma de opor-se ao capital, insere-se dentro daquilo que as Ciências Sociais denominaram de socialismo anterior a MARX ou utópico. Não tem a *grandeza* da Utopia de Thomas Morus, publicado em 1516, nem tampouco a *prática* de Owen. Morus, em a Utopia, volta-se para o futuro de superação da sociedade de classes. Teceu dura crítica ao modo de vida, em que o feudalismo, em desagregação, amalgamava-se com o mercantilismo em ascensão. Como alternativa, imaginou uma ilha, na qual deveria assentar uma nova sociedade sem as mazelas da real existente.

Owen, em 1800, assume a direção da fábrica de New Lamarck e põe em prática um projeto de reforma social, via instituição de uma mescla de mutualismo, filantropia e cooperativismo. A sua prática volta-se para o passado na medida em que procura fortalecer a sobrevivência de pequenos produtores artesãos voltados para a autosustentação. A cooperativa proposta é uma espécie de soma das partes (os produtores) que pensam uma transformação social, embora ainda mantendo as partes.

A obra dos três utópicos mais relevantes é rigorosamente contemporânea: Saint Simon publica *As cartas de Genebra* em 1802; Fourier, em 1807, publica *A teoria dos Quatro movimentos*; e OWEN assume a fábrica em 1800, em *New Lamarck*, como dissemos (TEIXEIRA, 2002, p. 28). Uma outra experiência cooperativa relevante vem a seguir em Rochdale, em 1844, quando os tecelões assumem a fábrica e fundam alguns princípios contra o que eram considerados os males do capitalismo.

Sem termos a pretensão de esgotar o assunto, elencamos alguns pontos para debate:

• Essas experiências cooperativas são rigorosamente anteriores a Marx (1813-1883). Esse autor pode ser entendido como um marco na formulação do desemprego, intrínseco e não externo ao processo de acumulação de capital. Esse, por sua vez, tem como contrapartida necessária a produção de uma população cada vez maior de miseráveis, o exército industrial de reserva. A ampliação da jornada e a intensificação do trabalho seguem em sentido contrário ao do assalariamento; é aumento do trabalho, a atualização prática do exército industrial de reserva. Os nomes atuais, colaboradores, terceirizados ou autônomos, (ao invés de empregados) reafirma a "vocação" do capital: apropriar-se de mais-valia.

• No entanto, para citar somente o caso brasileiro, desde os anos setenta do século passado, o emprego industrial deixou de se afirmar como tendência. (antes ele era a salvação do desemprego agrícola). Observamos o aumento dos serviços, desde os mais sofisticados até os personalizados (cujos nomes, em inglês, mascaram a condição de trabalho doméstico: para acompanhante individual se diz *"personal trainning"*; para trabalho em casa se diz *"home working"*, como se o nome, em inglês, mudasse o conteúdo do auto-emprego), sendo grande parte deles sem proteção e regulamentação. Esta é praticamente a tendência mundial. *"Como uma hélice de dupla pá, a esse movimento sobrepõe-se outro, geralmente denominado de 'reestruturação produtiva', que não é outra coisa senão a reiteração dos processos de concentração do capital"* (OLIVEIRA, 2000, p.10). Ou ainda, dizendo de outro modo, a reestruturação é a maneira técnica em que se realiza o aumento do capital por trabalhador, o aumento de produtividade do trabalho.

- A reestruturação produtiva elimina postos de trabalho no interior do emprego industrial e uma certa proporção deste enxugamento é conhecida como *"reengenharia"* ou, também, mudanças nas formas de organização do trabalho. Tudo leva a quê? *Mesmo com crescimento econômico, tanto em termos absolutos como em proporção o emprego continua declinante.* Nos serviços, a mesma tendência declinante se repete: basta citar a categoria dos bancários, reduzida a 1/4 do que era há duas décadas atrás. E isso acarreta muitas conseqüências.

- No que diz respeito especificamente à alternativa do desemprego na forma de cooperativismo, Marx também marca época e suas críticas constituem um divisor de águas. Essas experiências propõem o retorno ao passado. Os seus princípios sustentam-se pela relativa facilidade numa economia em que o básico é a produção de subsistência dos produtores. Mas, quando as cooperativas transformam-se em empresas capitalistas, a contradição entre o ideário e a prática torna-se inevitável. Não se sustentam com a supressão do lucro.

- *Querer não é poder.* A centralização de capital –um movimento absolutamente não linear – e decorrência da produção de valor não poupa os processos cooperativos, fazendo com que tenham vida curta. No MST, a alternativa encontrada, de busca de financiamento bancário para viabilizar a cooperativa do assentamento rural, transformou-se de solução num problema, em menos de uma década. O financiamento bancário obtido revelou, mais uma vez, o componente ilusório do movimento cooperativo. Acena, com uma mão, para a possibilidade de todo e qualquer produtor tornar-se um capitalista independente, mas, com outra, suga-lhe as forças, inviabilizando-o. A ilusão do crédito fácil não tem outra face do que concentração e centralização do capital, uma das leis da acumulação capitalista. A concentração de riqueza, no limite, colocou em cheque não apenas uma alternativa econômica de produção, mas adentrou nas relações de poder, alterando-a, questionando o próprio movimento social. Entre mais de uma centena de cooperativas criadas dentro do MST, no Brasil, poucas não faliram e mesmo aquelas que ainda sobrevivem enfrentam problemas estruturais. Nas regiões mais urbanizadas, igualmente, o recurso de associações e cooperativas autogestionárias tem sido adotadas, porém, com vida efêmera.

• Se por um lado esses projetos estimulam e abrem espaços para a construção de uma alternativa que valoriza as especificidades dos desempregados, por outro, persiste ainda um desconhecimento de como se opera a participação dos diversos grupos sociais que atuam nas atividades produtivas autogestionárias. A indagação principal dos estudos sobre as cooperativas de trabalho e de renda diz respeito às condições segundo as quais uma cooperativa pode se consolidar e se manter. Persistem, também, dificuldades para o reconhecimento das características, necessidades e aspirações dos diversos segmentos que compõem essa categoria social. Na recente crise brasileira de 1999, os banqueiros ganharam, nesse ano, 9,9 bilhões, e os trabalhadores perderam algo em torno de 40% dos seus salários[443].

---

[443] A taxa de lucro dos bancos estrangeiros, no Brasil, em 1998, foi de 852%, enquanto que, no mesmo período, os bancos nacionais ganham 55%, segundo o Boletim DIEESE. Setor Financeiro: Conjuntura, resultados, remuneração e emprego. São Paulo: junho de 2000.

O resultado consolidado de 50 bancos aponta um lucro líquido de R$9,9 bilhões. Apenas 2 tiveram prejuízo (Banestado e Bandeirantes) e 3 (Boavista, Rural e Alfa) apresentaram resultados inferiores a 1998. Isto propiciou o crescimento da rentabilidade patrimonial: apenas 4 bancos ficaram abaixo de 10%, 9 bancos ficaram entre 10% e 15%, 7 bancos entre 15% e 20%, e 19% dos bancos obtiveram taxas superiores a 20% no ano. O elevado retorno da atividade bancária no Brasil, nos últimos anos, tem sido lido como uma capacidade destas empresas em adaptar-se e aproveitar novos nichos de negócios numa economia em franca transformação. *Entretanto se observado o quadro de elevado desemprego e exclusão social, estagnação econômica e de dificuldades generalizadas no setor produtivo (falências, atraso tecnológico, descapitalização) dever-se-ia ler que eles permanecem como sócios da crise*[444]. (Grifo dos autores)

No intuito da construção de uma outra economia, nem sempre de eficácia assegurada, essas experiências servem como ponto de partida da compreensão dos limites do desemprego. Individualmente considerados, não possuem mais do que saídas ilusórias e de eficácia duvidosa. A iniciativa assumida coletivamente confronta-se, contraditoriamente, com a estrutura, o que remete à discussão, não da forma, mas do seu conteúdo, do movimento social que o conforma.

---

[444] Boletim DIEESE. Setor Financeiro: Conjuntura, resultados, remuneração e emprego. São Paulo: junho de 2000, p. 7.

SOBRE OS AUTORES

Bernardete Wrublevski Aued (Org.)
Pós-doc na Université Saint Quentin em Ivelines, França. Doutora em Ciências Sociais pela PUC/SP. Professora da Universidade Federal de Santa Catarina, Departamento de Sociologia e Ciência Política, coordenadora do Núcleo de Estudos Sobre as Transformações no Mundo do Trabalho (TMT/UFSC), Florianópolis, SC. Autora dos livros: *Histórias de Profissões* (Palotti) e co-autora/organizadora de: *Educação para o (des)emprego* (Vozes). E-mail: aued@cfh.ufsc.br

Edna Maciel Fiod
Doutora em História e Filosofia da Educação, pesquisadora do Núcleo de Estudos sobre as "Transformações no Mundo do Trabalho" (TMT/UFSC), e professora colaboradora do Curso de Pós-Graduação em Educação, da Universidade Federal de Santa Catarina. E-mail: ednamaciel@ced.ufsc.br

Francisco de Oliveira
Professor Titular do Departamento de Sociologia da FFLCH-USP. Aposentado. Coordenador-científico do Centro de Estudos dos Direitos da Cidadania-FFLCH-USP. Dois dos seus livros estão sendo reeditados: *Crítica à Razão Dualista* e o *Elo Perdido* (Boitempo). E-mail: chicool@uol.com

François Chesnais
Professor da Université de Paris-Nord, Villetaneuse, França. E-mail: chesnaisf@aol.com

Lucídio Bianchetti
Doutor em História e Filosofia da Educação pela PUC/SP, professor no Centro de Ciências da Educação da Universidade Federal de Santa Catarina e pesquisador do Núcleo de Estudos Sobre as Transformações no Mundo do Trabalho (TMT/UFSC). E-mail: lucidiob@uol.com.br

Nise Jinkings
Professora no Departamento de Educação da Universidade Federal de Santa Catarina. Autora de *O mister de fazer dinheiro: automatização e subjetividade no trabalho bancário* (Boitempo) e *Trabalho e resistência na "fonte misteriosa": os bancários no mundo da eletrônica e do dinheiro* (Unicamp). E-mail: nisej@terra.com.br

Noela Invernizzi
Doutora em Educação pela USP, professora do Setor de Educação e pesquisadora do Núcleo de Estudos sobre Reestruturação Produtiva e Educação da Universidade Federal do Paraná. E-mail: noela@ufpr.br

Roberto Moraes Cruz
É psicólogo, doutor em Engenharia de Produção, professor do curso de Psicologia e dos Programas de Pós-Graduação em Psicologia e em Engenharia de Produção (UFSC). Coordena o Laboratório de Psicologia do Trabalho e Ergonomia e é pesquisador do Núcleo de Estudos Sobre as Transformações no Mundo do Trabalho (TMT/UFSC). E-mail: rcruz@cfh.ufsc.br